Robert Scheer
Und brennend stürzen Vögel vom Himmel

Robert Scheer

Und brennend stürzen Vögel vom Himmel

Reagan und der »begrenzte« Atomkrieg

Aus dem Amerikanischen
von Dirk Bavendamm

verlegt bei Kindler

Titel der Originalausgabe:
»With Enough Shovels. Reagan, Bush and Nuclear War«
Random House Inc., New York
Random House of Canada Ltd., Toronto
Übersetzung des Interviews mit Ronald Reagan
von Karl Heinz Silber

1. bis 25. Tausend

Umschlaggestaltung: Christel Aumann
Satzarbeiten: Pustet, Regensburg
Druck und Verarbeitung: Spiegel-Buch, Ulm
Printed in Germany
8–1–8–2–3

ISBN 3–463–00851–3

Inhalt

Für meine Söhne
Christopher, Joshua und Peter

1. Eine neue Strategie

Präsident Reagan war noch kein ganzes Jahr im Amt, als er einen Geheimplan verabschiedete, der die Vereinigten Staaten dazu befähigen soll, einen längeren Nuklearkrieg zu überstehen. Dieser Geheimplan, ein sogenanntes Entscheidungsdokument für die nationale Sicherheit, legt die Politik der Vereinigten Staaten zum erstenmal auf die Vorstellung fest, daß ein nuklearer Weltkrieg gewonnen werden könne.

Dieses Buch will zeigen, wie die Führer der Vereinigten Staaten unter Ronald Reagan dazu kamen, offen darüber zu sprechen, daß es möglich sei, einen Nuklearkrieg gegen die Sowjetunion zu führen und zu gewinnen, und wie sehr sie von einer Konfrontationsstrategie besessen sind, die darauf abzielt, die Sowjets zu zwingen, ihr Imperium zu verkleinern und ihre Gesellschaft grundlegend zu ändern.

Über den »Nuk-Krieg«*, wie ihn Louis O. Giuffrida, Leiter der amerikanischen Bundesnotstandsbehörde, nennt, wird seit Reagans Amtsantritt nicht nur wie von einem Krieg geredet, den man gewinnen könne, sondern so, als ob sich dieser Krieg auch mit der Bewahrung der Zivilisation vertragen würde. »Es wäre eine schreckliche Geschichte, aber man könnte sie in den Griff bekommen«, sagte Giuffrida in einer Nachrichtensendung der Fernsehgesellschaft ABC. Oder wie sich William Chipman, Giuffridas Mitarbeiter im Zivilschutzbereich, ausdrückte, als ich ihn fragte, ob die

* Giuffrida bezeichnet den »nuclear war« als »nuke war«.

Demokratie und andere amerikanische Institutionen einen totalen Nuklearkrieg gegen die Sowjetunion überleben könnten: »Im Zweifel, ja. Wie ich zu sagen pflege: Die Ameisen bauen sich schließlich einen neuen Ameisenhaufen.«

Der Gedanke, daß man einen »Nuk-Krieg« überleben kann, beginnt da, wo man annimmt, daß ein wirksamer Zivilschutz möglich ist. Die Anhänger dieser Auffassung in der Reagan-Administration behaupten, der Zivilschutz in der Sowjetunion könne die dortige Bevölkerung schützen, und deshalb seien die sowjetischen Militärplaner davon überzeugt, daß sie einen Nuklearkrieg überleben und gewinnen könnten.

Folgt man Reagan und seinen Leuten, dann ist diese Zuversicht ein wichtiger Grund für die sowjetische Aufrüstung, während sich für die Vereinigten Staaten daraus die Notwendigkeit ergibt, schleunigst das sogenannte Fenster der Verwundbarkeit – Reagans Ausdruck für die angebliche Schutzlosigkeit Amerikas gegenüber einem sowjetischen Erstschlag – zu schließen. Verständlich also das neu erwachte Interesse der Amerikaner für den Zivilschutz, für neue Waffensysteme und für die Projekte des Verteidigungsministeriums, des Pentagon, die einen nuklearen Langzeitkrieg einplanen.

Diese Haltung rührt zum Teil von der Tatsache her, daß die nuklearen Waffen in den Arsenalen der beiden Supermächte immer komplizierter und raffinierter werden – Waffen, die mehr bewirken, als große Bevölkerungsgebiete zu verwüsten, Waffen, deren Zielgenauigkeit so verfeinert wurde, daß sie ihre Schöpfer in Versuchung führen, sie nicht nur für den Völkermord auf Gegenseitigkeit einzusetzen, sondern so, als handle es sich um konventionelle Waffen, mit denen sich ausgewählte Ziele auf der Feindseite in einem Krieg herauspicken lassen, der auf einer begrenzten oder wenigstens nicht katastrophalen Ebene ausgefochten wird. Mit anderen Worten: einzusetzen in einem Krieg, in dem es Sieger und Besiegte gibt.

Mit dieser Auffassung verbindet sich die Idee, daß die Entspannung, die sogenannte Détente, den Amerikanern nichts genützt habe, daß die Sowjets ihre Bedingungen nicht akzeptiert und statt dessen eine nukleare Überlegenheit errungen hätten. Dieses Argument brachte Präsident Reagan trotz des begründeten Widerspruchs von erfahrenen Leuten, die diese Frage untersucht haben, als Rechtfertigung für sein 1,6-Billionen-Dollar-Militärprogramm vor.

Die Entspannung verlor ihre Glaubwürdigkeit zum Teil deshalb, weil sie von ihren Hauptarchitekten, dem früheren US-Außenminister Henry A. Kissinger und dem ehemaligen Präsidenten Richard M. Nixon, von Anfang an überschätzt wurde. Während sowohl die Vereinigten Staaten als auch die Sowjetunion anerkannten, daß ein Rüstungsbegrenzungsabkommen nicht abhängig sein kann von dem Betragen der einen Supermacht in einer Gegend, mit der die andere nichts zu tun hat, blieb doch die Hoffnung bestehen, die Sowjetunion werde sich in ihren Handlungen mäßigen. Die sowjetische Invasion in Afghanistan wurde deshalb von vielen als Verrat am Geist, wenn nicht am Buchstaben der Détente aufgefaßt. Dieses Ereignis, das der offenkundigen Hilflosigkeit der Amerikaner in der iranischen Geiselkrise folgte, verschaffte den Angriffen des Präsidentschaftskandidaten Reagan auf die Entspannung eine gewisse Glaubwürdig-

keit und schwächte Präsident Jimmy Carter, der die Détente verteidigte.
Was immer ihre eingebauten Defekte waren, solange wir in der Ära der Entspannung mit ihren scheinbar endlosen Verhandlungen über die Rüstungsbegrenzung und mit anderen komplexen Abmachungen zwischen den Supermächten lebten, fiel es den meisten Amerikanern leicht, das Nachdenken über die nukleare Vernichtung zu vermeiden. Es lag ein gewisser Trost in dem Bewußtsein, daß die Führer hüben und drüben während dieser langwierigen SALT-Gespräche* versuchten, jedes nur mögliche Geschäft im Interesse ihres und unseres Überlebens zu machen. Eine Grundannahme der Entspannungsperiode bestand darin, daß man sagte: Gleichgültig, wie gräßlich der andere auch sein mag – er wird nicht gerade nuklearen Selbstmord begehen wollen. Man vertraute darauf, daß der Selbsterhaltungstrieb die Oberhand über nationalistische oder ideologische Zwangsvorstellungen behalten werde.
Die Erkenntnis, daß ein nuklearer Krieg gegenseitiger Selbstmord wäre, war jahrelang die Basis der Détente und der Rüstungsbegrenzungsverhandlungen. Als jedoch Reagan seine Leute an wichtigen Stellen der Administration unterbrachte, trat eine Wende ein, da nun die heftigsten Kritiker der Entspannung und der Rüstungsbegrenzung in machtvolle Positionen einrückten. Seitdem werden Versuche, mit den Sowjets zu leben, eher verachtet als honoriert.
Wie wir sehen werden, kam plötzlich eine Seilschaft des

* SALT = Strategic Arms Limitation Talks. Gespräche über die Begrenzung strategischer (Nuklear-)Waffen zwischen der Sowjetunion und den USA von 1969 bis 1979. Als »strategisch« gelten solche Raketen, die das Territorium des jeweiligen Gegners vom eigenen Territorium aus erreichen können. Ihre Reichweite beträgt 5500 km und mehr.

Kalten Krieges zusammen, bestehend aus unverbesserlichen Falken und Neo-Falken, die sich mit den Bemühungen der Regierungen Nixon, Ford und Carter um eine Rüstungsbegrenzung niemals abgefunden hatten. Die Mitglieder dieser Gruppe weisen eine friedliche Koexistenz mit dem gegenwärtigen politischen System der Sowjetunion entschieden zurück. Sie versuchen statt dessen, den Charakter der sowjetischen Gesellschaft durch die Anwendung von politischem und wirtschaftlichem Druck sowie durch die Drohung mit militärischen Mitteln radikal zu ändern. Wie Reagan festgestellt hat, nehmen sie an, daß »die Sowjetunion hinter all der Unruhe steckt, die es zur Zeit gibt. Wenn sie nicht dieses Dominospiel spielen würde, dann gäbe es keine Krisen auf der Welt«. Davon überzeugt, daß das nukleare Wettrüsten nicht in sich selbst, sondern nur dann gefährlich ist, wenn die Sowjetunion Überlegenheit erreicht, hat diese Gruppe den Schwerpunkt der amerikanischen Außenpolitik von der Vermeidung des nuklearen Krieges auf die Vorbereitung für seinen möglichen Ausbruch verlagert.
Eugene Rostow, der auf amerikanischer Seite die Aufgabe der Abrüstung übernahm, schrieb, bevor er von Reagan für diesen wichtigen Posten ausgewählt wurde: »Wir leben in einer Vorkriegszeit, nicht in einer Nachkriegszeit.« Unglücklicherweise ist es so, daß man den nuklearen Krieg geradezu heraufbeschwört, wenn man von einer »Vorkriegszeit« in bezug auf den Dritten Weltkrieg spricht, wie dies auch andere hohe Beamte der jetzigen Regierung wiederholt getan haben.
Zum Beispiel sind die Vereinigten Staaten nun auf das festgelegt, was der Stellvertretende Verteidigungsminister Frank Carlucci III. die »Fähigkeit, einen nuklea-

ren Krieg auszufechten« nannte, als er vor seiner Bestätigung im Amt dem Senat Rede und Antwort stehen mußte. Das ist eine Haltung, die voraussetzt, daß man einen nuklearen Krieg begrenzen kann, mit Überlebens- und Siegeschancen.

Verteidigungsminister Caspar Weinberger sagte 1981 vor dem Haushaltsausschuß des Repräsentantenhauses, die Reagan-Administration werde die Fähigkeit der Vereinigten Staaten vergrößern, »einen globalen Krieg mit der Sowjetunion abzuschrecken *oder zu führen*« (Hervorhebung von mir, R. S.).

In der Mitte von Reagans erstem Amtsjahr legte Weinberger dem Präsidenten ein Ausgabenprogramm für die Verteidigung vor, das den Vereinigten Staaten dazu verhelfen soll, innerhalb dieser Dekade die nukleare Überlegenheit über die Sowjetunion zu erreichen. Wie höhere Beamte des Pentagon sagen, besteht das Ziel dieses Programms darin, die Fähigkeit zur Führung eines Nuklearkrieges aufzubauen, der von einem begrenzten Schlag bis zum vollen Schlagabtausch reicht.

Einer jener Männer, die das Fundament für Reagans Ansichten über das Kriegführen legten, war der frühere Harvard-Historiker Richard Pipes. Bevor er zum obersten Sowjet-Spezialisten im Stab des Nationalen Sicherheitsrates ernannt wurde, hatte Pipes 1978 die nuklearen Kriegspläne der früheren Regierungen – sowohl der republikanischen als auch der demokratischen – kritisiert, weil »tief in alle unsere Pläne die Vorstellung eingepflanzt ist, daß wir den Angreifer bestrafen müssen, anstatt ihn zu besiegen«. Oder wie es Energieminister James B. Edwards ausdrückte: Aus einem Nuklearkrieg »möchte ich als Nummer eins hervorgehen, nicht als Nummer zwei«.

Im Herbst 1981 sagte mir Charles Kupperman, den Reagan in die US-Abrüstungsbehörde geholt hatte, in einem Telefoninterview: »Es ist für jede Gesellschaft möglich, einen Nuklearkrieg zu überleben.« Er fügte hinzu: »Ein Atomkrieg ist zwar zerstörerisch, aber großenteils immer noch ein physikalisches Problem.«
Reagans erstes Amtsjahr wurde von vielen ähnlichen Äußerungen darüber bestimmt, wie man den nuklearen Krieg in der einen oder anderen Weise führen könnte. Der Präsident selbst behauptete, man könne einen Nuklearkrieg auf einen taktischen Schlagabtausch in Europa begrenzen, womit er die Menschen dort nervöser denn je machte.
Als die Haltung der Regierung zum nuklearen Krieg ruchbar wurde, zeigte sich die Öffentlichkeit, und zwar in Amerika und im Ausland, in hohem Maße beunruhigt. Gegen Ende von Reagans erstem Amtsjahr machten Meinungsumfragen offenkundig, daß Vorschläge für ein beiderseitiges Einfrieren zusätzlicher Nuklearwaffen die Zustimmung von zwei Dritteln der Befragten erhielten. In Europa und in den Vereinigten Staaten fanden massive Demonstrationen statt, bei denen Hunderttausende von Menschen gegen das nukleare Wettrüsten protestierten. Was immer Reagan und seine Mitarbeiter erreicht haben mögen, sie haben die schlafende Friedensbewegung in der freien Welt erheblich stimuliert und den Russen eine glänzende Gelegenheit verschafft, überall herumzuposaunen, die Vereinigten Staaten seien die kriegslüsternere der beiden Supermächte und die größere Bedrohung für die Menschheit.
Im Frühjahr 1982 merkte die Regierung, daß sie sich in dieser Frage erhebliche Schwierigkeiten bereitet hatte.

Sie begann ihre Haltung in der Öffentlichkeit zu verändern. Richard Wirthlin, ein Meinungsforscher aus Reagans Stab, sagte mir im März 1982, der Frieden werde das große Thema der Kongreßwahlen von 1982 sein, wenn es mit der Wirtschaft weiterhin gut vorangehe. Im Frühjahr 1982 ergaben Wirthlins Umfragen – wie alle anderen auch – eine starke Unterstützung für das Einfrieren der nuklearen Waffen. Es war genau zu diesem Zeitpunkt, daß Reagan seinen sogenannten START-Vorschlag präsentierte. »START« heißt soviel wie »Strategic Arms Reductions Talks«* und war eine Wiederholung jenes erfolgreichen Wahlkampfversprechens, das Reagan in seiner Auseinandersetzung mit Jimmy Carter gemacht hatte. Damals verlangte er eine bilaterale Reduzierung der Rüstungen, um Carters Behauptung zu kontern, er sei ein Kriegstreiber.

Reagans im Wahlkampf erhobener Ruf nach einer starken Verringerung der nuklearen Waffen und sein START-Vorschlag mögen dazu bestimmt gewesen sein, die Aufmerksamkeit vom Hinscheiden des SALT-II-Vertrages** abzulenken, gegen den er stets gewesen war. Es hatte sechs Jahre gedauert, diesen Vertrag auszuhandeln, und er begrenzte die Zahl der sowjetischen Trägerraketen mit interkontinentaler Reichweite. Vermutlich sind es genau diese Interkontinentalraketen, vor denen sich die meisten Amerikaner fürchten. Die Sowjets werden mit Reagans START-Vorschlag

* Gespräche zur Verringerung strategischer Waffen.

** SALT-II-Vertrag. Die Gespräche über die Begrenzung strategischer (Nuklear-)Waffen (SALT) gipfelten in zwei Vertragswerken, die 1972 und 1979 von der Sowjetunion und den Vereinigten Staaten geschlossen wurden. Sie legen für einzelne Waffensysteme bestimmte Höchstgrenzen fest. Im Gegensatz zu SALT I wurde SALT II jedoch vom amerikanischen Senat nicht ratifiziert, so daß er völkerrechtlich nicht wirksam ist.

wahrscheinlich deshalb nicht einverstanden sein, weil er ihnen die Hälfte ihrer Interkontinentalraketen nehmen würde, während er die amerikanischen relativ unangetastet ließe. Der frühere Außenminister Edmund S. Muskie deutete in der Tat an, daß START »möglicherweise insgeheim ein Ablenkungsmanöver auf dem Gebiet der Abrüstung ist, während die Vereinigten Staaten mit der Aufrüstung fortfahren – in dem hoffnungslosen Verlangen nach Überlegenheit auf diesem Sektor«. Wenn es so wäre, hätte Reagans Vorschlag wenigstens seinem Image gedient.

Mit der Ankündigung von START zeigte die Regierung, daß sie ihre Lektion gelernt hatte und daß sie danach nicht mehr versuchen würde, die Öffentlichkeit zu alarmieren, während sie den Aufbau ihrer strategischen Waffen betrieb. Von da an gab es nur noch wenig öffentliches Gerede über das Führen von nuklearen Kriegen. Es wurde schwieriger, Interviews von der Art zu bekommmen, wie sie andere Journalisten und ich mit Spitzenbeamten der Administration über Nuklearkriege und die Möglichkeiten des Überlebens geführt hatten. Aber solch tiefgreifende Veränderungen in der amerikanischen Verteidigungsstrategie, wie sie im Pentagon und im Weißen Haus ausgedacht wurden, haben es nun einmal an sich, an die Öffentlichkeit durchzusickern. Sehr bald schon wurden ernste Fragen hinsichtlich der Absichten aufgeworfen, welche die Regierung in den START-Gesprächen verfolgte.

Im Mai 1982 stellte ein UPI-Bericht von Helen Thomas fest:

> »Ein höherer Beamter des Weißen Hauses sagte, Reagan habe einem Acht-Seiten-Dokument über

> die nationale Sicherheit zugestimmt, das ›eine Kampagne für innere Reformen der Sowjetunion und für ein Einschrumpfen des sowjetischen Imperiums‹ vorsieht. Der Beamte bestätigte, daß man es ›eine volle Breitseite‹ gegen die Sowjetunion nennen könnte.«

Diese bemerkenswerte Erklärung gibt die Ansichten von Reagans Sowjet-Experten Richard Pipes wieder, der Anfang 1981 gesagt hatte, »daß die sowjetischen Führer zwischen dem friedlichen Wandel ihres kommunistischen Systems oder dem Krieg wählen müßten«. Damals hatte die Regierung versucht, Pipes' Stellungnahme herunterzuspielen. Aber im Frühjahr 1982 schien aus dieser Auffassung amtliche Politik geworden zu sein.
Eine Woche nach der UPI-Geschichte, am 30. Mai 1982, brachte der Pentagon-Korrespondent der *New York Times*, Richard Halloran, einen Bericht über den auf fünf Jahre befristeten Verteidigungsleitplan aus dem Jahre 1982. Sein Artikel begann mit folgender Wendung:

> »In einem neuen, 125 Seiten langen Verteidigungsplan für die nächsten fünf Jahre haben die Politiker des Verteidigungsministeriums die Annahme akzeptiert, daß ein nuklearer Konflikt mit der Sowjetunion sich in die Länge ziehen könnte, und sie haben erstmals ihre Strategie für die Führung eines solchen Krieges entwickelt.«

Das Dokument, von Verteidigungsminister Weinberger unterzeichnet, legt im einzelnen die Strategie dar, die das Pentagon in den nächsten fünf Jahren verfolgen

soll, ist aber ebenso gedacht als allgemeiner Leitfaden für das nächste Jahrzehnt.
Es ist schwer, die Implikationen dieses strategischen Dokuments zu übertreiben, denn es beendet eine Debatte auf höchster Regierungsebene der Vereinigten Staaten erstmals offen zugunsten derjenigen Extremisten in diesem Land und in der Sowjetunion, die an die Möglichkeit glauben, daß man einen nuklearen Langzeitkrieg ausfechten und gewinnen könne. Wie die *New York Times* meinte:

> »Die Natur des nuklearen Krieges war Gegenstand einer intensiven Debatte unter den politischen Führern, Verteidigungsexperten und Offizieren. Manche führten aus, es würde nur einen einzigen Austausch von totaler Destruktion auf Gegenseitigkeit geben. Andere argumentierten, ein nuklearer Krieg könnte mit einem mehrfachen Schlagabtausch über Tage und Wochen geführt werden.
> Der Ausgang dieser Debatte wird die Waffen und Strategien für die nuklearen Streitkräfte formen. Die zivilen und militärischen Planer sagen – nachdem sie entschieden haben, daß ein nuklearer Langzeitkrieg möglich sei –, die amerikanischen Nuklearwaffen müßten zahlenmäßig überwiegen und in der Lage sein, die Sowjetunion zu zwingen, die Entscheidung für Feindseligkeiten zum frühestmöglichen Zeitpunkt unter Bedingungen zu treffen, die für die USA günstig sind.«

Die nukleare Kriegsstrategie, die in diesem Dokument dargelegt wird, zielt auf die »Enthauptung« der sowjetischen Führung sowie darauf, die Kommunikation zwischen ihr und der kämpfenden Truppe zu unterbinden. Im einzelnen besagt sie weiter, daß die Chinesen militärische Hilfe erhalten würden, damit sie die sowjetischen Streitkräfte an deren Ostgrenze binden könnten. Zusätzlich würden die psychologische Kriegführung, die Sabotage und der Guerillakampf intensiviert werden. Vermutlich hat dies alles mit der »Breitseite« gegen das sowjetische Imperium zu tun.

Laut *New York Times* führt das Dokument auch aus, »daß der Weltraum für die militärischen Zwecke Amerikas genutzt werden soll«.

Halloran unterstrich die Bedeutung der Tatsache, daß sich diese Regierung von der Haltung ihrer Vorgängerinnen zur Frage der nuklearen Kriegführung verabschiedete, als er schrieb:

> »In vielen Teilen dieses Dokuments fingen Reagans Militärplaner mit dem Denken ganz von vorne an. Ihre Ansichten über die Möglichkeit, einen längeren Nuklearkrieg zu führen, unterscheiden sich von denen der Carter-Administration ebenso wie ihre Auffassungen von einem konventionellen Weltkrieg. Insbesondere glauben sie auch, ökonomischen Druck auf die Sowjetunion ausüben zu können.«

Der Plan des Verteidigungsministeriums verstörte solche Experten wie den Physiker Hans Bethe, der während des Manhattan-Projekts* im Zweiten Weltkrieg die Abteilung für Theoretische Physik im Wissenschaft-

* Deckname für die Entwicklung der amerikanischen Atombombe.

lichen Laboratorium von Los Alamos geleitet hatte. Bethe und sein Kollege Kurt Gottfried schrieben, der Plan »kommt einer Kriegserklärung an die Sowjetunion gleich, und er widerspricht der Initiative von Präsident Reagan zu einer Begrenzung nuklearer Waffen, wenn er sie nicht sogar zerstört«.

Noch weniger applaudierten manche Militärs diesen ideologischen Kriegsplänen. Zum Beispiel berichtete die *Washington Post* am 19. Juni 1982, General David C. Jones, pensioniertes Oberhaupt der Vereinigten Stabschefs*, habe »sein Amt mit der Warnung verlassen, man würde Geld in ein ›Faß ohne Boden‹ werfen, wenn man versuchte, die Vereinigten Staaten auf einen langen Nuklearkrieg mit der Sowjetunion vorzubereiten«. Wie das Blatt berichtete, bezweifelte General Jones, daß man überhaupt irgendeinen nuklearen Schlagabtausch zwischen den Sowjets und den Vereinigten Staaten begrenzen könne, ohne daß er zum totalen Krieg ausarte: »›Ich sehe nicht, wie man einen Nuklearkrieg begrenzen oder in die Länge ziehen will‹, sagte Jones, der genug Weltuntergangsszenarien in seinem Kopf bewegt hatte ... ›Ich halte es für sehr schwierig, irgendeinen nuklearen Schlagabtausch zwischen den Vereinigten Staaten und der Sowjetunion daran zu hindern, daß er eskaliert.‹«

Trotz der Vorbehalte, die der General und andere innerhalb und außerhalb des militärischen Bereichs erhoben, bestätigte die Reagan-Regierung umgehend, daß sie auf Pläne und Programme verpflichtet ist, die den nuklearen Langzeitkrieg unterstützen. Im Sommer 1982 wurde ein Rahmenplan des Pentagon angenommen,

* Die Vereinigten Stabschefs der drei Waffengattungen Armee, Marine und Luftwaffe bilden den Generalstab der USA.

der Reagans Strategiepolitik in konkrete Handlungsmuster umsetzen soll. Er sieht einen bestimmten militärischen »Hardware«-Bedarf und eine Neubestimmung von nuklearen Zielen vor, die für einen längeren Krieg nötig sind. Im Gegensatz zum Verteidigungsleitplan, der ein internes Pentagon-Papier darstellte, wurde der neue Rahmenplan in Ausführung einer geheimen Anweisung des Weißen Hauses entwickelt. Es handelt sich bei dieser Direktive um ein sogenanntes Entscheidungsdokument für die nationale Sicherheit, das die detaillierte Ausarbeitung von Reagans Konzept einer neuen nuklearen Kriegspolitik durch das Verteidigungsministerium anordnete. Reagans Entscheidungsdokument ist die erste Erklärung einer amerikanischen Regierung, in der verkündet wird, daß die strategischen Streitkräfte der USA in der Lage sein müßten, einen nuklearen Langzeitkrieg zu gewinnen. Dies geht über frühere Tendenzen der Strategiepolitik beträchtlich hinaus.

Es ist wahr, daß das Spielchen mit dem Nuklearkrieg ein bevorzugter Zeitvertreib einiger der angesehensten strategischen und militärischen Denker auf beiden Seiten des Kalten Krieges war, seitdem die Bombe geboren wurde. Ein wachsendes, seltsames Interesse für Theorien über die nukleare Kriegführung gibt es nicht erst, seit Reagan und seine Leute im Amt sind. Es hat immer Diskussionen über einen begrenzten Nuklearkrieg gegeben, und die Militärstrategen auf beiden Seiten haben mit einer solchen Möglichkeit gespielt, als sie ihre hypothetischen Schläge gegen feindliche Ziele planten. Obwohl die Sowjetunion und die Vereinigten Staaten immer wieder gegenüber der Öffentlichkeit erklärten, daß ein Nuklearkrieg um irgendein lohnendes Ziel undenkbar sei, setzten die militärischen Stäbe der beiden Supermächte ihre Pläne für einen solchen Krieg nichtsdestoweniger fort, wie wir von früheren Angehörigen der US-Regierung und aus Militärhandbüchern der Sowjets wissen, die ihren Weg in den Westen fanden. Während der vierziger und fünfziger Jahre, als die Vereinigten Staaten eine überwältigende nukleare Überlegenheit hatten, gab es innerhalb der amerikanischen Regierung eine ganze Menge Unterstützung und auch Pläne für eine Erstschlagsoption. Marcus Raskin und Daniel Ellsberg, die beide unter Kennedy auf dem Gebiet der Strategiepolitik gearbeitet haben, behaupten, daß ein Erstschlag ernsthaft während des ersten Amtsjahres ihres Präsidenten erwogen wurde. In der Tat, noch 1962, einen Monat nach der Kuba-Krise, drängte die Luftwaffe Präsident Kennedy, wie mir dessen damaliger Verteidigungsminister Robert McNamara kürzlich in einem Interview erzählte, die Ressourcen für einen solchen Schlag bereitzustellen, was der Präsident und sein Verteidigungsminister jedoch ablehnten. McNamara war gegen die Erstschlagsoption, aber er unterstützte die Politik der Bereitstellung eines nuklearen Schutzschildes in Europa, die er inzwischen verwirft. Ein Jahrzehnt später, während der Amtszeit Präsident Fords, ging ein anderer Verteidigungsminister, nämlich James Schlesinger, noch beträchtlich weiter, indem er die Fähigkeit forderte, »chirurgische« – d. h. begrenzte und akkurate – Nuklearschläge gegen den Feind auszuführen. Schlesinger wurde für diese Ansichten heftig kritisiert, aber später, in der Carter-Regierung, entstand daraus eine ähnliche Idee in Form der Präsidentendirektive 59, einer noch immer geheimen Empfehlung. Wie manche behaupten, beinhaltet sie Optionen für

begrenzte nukleare Schläge auf militärische Ziele, die auf der Annahme beruhen, daß die Zahl der Opfer unter der Zivilbevölkerung wie in einem konventionellen Krieg in vertretbaren Grenzen gehalten werden könne.
Einige Leute aus der Umgebung Carters geben an, seine Direktive 59 sei nicht entworfen worden, weil man ernsthaft einen Wandel der Militärdoktrin beabsichtigt habe, sondern damit der Präsident im Wahlkampf 1980 einen starken Eindruck machen konnte. Cyrus Vance, der in der Carter-Regierung als Außenminister diente, sagte mir:

> »Bei der Direktive 59 ging es darum, eine Vielfalt von Optionen für den Präsidenten bereitzustellen, damit er eine Auswahl treffen und sicherstellen kann, daß die einzige Antwort auf einen sowjetischen Angriff nicht darin bestehen muß, daß wir krampfhaft alles abschießen, was wir haben. Und das hatte sich im Laufe einiger Jahre entwickelt – ich meine, daß wir dem Präsidenten eine Vielfalt von Optionen an die Hand gaben. Das zu tun bedeutete meiner Meinung nach nicht, daß jeder glaubte, nun könnten wir einen anhaltenden Nuklearkrieg in der Art führen, über die man in der neuen Administration spricht. Das ... ist trügerisch und vollkommen unrealistisch.«

Roger Molander, der unter Carter dem von Zbigniew Brzezinski geleiteten Nationalen Sicherheitsrat angehörte, glaubt jedoch, Brzezinski und dessen militärischer Mitarbeiter William Odom hätten mit der Präsidentendirektive 59, die sie ohne Kenntnis des Außen-

ministeriums und der CIA abfaßten, tatsächlich beabsichtigt, die Regierung Carter in den Stand zu versetzen, einen nuklearen Krieg auszufechten. Aber er fügte hinzu, Carter und dessen Außenminister Muskie ebenso wie Verteidigungsminister Harold Brown hätten die Bedeutung dieser Direktive entgegen Brzezinskis Absicht in öffentlichen Erklärungen abgeschwächt.
Harold Brown erläuterte die Direktive 59 beispielsweise bei einem Auftritt vor der Kriegsmarineschule, indem er sagte: »Nichts in der Politik spricht dafür, daß der Nuklearkrieg bewußt als Instrument zur Erreichung unserer nationalen Sicherheitsziele eingesetzt werden kann – weil es nicht sein darf! Aber wir dürfen nicht Gefahr laufen, daß die sowjetische Führung der Illusion erliegt, der Nuklearkrieg könnte eine ihrer Optionen sein oder die Drohung damit ein Zwangsmittel zu ihren Gunsten.« Brown fuhr fort, daß »wir keine Illusionen darüber haben, was ein Nuklearkrieg für die Menschheit bedeuten würde. Er wäre eine unvorstellbare Katastrophe.« Was den begrenzten Nuklearkrieg angeht, so stellte Brown fest, »wissen wir, daß das, was als kontrollierter, begrenzter Schlag beginnt, sehr leicht zu einem totalen Nuklearkrieg eskalieren könnte«. Brown erklärte außerdem, daß – ganz gleich, wie man sie definiere – die nukleare Überlegenheit bedeutungslos sei, »wenn beide Nationen inzwischen auf einen radioaktiven Trümmerhaufen reduziert worden wären«.
Was immer die Carter-Administration wirklich mit der Direktive 59 beabsichtigt haben mag – dieses Dokument war das Saatgut für eine neue Nuklearkriegsstrategie. Und die Reagan-Regierung hat dann darüber ein Gewächshaus gebaut. Ihr Entscheidungsdokument vom Sommer 1982, das sogenannte NSDD 13, ging

noch über Carters Direktive hinaus, insbesondere indem es den *Sieg* in einem nuklearen Langzeitkrieg zum Ziel der amerikanischen Politik erklärte. Carters Dokument hatte kurz vor der Aussage angehalten, daß ein nuklearer Krieg gewonnen werden könnte.
Den Unterschied zwischen den Positionen Carters und der jetzigen Regierung erkannte Colin Gray, ein führender Verfechter der Denkschule, die den Nuklearkrieg für führbar hält, und komischerweise jetzt ein Top-Berater der Reagan-Regierung für Rüstungsbegrenzung. Im Jahre 1980, als sich Carters Politik änderte, schrieb Gray:

> »Wenn man die Flexibilität und Selektivität von Zielen befürwortet, bedeutet das nicht, daß man für eine Kriegführungs- oder Kriegüberlebensstrategie ist ... Sieg und Niederlage in einem Nuklearkrieg sind möglich, und solch ein Krieg mag bis zu diesem Punkt geführt werden; und je deutlicher die Vorstellung von einer erfolgreichen Beendigung des Krieges ist, desto intelligenter kann man ihn angehen.«

In seinem Artikel für die Zeitschrift *Foreign Policy* beklagten Gray und sein Ko-Autor Keith Payne, daß »viele Kommentatoren und höhere Beamte der amerikanischen Regierung ihn [den Nuklearkrieg] als ein Ereignis betrachten, das man nicht überleben kann«. Statt dessen präsentierte Gray die alternative Vision:

> »Die Vereinigten Staaten sollten die Niederlage der Sowjetunion planen, und das auf einer Basis, die den Wiederaufbau unseres Landes nicht aus-

schließt. Washington sollte Kriegsziele festlegen, die letzten Endes die Zerstörung der politischen Autorität der Sowjets und die Heraufkunft einer Nachkriegsordnung bedeuten würden, die westlichen Werten entspricht.«

Gray schlug vor: »Eine Kombination von Zielen für einen offensiven Vernichtungsschlag, für Zivilschutz und für Luftverteidigung durch Raketen und Flugzeuge sollte die Zahl der amerikanischen Opfer so niedrig halten, daß sie sich mit dem nationalen Überleben verträgt.« Dabei dachte er an 20 Millionen Tote.

Während die atomare Kriegführung in früheren Administrationen als theoretische Vorstellung befürwortet wurde, ist diese Denkschule unter Reagan ohne Konkurrenz. Die Politik und die haushaltspolitischen Prioritäten der neuen Regierung zeigen, daß das Undenkbare nun ohne Zögern geplant werden kann.

Diese Entwicklung hat einige der Chefarchitekten der strategischen Verteidigung in Amerika alarmiert. Einer von ihnen ist Dr. Herbert York, ein Veteran des Manhattan-Projekts und ehemaliger Leiter des Lawrence-Livermore-Laboratoriums in Kalifornien, einer der Hauptentwicklungsstätten für nukleare Waffen. York, der unter den Präsidenten Dwight D. Eisenhower und John F. Kennedy als Chef der Verteidigungsforschung gedient hatte, sagte mir in einem Interview, das im April 1982 entstand:

»Was jetzt geschieht, ist folgendes: Je verrückter die Analytiker, desto mächtiger ihre Position. Sie sind in der Lage, ihre Vorstellungen weiter voranzubringen denn je, weil die Leute an der Spitze einfach weniger informiert sind als früher. Weder der Präsident, noch die Leute unmittelbar hinter ihm im Weißen Haus, noch der Verteidigungsminister haben irgendwelche Erfahrungen mit diesen Dingen, so daß sie, wenn die Ideologen mit ihren phantastischen Geschichten kommen, immer demjenigen glauben, der zuletzt bei ihnen war.«

Eine andere Ansicht – wie sie in der Reagan-Administration vorherrscht – äußerte Richard Perle, Unterstaatssekretär im Verteidigungsministerium und dort zuständig für die internationale Sicherheitspolitik, der zu den Haupturhebern des auf fünf Jahre angelegten Pentagon-Planes über die nukleare Kriegführung gehört:

»Ich habe mich stets weniger darüber beunruhigt, was wirklich während eines nuklearen Schlagabtauschs geschieht, als über die Wirkung, die das nukleare Gleichgewicht auf unsere Bereitschaft hat, in lokalen Konfliktsituationen bestimmte Risiken auf uns zu nehmen. Ich bin nicht besorgt, daß die Sowjets die Vereinigten Staaten mit nuklearen Waffen angreifen könnten aufgrund der Überzeugung, einen Nuklearkrieg zu gewinnen. Was mich bekümmert, ist der Gedanke an einen amerikanischen Präsidenten, der in einer bestimmten Krise glaubt, er könne es sich nicht leisten zu handeln, weil die nuklearen Waffen der Sowjetunion so beschaffen sind, daß sie im Falle einer Eskalation besser die Leiter hinaufmarschieren als unsere.«

Perle glaubt fest daran, daß die Vereinigten Staaten Nuklearwaffen anhäufen und mit ihrem Einsatz drohen können, ohne die Gefahr eines Nuklearkrieges zu erhöhen. Als ich ihn nach der Furcht vor dem nuklearen Wettrüsten fragte, die solche Gruppen wie die »Ärzte für die soziale Verantwortung« zum Ausdruck bringen, antwortete er: »Mir ist die Anwesenheit nuklearer Waffen in der Welt genauso bewußt. Ich vertraue trotzdem mehr auf unsere Fähigkeit, vom Krieg abzuschrecken, als jene Leute es tun. Und dieses Urteil gründet sich zum Teil auf die Geschichte ...«

Perles Urteile, die sich »auf die Geschichte gründen«, beginnen, wie er mir erzählte, mit der Annahme, daß die Sowjetunion im großen und ganzen wie das Deutschland Hitlers sei – unerbittlich auf die Welteroberung aus, bis ein aufgerüttelter Westen eingreift. Wie viele in der Administration geht er davon aus, daß die Gefahren des »Appeasement«* weit größer seien als die Gefahr einer nuklearen Eskalation.

Der Direktor von Reagans Abrüstungsbehörde, Eugene Rostow, bekräftigte Perles Befürchtung, daß wir einem neuen Hitler gegenüberstünden. Er schrieb 1976: »Wir stehen heute etwa da, wo England, Frankreich und die Vereinigten Staaten in den dreißiger Jahren gestanden haben. Ob Rheinland-Krise oder München – nach wie vor kommt es darauf an, die Wasserscheide zu erkennen.« Als ich Rostow 1981 interviewte, sagte er mir: »Ich glaube nicht, daß die gegenwärtige Gefahr im nuklearen Krieg und in der Massenvernichtung besteht. Ich glaube, daß die Gefahr im politischen Zwang liegt, der

* »Appeasement«, laut Wörterbuch »Beschwichtigung« bzw. »Befriedigung«, ein oft mißverstandenes Schlagwort für die Entspannungspolitik Englands gegenüber Hitler-Deutschland vor dem Zweiten Weltkrieg.

auf der Drohung mit der Massenvernichtung beruht ... Und diese Gefahr ist sehr real. Man kann sie riechen.«

Was Rostow, Perle und andere, die auf dieser Analogie zwischen Hitler und den Sowjets bestehen, ignorieren, ist die Tatsache, daß weder die Alliierten noch die Deutschen zur Zeit der Konferenz von München Nuklearwaffen besaßen. Hätte Hitler, so verrückt er auch war, jemals versucht, die Welt zu erobern – hätten es seine Generale zugelassen, wenn die Franzosen und Engländer in der Lage gewesen wären, mit ihren Raketen Berlin in Geiselhaft zu nehmen? Ebensowenig Unterstützung außerhalb seines kleinen Kreises von hartgesottenen Antikommunisten wird Perle für seine Vorstellung finden, daß die sowjetische Führung von denselben Furien besessen sei wie Hitler. Die Sowjets, die ja mit Hitler ihre eigenen Erfahrungen gemacht haben, kann eine solche Analogie nur in Wut bringen.

Aus der jüngsten Intensivierung der amerikanischen Nuklear-Rhetorik kann man zwei mögliche Folgerungen ziehen. Entweder spielt die Regierung Reagan, obwohl sie einen Nuklearkrieg für eine Katastrophe hält, mit den Sowjets Versteck, um deren System zu verändern und ihr Imperium herauszufordern, oder die Vereinigten Staaten haben tatsächlich die Ansicht aufgegeben, daß jeder Nuklearkrieg katastrophal wäre, und sind zu dem Glauben übergegangen, daß man detonierende Nuklearwaffen als Mittel der Politik einsetzen könne.

Die Implikationen jeder dieser beiden Positionen sind beunruhigend. Der Australier Desmond Ball, eine Kapazität auf dem Gebiet der Strategiepolitik und ehemaliger Mitarbeiter des Internationalen Instituts für strategische Studien*, sagte dazu, als ich ihn über Reagans Politik der Nuklearkriegführung befragte:

> »Sie wird immer wahrscheinlicher, aber noch wahrscheinlicher ist es, daß sie nicht Realität wird, weil man sie einfach nicht ausführen kann. Gefährlich ist die Tatsache, daß diese Leute meinen, sie könnten sie realisieren ... sie hätten die Fähigkeit, einen Nuklearkrieg zu kontrollieren. Und sie haben sie nicht! Sie lügen sich etwas in die Tasche. Sie belügen sich nach strategischen Begriffen, weil sich die Vereinigten Staaten jetzt selbst in eine Position gebracht haben, in der sie hier und dort – zum Beispiel in Europa – auf die Fähigkeit bauen, die Russen durch die Drohung mit einem begrenzten Nuklearangriff abzuschrecken, wenn es zum Schwur kommt.«

Ich führte dieses Interview mit Ball, kurz nachdem er seine mit viel Beifall bedachte Studie *Kann man den Nuklearkrieg unter Kontrolle halten?* veröffentlicht hatte. Sie zeigte in quälender Ausführlichkeit, daß es nicht möglich ist, und unterstrich noch einmal die unkalkulierbaren Schrecken des nuklearen Krieges. Es war eine fällige Erinnerung, denn die Realität eines Nuklearkrieges wird in der Debatte über die nukleare Kriegführung oft ignoriert.

Obwohl ich während der letzten drei Jahre in der *Los Angeles Times* oft über das Abdriften der USA in Richtung Nuklearkrieg geschrieben habe, verliere ich von Zeit zu Zeit den Sinn für das ungeheure Maß an Zerstö-

* Diese anerkannte sachverständige Institution für Fragen der Rüstung, der Sicherheit und des strategischen Gleichgewichts hat ihren Sitz in London.

rung, das hinter den dürren Begriffen steht, mit denen die modernen Waffen beschrieben werden. Die Vokabeln sind nach vier Jahrzehnten nuklearer Entwicklung schal geworden. Wir hören von SLCM und MIRV* und von dem seltsamen Kauderwelsch der Nuklearstrategien – dem »Fenster der Verwundbarkeit«, den »Erstschlags-Szenarios«, dem »Overkill« –, und nach einer Weile stumpft das Bewußtsein ab.

Die Frage nach dem universalen Tod wird schal, weil die Argumentationen oft unnötig komplex sind, auf einem Fachchinesisch beruhen und Begriffe benutzen, die gezielt das verschweigen, was diese Bomben anrichten können – daß sie nämlich die Menschen töten, die man liebt, und fast alle anderen auch.

Ich erhielt einen Begriff davon, als ich mich mit einem früheren Analytiker der CIA unterhielt, der dafür verantwortlich gewesen war, die strategischen Nuklearwaffen der Sowjets zu erkunden. Einen großen Teil seines Erwachsenenlebens verwandte er auf die Frage nach dem Nuklearkrieg, und er hat alle Argumente für und gegen die nukleare Kriegführung und die Überlebenschancen gehört. Aber ein bestimmtes Jugenderlebnis, so vertraute er mir an, kann er nicht vergessen, und er gibt zu, daß es seine Auffassung noch immer färbt.

Dieser Mann hatte eine der bedeutendsten CIA-Studien über die Sowjets und den Nuklearkrieg durchgeführt. Nun, in der Mitte seines Lebens – noch immer jugend-

* SLCM = Sea-Launched Cruise Missiles. Damit sind unbemannte Marschflugkörper mit nuklearen oder konventionellen Sprengköpfen gemeint, die von Schiffen aus abgefeuert werden können. – MIRV = Multiple Independently Targetable Re-Entry Vehicle. Einer von mehreren Gefechtsköpfen, den eine entsprechend konstruierte Rakete mit sich führt und der unabhängig von den anderen in ein gesondertes Ziel gesteuert werden kann.

lich in seiner Art, klar und augenscheinlich patriotisch, Vater eines aktiven Marinesoldaten – verließ er die CIA, um in eine Gesellschaft einzutreten, die für den Geheimdienst arbeitet. Deshalb kann ich seinen Namen nicht nennen.

Er erzählte mir von diesem Jugenderlebnis, weil ihn das lose Gerede der Reagan-Administration über den Nuklearkrieg ängstigte. Er meint, die Regierung habe gar nicht richtig verstanden, um was für eine Sorte von Bombe es sich handelt. Und zur Illustration berichtete er mir von jener früheren Erfahrung, die er gemacht hatte, als er noch Leutnant der Marine war. Damals sah er in der Nähe der Weihnachtsinseln im Pazifik eine Bombe niedergehen. Jahre später arbeitete er in der CIA mit Computermodellen, welche die Zahl der Opfer aufschlüsselten, die aller Wahrscheinlichkeit nach aus verschiedenen Ziel-Szenarios für den Nuklearkrieg resultieren würden. Aber um die Realität dieser Computerprojektionen wirklich ermessen zu können, mußte er sich – wie auch jetzt – jene Zeit im Pazifik ins Gedächtnis zurückrufen.

»Die ganze Zeit über konnten wir Vögel sehen. Eine herrliche Spezies ... wirklich ganz exquisit ... phänomenale Wesen. Albatrosse können tagelang fliegen, oft gleiten sie ganz dicht über dem Wasser. Diese segelnden Vögel haben enorm lange Flügel und Schwänze, und sie haben Schnäbel, die aussehen, als wären sie für einen anderen Zweck erschaffen. Man erkennt nicht, wozu diese Vögel von ihrem Entwurf her bestimmt sind, sie sind einfach schöne Kreaturen. Sie zu beobachten, ist ein Wunder...

Wir standen herum und warteten darauf, daß die Bombe

losging. Man hatte uns gesagt, es sei eine sehr kleine Bombe. Deshalb war niemand besonders aufgeregt. Obwohl ich noch nie eine gesehen hatte, dachte ich mir, nun, diese Kerle hier wissen, was passieren wird. Sie wissen von den Gefahren, man hatte uns vorher kurz informiert, und außerdem hatten wir alle unsere Geigerzähler ... Keine Angst.«

Der frühere CIA-Analytiker machte eine Pause, um dann zu bemerken, die Stärke der Bombe, die explodieren sollte, habe etwa 10 Kilotonnen betragen, etwa soviel wie 10 000 Tonnen TNT. Die Bomben, die man über Hiroshima und Nagasaki abgeworfen hatte, waren 13 bzw. 23 Kilotonnen stark gewesen. Heute würde man solche Bomben nur noch als taktische oder Gefechtsfeldwaffen einsetzen. Dagegen bemessen sich viele der Bomben, die Russen und Amerikaner in einem Nuklearkrieg verwenden würden, nach Millionen Tonnen TNT.

Er fuhr mit seinem Bericht fort:

»Ich wollte eigentlich keine kleine Bombe sehen. Eine kleine? 10 Kilotonnen? Komm her, mach keinen Quatsch. Ich war noch ein Kindskopf. Wie auch immer, wir standen da so herum und hörten den Countdown im Radio. Wir wußten so ungefähr, wo der Detonationspunkt liegen würde, wie hoch.

Und plötzlich konnte ich diese Vögel sehen, ich sah die Vögel, die ich an all den Tagen vorher beobachtet hatte. Ich konnte sie jetzt durch die beschlagene Schutzscheibe meines Helmes sehen. Sie rauchten. Ihre Federn brannten. Sie überschlugen sich. Und das Licht hielt noch eine Weile vor. Es war augenblicklich hell, aber der

Lichtschein dauerte länger als einen Augenblick, und er änderte seine Zusammensetzung. Einige Sekunden lang, lang genug, um zu sehen, wie die Vögel in das Wasser klatschten. Sie brutzelten, doch sie verdampften nicht. Sie nahmen gerade so viel von der intensiven Hitzestrahlung auf, daß sie dahinschmolzen. Ihre Federn brannten. Sie waren geblendet. Und bis dahin hatte es noch keinen Schock gegeben, nichts von der explosionsbedingten Zerstörung, von der wir sprechen, wenn wir die Wirkungen von Nuklearwaffen diskutieren. Statt dessen gab es nur diese rauchenden, trudelnden, scheußlich verdrehten Vögel, die in das Wasser klatschten. Und dann konnte ich aus der Lagune den Dampf aufsteigen sehen, als die Wasserfläche von dem intensiven Blitz erwärmt wurde.
Nun ist das nicht die Hauptwirkung der Waffe. Es ist eine Art Anfangswirkung, die anderen Dingen vorauseilt. Den Beweis dafür kann man an den Silhouetten in Nagasaki sehen, die von Menschen stammen, die dort in die Brücken eingebrannt wurden, wo sie gerade gestanden hatten, als die Bombe fiel. Aber diese anfängliche Hitzestrahlung ist ein Phänomen, das diese Waffe von allen anderen unterscheidet, die ich kenne. Ich habe nie wieder so etwas gesehen.«

Jener Mann, der nun die US-Regierung beherrscht und der dafürhält, daß man den Nuklearkrieg überleben könne, würde sich gewiß fragen, was diese Betrachtungen mit dem Kampf gegen die Sowjetunion zu tun haben. Aber was mir mein Freund von der CIA eigentlich sagen wollte, war das: Diese Vögel, die keine Chance hatten, sind wir.

2. »Der Dreck ist das Entscheidende«

In einer Herbstnacht des Jahres 1981 erzählte mir Thomas K. Jones – der Mann, den Reagan zum Stellvertretenden Unterstaatssekretär für Verteidigung mit der Zuständigkeit für strategische und Nuklearwaffen von mittlerer Reichweite gemacht hatte –, die Vereinigten Staaten könnten sich innerhalb von zwei bis vier Jahren vollständig von einem totalen Nuklearkrieg mit der Sowjetunion erholen. T. K., wie er sich gern nennen läßt, fügte hinzu, daß ein Nuklearkrieg nicht annähernd so verheerend sei, wie man uns glauben gemacht habe: »Wenn es genug Schaufeln gibt, kann jeder überleben.« Die Schaufeln brauche man, um Löcher in die Erde zu graben, die man dann auf die eine oder andere Art mit ein paar Türen und etwas Dreck darauf bedecke. Auf diese Weise könne man angemessene Schutzmöglichkeiten gegen die Radioaktivität für die Millionen von Menschen schaffen, die aus den Städten Amerikas aufs Land evakuiert würden. »Der Dreck ist das Entscheidende«, sagte er mir.

Das Erstaunliche an meiner Unterhaltung mit T. K. ist nicht nur, daß ein hochgestellter Beamter der Regierung Reagan sich so schrecklich einfältig gegenüber den Wirkungen des Nuklearkrieges verhielt. Noch erschreckender ist die Tatsache, daß die Ansichten von T. K. Jones nur zu typisch für das Denken derjenigen sind, die im Zentrum der Reagan-Administration sitzen, wie ich in den Hunderten von Interview-Stunden entdeckt hatte, die ich mit den Verantwortlichen der amerikanischen Regierung führte. Der Unterschied bestand lediglich darin, daß T. K. sich deutlicher ausdrückte als die anderen.

Nachdem ein Teil meines Interviews mit T. K. Jones in der *Los Angeles Times* erschienen war, forderte ein Unterausschuß des Außenpolitischen Ausschusses des Senats Jones auf, vor dieses Gremium zu treten und das zu verteidigen, was Senator Alan Cranston »seltsame Ansichten« nannte. Unterdessen war Senator Charles Percy, der republikanische Vorsitzende des Außenpolitischen Ausschusses, Jones bei einem für die ganze Stadt offenen Treffen im Haus des Senators in dessen Heimatstaat Illinois entgegengetreten. Percy war so beunruhigt von den selbstzufriedenen Ansichten über den Atomkrieg, daß er auf eine Stellungnahme des Pentagon drängte.

Aber inzwischen hatte die Regierung Jones einen Maulkorb umgehängt, so daß es ihm möglich war, seine ersten drei bereits anberaumten Termine vor dem Unterausschuß des Senats zu versäumen. Zu diesem Zeitpunkt fragte die *New York Times* in einem Leitartikel: »Wer ist dieser Thomas K. Jones, der so lustige Dinge über den Zivilschutz sagt?« Und auch anderswo wurden Jones' Auslassungen über primitiven Strahlenschutz von Leitartikelschreibern und Cartoonisten als bloße Albernheiten auf die leichte Schulter genommen. Diese Leute ignorierten jedoch, daß Jones' Begriff von Zivilschutz, so merkwürdig er zu sein schien, entscheidend für Reagans ganze Strategiepolitik ist.

Reagans nukleare Aufrüstung geht davon aus, daß die Vereinigten Staaten gegenüber den sowjetischen Nuklearwaffen ungeschützt seien. Diese Vorstellung beruht großenteils auf Berechnungen, die eben dieser

T. K. Jones angestellt hatte, bevor er in die Regierung eintrat und noch für den Boeing-Konzern arbeitete. Es war Jones' Einschätzung der Effektivität des sowjetischen Zivilschutzes, die jener Ansicht den größten Teil ihrer statistischen Rechtfertigung verschaffte. Diese Statistiken besagen, man könne von den Sowjets realistischerweise erwarten, daß sie einen nuklearen Krieg gewinnen und überleben, während Amerika ihn – ohne ein vergleichbares Zivilschutzprogramm – notwendigerweise verlieren würde.

Und es war Jones' Anpreisung der Schaufeln und primitiven Schutzmöglichkeiten als Mittel zur Rettung vor dem Atomtod, die, kaum hatte sie das Licht der Öffentlichkeit erblickt, die Behauptung der Reagan-Administration von der amerikanischen Verwundbarkeit in Frage stellte, wie wir noch sehen werden. Jones hatten das Graben von Löchern und die angeblichen Verteidigungsmöglichkeiten durch Dreck fasziniert, nachdem er sowjetische Handbücher über den Zivilschutz gelesen hatte, die ähnliche Prozeduren befürworteten. Tatsächlich hatte er sich die Idee des Löchergrabens von den Russen ausgeborgt, die, kaum daß sie bekannt wurde, soviel Spott bei der amerikanischen Presse erntete. Wenn Jones' Evakuierungs- und Schutzpläne aber offenkundig so absurd für die Vereinigten Staaten waren – wie konnte dann ein ernsthafter Beobachter das sowjetische Zivilschutzprogramm ernst nehmen? Und wenn die Sowjets nicht imstande sind, ihre Gesellschaft vor einem Nuklearkrieg zu schützen und sie nachher wieder aufzubauen, wie konnte dann irgend jemand ernsthaft glauben, daß es dort Pläne dafür gibt, solch einen Krieg auszutragen und zu gewinnen?

Jones war besessen von der russischen Bedrohung, seit

er als Berater für die SALT-I-Verhandlungsdelegation unter Präsident Nixon gedient hatte. Roger Molander, ehemaliges Stabsmitglied des Nationalen Sicherheitsrates unter drei Präsidenten, der die Regierung nach dem Ende von Carters Amtszeit verlassen hatte, um eine Bewegung für das Einfrieren von Nuklearwaffen zu gründen, die sich »Ground Zero« nennt, vermittelte mir einen Eindruck von dieser Besessenheit. Molander erinnert sich, daß er und Jones sich 1973 entschlossen, die SALT-I-Gespräche in Genf auf eine Einladung hin vorübergehend zu verlassen und die Luftfahrtschau in Paris zu besuchen, eine Ausstellung, die ein hervorragender Anlaß für die Rüstungsindustrie war, ihre Produkte zu zeigen. Wie es das Glück wollte, trafen sie dabei zwei Frauen, die Molander als »prächtige norwegische Blondinen« beschreibt.

»Es ist eine Juninacht in Paris«, erzählte mir Molander,

> »Champagner gratis, Hors d'oeuvres, die Lichter von Paris – nicht schlecht, oder? Ich bin ein recht aggressiver Junggeselle zu dieser Zeit, T. K. auch, und wir treffen ein Paar junger Frauen. Gegen 23 Uhr gehen wir zum Essen aus, T. K. und ich und diese beiden Mädchen. Wir finden ein hübsches kleines Bistro. Ich erinnere mich, wie ich die Treppen des Montmartre hinauflaufe, leicht angetrunken von all diesem Champagner und eben – von dieser Juninacht in Paris. Eine halbe Stunde nach Beginn des Essens habe ich mich in ein Gespräch mit einem der Mädchen über dies oder das vertieft. Es ist Sonnabendnacht in Paris, ich sitze auf dem Montmartre, ich

esse Ente à la Orange, und das letzte, worüber ich nachdenke, ist der Nuklearkrieg.
Über den Tisch weht die Stimme von T. K. Jones. Er unterhält sich ernsthaft mit diesem jungen norwegischen Mädchen, das von Zeit zu Zeit nickt. Aber wer weiß, was ihm durch den Sinn geht? T. K. Jones sagt zu ihm: ›Und weil die Sowjetunion unsere Interkontinentalraketen bedroht, müssen wir mobile Interkontinentalraketen-Systeme haben, deren Standort man verändern kann!‹ Ich denke: ›Nanu! Ich höre wohl nicht richtig. Das ist kein menschliches Wesen. Dieser Mann versteht gar nicht, warum das Leben es wert ist, gelebt zu werden!‹ Wir sind in Paris an einem Samstagabend auf dem Montmartre, in der Nähe des Eiffelturms, mit einem Paar entzückender junger Frauen. Es ist Mitternacht, wir brauchen nicht vor wer weiß wann zu Hause zu sein, und er redet über mobile Interkontinentalraketen-Systeme. Ich konnte es nicht fassen. T. K. redete immer noch davon, als wir gingen.«

T. K. ist alles andere als verrückt. Seit seinen Tagen als Manager der Programm- und Produktberechnung bei Boeing ist T. K. Jones, nachdem er von den SALT-I-Gesprächen 1974 zurückgekehrt war, ein Hauptvertreter der Auffassung, daß die Vereinigten Staaten verwundbar für einen sowjetischen Erstschlag seien, solange sie nicht dem sowjetischen Zivilschutzprogramm nacheifern. Bei Boeing hatte Jones eine Gruppe geleitet, die Versuche durchführte, bei denen die Wirkungen einer nuklearen Explosion auf Personen simuliert wurden, die sich unter primitive Schutzvorrichtungen duckten, sowie auf Maschinen, die man in die Erde eingegraben hatte. Diese Versuche überstanden Mensch und Maschine fast ohne jeden Kratzer. Seine Kollegen bei diesem Boeing-Projekt wurden kürzlich von der Reagan-Administration mit Verträgen belohnt, damit man entscheiden kann, wie man einen Nuklearkrieg von sechs Monaten Dauer austragen und überleben kann. In seinem neuen Job im Pentagon zählt Jones zu den Beamten in Schlüsselstellungen, die damit beauftragt wurden, die Ausrüstung für einen solchen längeren Nuklearkrieg zu planen und zu beschaffen.

Ich hatte T. K. Jones eines Morgens im Herbst 1981 ungefähr eine Stunde lang in seinem Büro im Pentagon erstmals interviewt. Mich interessierten seine Ansichten über den Bedarf an Zivilschutz und über die Möglichkeiten, einen Nuklearkrieg zu überleben, weil er darüber in der Vergangenheit vor Ausschüssen des Kongresses ausgesagt und Artikel geschrieben hatte. Die Berufung von T. K. Jones auf einen hohen Posten im Pentagon durch die Regierung Reagan trotz seiner extremen Ansichten, die zu der Zeit in verteidigungspolitischen Kreisen gut bekannt waren, war einer jener Knalleffekte, die mich darauf aufmerksam machten, daß diese Administration grundlegend andere Ansichten über den Nuklearkrieg hegt als ihre demokratischen und republikanischen Vorgängerinnen.

Das Interview in seinem Büro im Pentagon war um Bilder gekreist, die die Zerstörung von Hiroshima und Nagasaki zeigten. Jones war wie schon bei seinen kaum bekannten Aussagen im Kongreß vor fünf Jahren von den Szenen der Zerstörung aus diesen beiden japanischen Städten nicht beunruhigt und deutete auf die wenigen übriggebliebenen Mauern in einer sonst toten

Einöde aus Schutt, um seine These zu unterstützen, daß es in der Tat eine Verteidigungsmöglichkeit gegen den nuklearen Krieg gebe. Er pries die Vitalität der Japaner, indem er bemerkte: »Etwa 30 Tage nach der Explosion waren Leute zur Stelle, die den Schutt bargen und ihre Häuser wieder aufbauten.«

Jones erkannte während unseres morgendlichen Interviews zwar die Tatsache an, daß moderne strategische Nuklearwaffen hundertmal mehr Zerstörungsgewalt haben als die Modelle, die über Japan explodierten, und daß in eine große amerikanische Stadt nicht nur einer, sondern vielleicht mehr als ein Dutzend Sprengköpfe einschlagen würden. Trotzdem bestand er darauf, daß mehr als 90 Prozent der Menschen überleben könnten.

Ich kann mir das Interesse von Jones, das er an der Fortsetzung des Interviews nach unserer Morgensitzung in seinem Büro hatte, nicht leicht erklären. Vielleicht lud er mich deshalb abends zu sich nach Hause ein, weil er erkannte, daß ich wirklich erstaunt war über die Behauptung, die er aufstellte, als wir im Vorzimmer seines Büros standen, nämlich daß der Nuklearkrieg überlebbar sei. »Graben Sie sich ein Loch, legen Sie ein paar Türen darüber und werfen sie drei Fuß Erde darauf.« Meine Fragen müssen ihm nahegelegt haben, daß ich etwas mehr benötigte als den Schnellkursus, den er mir an diesem Morgen über die Kunst des Überlebens gegeben hatte. Die ausführliche Lektion am Abend in seinem Haus bestand aus seinem Bemühen, mir zu erklären, wie wir das Schlachtfest überstehen könnten.

Während dieser Nacht hörte ich mir mit äußerster Ungläubigkeit Jones' Monolog an. Er begann, als sich

Jones, seine Freundin und ich um acht zu Tisch setzten – während die Frau das, was mir als schreckliche Albernheit von Jones erschien, mit einem zustimmenden Nikken bedachte –, und er endete um vier Uhr früh, als ich kein leeres Band mehr hatte und Jones' Freundin auf der Couch eingeschlafen war.
Das Essen begann mit einem Glas Weißwein, mit gebratenen Krabben und Zwiebeln, und es wurde mit einem Drink zum Nachtisch abgeschlossen, den mein Gastgeber an Hand eines kostbaren Rezepts zusammenstellte, so wie er es nach seinen eigenen Worten jeden Abend tut. Während des ganzen Abends wirkte Jones überaus gewissenhaft und vernünftig, als er seine These darstellte, daß der Nuklearkrieg weit weniger schrecklich sei, als man mich glauben gemacht habe, daß man ihn überleben könne und daß das nicht nur für ein paar Horden von Wilden gelte, die eine verwüstete Landschaft durchstreifen. Was Jones vorhersagte, das war die Bewahrung und die Möglichkeit des raschen Wiederaufbaus unserer modernen Institutionen, Produktionsmethoden und Lebensweisen.
Verstehen Sie mich bitte nicht falsch! In dieser Nacht gab es nichts Ungeordnetes oder Hysterisches in Jones' Benehmen, nicht einmal etwas Überspanntes. Jones hat eine vorsichtige Art. Sein Haus spiegelt einen spartanischen Lebensstil wider, es ist sparsam eingerichtet mit gerade so viel Sesseln, daß einige Leute Platz finden. Sein Blick ist klar, und er sieht gepflegt aus für seine 49 Jahre. Er erhebt selten seine Stimme und neigt dazu, leise zu sprechen, manchmal fast unhörbar. Seine gewählte, an den Fakten orientierte Redeweise blieb auch dann erhalten, als er den Tod von Hunderten von Millionen Menschen diskutierte – so als ob er versuchen

würde, durch den gemäßigten Ton seiner Stimme den unbeschreiblichen Schrecken alles dessen vergessen zu machen. Ich habe mir die Bänder mit diesem Interview oft angehört, und was mich dabei am meisten erschreckte, war die Leichtigkeit, mit der Jones das Massensterben fast zu einer Routineangelegenheit zu machen schien.

An diesem Abend in seinem Haus zeigte mir Jones Bilder aus sowjetischen Handbüchern über Zivilschutz, auf denen man primitive Schutzräume sah, die aus nicht viel mehr als aus einfachen Erdlöchern mit etwas Stroh darauf bestanden.

»Dieses kleine, primitiv aussehende Etwas auf diesem Bild ist ein Schutzraum, den die Sowjets entworfen haben«, sagte Jones. »Eigentlich gräbt man nur ein Loch, nimmt sich etwas Holz und Grünzeug oder irgend etwas Ähnliches, baut sich dieses Ding und bedeckt es mit Dreck ... das verringert den tödlichen Umkreis einer Megatonnen-Waffe auf ungefähr zwei Quadratmeilen ... Die Russen haben 20 bis 30 Muster. Der Grundgedanke besteht darin, daß man jenes Muster wählt, für das man gerade das Baumaterial zur Hand hat.«

Dann erkannte er an, daß es, was die Vereinigten Staaten angehe, ein großes Hindernis gebe: »Das Problem besteht darin, daß wir unsere Leute zu dem Glauben gebracht haben, daß jedermann stirbt, wenn die erste Nuklearbombe fällt. Man kann die Leute kaum dazu bringen, etwas zu unternehmen, wenn sie unter diesem Eindruck stehen.« Nichtsdestotrotz beschrieb Jones die Dinge, die seiner Meinung nach wichtig für das Überleben sind: »Von dem, was man in diesem Schutzraum braucht, steht natürlich die Luft an erster Stelle, dann Wasser, dann Nahrungsmittel, in dieser Reihenfolge ...

Man muß seine Nahrung mitnehmen, dazu ein bißchen Wasser ... dann muß man abwarten, bis die Strahlung aufgehört hat ... das kann man an dem Staub erkennen, der herunterkommt. Wo kein Staub ist, da gibt's auch keine Strahlung.«

Er erklärte mir, wie man einen solchen Schutzraum mit einfachen Haushaltsgegenständen herstellen könne: »Man kann sich einen sehr guten Schutzraum bauen, indem man die Türen des eigenen Hauses verwendet, einen Graben aushebt, die Türen doppelt übereinanderlegt und sie mit Plastikmaterial abdeckt, so daß Regenwasser oder was sonst noch vom Himmel kommt, die Türen nicht entleimt, und dann schichtet man Erde darüber. Wenn das Haus auf einer Betonplatte steht, kann man einen sehr guten Schutz gegen Explosion und Strahlung erreichen, indem man darunter einen Tunnel gräbt ... Man muß lernen, wie man eine Entlüftungspumpe herstellt, wie man mit den sanitären Problemen fertig wird, mit der Bevorratung und ähnlichem. Die Sache in einem Nuklearkrieg ist nämlich die, daß einen umbringt, was man nicht weiß ...«

Ich fragte ihn, welche Vorstellungen die Administration über den Zivilschutz im Los Angeles der achtziger Jahre habe. Seine Antwort ist in dem Teil des Interviews enthalten, der jetzt folgt.

JONES: »Im wesentlichen würde die Vorstellung darin bestehen, daß wir von den Russen lernen, was wir lernen können. In Los Angeles bestand während der fünfziger Jahre die Vorstellung, daß man einen Keller oder etwas Ähnliches in sein Haus einbauen sollte. Jetzt stellte sich heraus, daß diese anderen Schutzräume, die man sich in zehn Stunden bauen kann, besseren Schutz bieten. Für Bewohner von Apartments würde es bedeuten, daß man diese Leute hinausschafft aus der Stadt, über die erste Hügelkette hinweg, in die Gegend von San-Bernardino-Riverside, irgendwo dort hin, wo sie sich eingraben können. Das zweite Problem der fünfziger Jahre bestand darin, daß man auf folgende Streitfrage hereinfiel: Wenn du einen Schutzraum hast und dein Nachbar hat ein Gewehr – wie regelst du die Sache dann? Bedient man sich jedoch der russischen Methode, so stellt sich heraus, daß jeder es schaffen kann, wenn es nur genug Schaufeln gibt ...«

SCHEER: »Um es für den Leser etwas zu dramatisieren – eine Bombe fällt auf Los Angeles. Wenn er sich innerhalb eines Zwei-Meilen-Umkreises aufhält, ist er geliefert, nicht wahr? Was aber geschieht ihm, wenn er sich außerhalb dieses Gebietes aufhält?«

JONES: »Sein Haus ist weg, und er selbst befindet sich dort, wo immer er sich sein Loch gegraben hat ... Er muß sich in dem Loch aufhalten. Der Dreck, den er darüber aufgeschichtet hat, ist das Entscheidende. Das schützt ihn sowohl vor der Explosion als auch vor der Strahlung, wenn es Strahlung gibt. Das schützt ihn vor der Hitze. Wissen Sie, der Dreck ist wirklich ein fabelhafter Stoff ...«

Indem er vom Eßtisch aufstand und den Teppich im Wohnraum mit einem imaginären Spaten bearbeitete, zeigte er mir, wie es sogar in der hartgefrorenen Tundra Sibiriens möglich sei, ein Loch zu graben, so daß eine Person hineinkriechen und sich in der beschriebenen Weise schützen könne.

Dann erzählte mir Jones, daß er tief von dem Plan beeindruckt gewesen sei, den die Sowjets angeblich

entwickelt hatten, um die Städte zu evakuieren und die Bevölkerung in eilig gebauten Schutzräumen auf dem Lande zu bergen. Er nahm außerdem Bezug auf seine Untersuchungen bei Boeing, um zu zeigen, daß die sowjetische Methode, Erde rund um Industriemaschinen aufzuhäufen, deren Schutz selbst dann garantiere, wenn die Bombe in nächster Nähe einschlage.
Diese Untersuchungen, so erklärte er mir, seien nicht überall bewundert worden. Einige Kritiker hätten zum Beispiel nicht seinen Enthusiasmus für das sowjetische Zivilschutzprogramm geteilt und die Vorstellung von den Millionen sowjetischen Bürgern verspottet, die sich mitten in einem eisig kalten Winter Löcher graben, um sich selbst und ihre Maschinen zu schützen. Zu diesen Einwänden könne er nur sagen, daß es leichter sei, gefrorene Erde aufzugraben, als warme, schlammige Erde. Da ich weder in der einen noch in der anderen Beziehung direkte Erfahrungen hatte, konnte ich Jones' Freundin nicht recht folgen, die mit uns am Tisch saß und zustimmend nickte.

Ich fragte ihn: »Wenn die Russen wirklich böse sind – sie haben unsere Zivilisation ausgelöscht, wir haben ihre ausgelöscht, sie zünden ihre Bomben in Bodennähe. Wie lange dauert die Strahlung?«
JONES: »Für eine dichtbesiedelte Gegend wie Los Angeles würde die Verweildauer im Schutzraum wohl eine Woche betragen. Aber dann wird man allmählich ein paar Strahlenschutztrupps brauchen, um die am wenigsten strahlenverseuchten Gebiete herauszufinden. Man wird in so einer Gegend einige schlimme Stellen finden und einige nicht so schlimme, und noch einmal, das Entscheidende ist die Kenntnis dessen, was einen wei-

terbringt. Lassen Sie uns über das sprechen, was Sie machen würden. Es wäre natürlich ein Glücksfall, wenn Sie einen Regenschauer abbekommen würden ... eine Menge Radioaktivität würde dann im Boden versickern, aber die Stauseen würden schrecklich heiß werden ... Halten Sie sich fern ... gehen Sie in eine andere Gegend, wo es nicht so heiß ist, säubern Sie die Erdoberfläche, kratzen Sie die radioaktiven Partikelchen von ihr ab, begeben sie sich in eine Gegend, wo ein paar Häuser stehengeblieben sind oder irgend etwas dergleichen. Radioaktive Partikel können sich mit dem Staub verbinden, der dort auf den Dächern liegt. Mit einer Schaufel oder Schippe säubern Sie das Dach von dem Staub, häufen ihn irgendwo weiter weg auf, und Sie sind die Strahlung in Ihrer Gegend los ...

Nach ungefähr einem Tag im Schutzraum können Sie hinausklettern, um Ihre Notdurft zu verrichten oder Wasser zu holen. Wenn Sie sechs oder acht Leute in Ihrem Schutzraum haben, sollten Sie sie schichtweise hinausgehen lassen ... Sie können ein paar hundert Strahleneinheiten aushalten, ohne krank zu werden ... Bei kurzen Ausflügen aus dem Schutzraum kriegen Sie nicht mehr als 20 oder 30 ab; Sie sollten Ihre Ausflüge allerdings kurz halten ...«

SCHEER: »Gibt es denn keine Langzeitwirkungen?«

JONES: »Hm.«

SCHEER: »Wie meinen Sie?«

JONES: »Lassen Sie es mich so ausdrücken. Die Leute in Nagasaki und Hiroshima neigten mehr dazu, Leukämie zu bekommen, als die japanische Bevölkerung im allgemeinen. Andererseits hat sich ihre Lebenserwartung als größer erwiesen, wahrscheinlich wegen der besseren medizinischen Versorgung, die sie seither genossen haben.«

SCHEER: »Wie lange würde es dauern, Los Angeles wieder dahin zu bekommen, wo es vorher war?«

JONES: »Ich will Ihnen eine allgemeinere Antwort geben. Wenn wir unsere Gesellschaft nicht schützen, werden wir nicht in der Lage sein, die Wiederaufbauzeit zu berechnen, weil wir dann so viele Menschen verlieren werden, daß es alle Berechnungen übersteigt. Es würde eine Reihe von Generationen in Anspruch nehmen, wenn nicht mehr. Nur wenn wir die Leute schützen, wird unsere Wiederaufbauzeit, bis zu der das Bruttosozialprodukt den Vorkriegsstand wieder erreicht, sieben oder acht Jahre betragen. Sollten wir die russische Methode anwenden und sowohl die Menschen als auch die Maschinen schützen, könnte sich die Wiederaufbauzeit auf zwei bis vier Jahre verkürzen.«

Ich weiß, daß ich an jenem Abend nüchtern war. Denn als ich nach dem Interview mit meinem Wagen vor einer Ampel wartete, die endlos lange Rot zeigte, und dabei meinen rechten Blinker eingeschaltet hatte, wurde es dem Polizisten in dem Auto hinter mir langweilig. Er ließ sich deshalb meine Papiere zeigen, ehe er mir sagte, es gehe in Ordnung, wenn ich in Virginia an einer roten Ampel rechts abbiegen wolle.

Am nächsten Morgen, nach dem Frühstück im Jefferson-Hotel in Washington D. C., bemerkte ich, daß Justizminister William French Smith, der dort ebenfalls abgestiegen war, mit seinen Leuten schon in Bewegung war. Es war ein ermutigender Anblick – French und seine Kollegen sahen auf so solide Weise erwachsen, nüchtern und respektabel aus. Ganz sicher, dieser wohlhabende Justizminister, ein Ausbund von Würde und Vertrauen, früherer Richter am Obersten Gerichtshof von Kalifornien, bedeutender Grundstücksspekulant und, wie später herauskam, raffinierter Steuerkünstler, hatte doch alles andere als die Absicht, alles aufzugeben für ein Loch in der Erde oder für einen dieser phantastischen Schutzräume, die man ihm als einem hohen Beamten zugänglich machen würde, wenn er noch im Amt wäre, sollte die Bombe fallen. Und ebenso sicher sind Ronald Reagan und George Bush genauso solide und verantwortungsvoll. Oder sind sie es nicht? Wie sehr, so fragte ich mich, gaben die Ansichten von Leuten wie Jones wirklich das wieder, was unsere neuen Staatsoberhäupter denken? Waren sie alle verrückt geworden in ihrer besessenen Furcht vor den Russen? Oder war Jones ein Irrläufer, ein einzigartiger Exzentriker, der seinen Weg irgendwie in das Pentagon gefunden hatte?

3. Reagan und Bush

Indem ich über die bestürzenden Bemerkungen von Jones nachdachte, während ich in der geblümten Halle des Jefferson-Hotels saß, gingen meine Gedanken in den Januar 1980 zurück. Ich erinnerte mich an ein Interview, das ich mit George Bush, damals noch einer der Kandidaten für das Präsidentenamt, an Bord eines kleinen Charterflugzeuges auf dem Weg von Houston nach New Orleans geführt hatte.
In diesem Interview war ich über den beginnenden Wandel im Denken über den Nuklearkrieg gestolpert, der sich dann als bemerkenswert tiefgreifend herausstellte. In der Tat prägte er die Kriegführungspolitik der künftigen Reagan-Regierung. Was mir Bush an jenem Tag an Bord seines Wahlkampfflugzeuges erzählte, hilft zu erklären, warum T. K. Jones trotz seiner ungewöhnlichen Ansichten über die Möglichkeiten, einen Nuklearkrieg zu überleben, als Stellvertretender Unterstaatssekretär der Verteidigung für strategische und Nuklearwaffen mittlerer Reichweite engagiert wurde. Es hilft auch viel von dem lockeren Gerede über das Führen eines Nuklearkrieges und seiner Begrenzung zu erklären, das das erste Amtsjahr der Regierung Reagan kennzeichnete – Gerede, das die aktiven Planungen für das vorwegnahm, was man die Fähigkeit nennt, einen Nuklearkrieg auszutragen.
Ich hatte Bush bereits zu einem früheren Zeitpunkt seiner Kampagne für die Vorwahlen interviewt, und zwar vor seinem Überraschungssieg in Iowa, als man

ihn noch nicht so recht ernst nahm. Nun, auf dem Weg nach New Orleans, war ich der einzige Reporter in dem ersten Flugzeug, das man für seinen Wahlkampf gechartert hatte. Bush freute sich, daß seine Kampagne so vielversprechend geworden war, daß sie ein eigenes Flugzeug rechtfertigte. Er war fast erregt über den Lokalmatador von Houston, Bum Phillips, der am Vorabend »eine Hölle von einer Rede« im Weltraumbahnhof von Houston gehalten hatte. Nach den üblichen emotionsgeladenen Gebeten für die Geiseln im Iran hatte Phillips angedroht, er werde eine frühere Niederlage rächen, indem er »das gottverdammte Tor« der US-Botschaft in Teheran eintrete. Diese Mischung aus Verzweiflung und Wut war typisch für die Stimmung der Nation, die Ronald Reagan in sein Amt tragen würde, obwohl es die meisten Beobachter für unmöglich gehalten hatten.
An jenem Abend in Houston hatte mich der trunkene Wirbel der Menge überrascht, und ich äußerte gegenüber Bush die Ansicht, daß sich die Innenpolitik und die andauernde Geiselkrise miteinander vermischten, so daß einige der Leute auf der Straße letzte Nacht tatsächlich gedacht hätten, Phillips sei drauf und dran, den Ayatollah Khomeini niederzuschlagen. »Gibt es nicht die Gefahr«, fragte ich, »daß sich die Emotionen überschlagen, die in all diesen patriotischen Ausbrüchen über das Schicksal der Geiseln verborgen liegen?« Bush, immer auf Draht, verneinte dies. Dann fügte er hinzu, daß, wenn er die Ereignisse im Weltraumbahnhof richtig verstehe, das Land allmählich wieder beginne, »sich gut zu fühlen«. Wir waren uns jedoch darüber einig, daß die Demütigung Amerikas in der Geiselkrise die Stimmung der nächsten Wahl beherrschen würde.

Noch war nicht klar, daß es auch das Ende für die Détente und die Rüstungsbegrenzung bedeuten sollte. Die Geiselkrise und die sowjetische Invasion in Afghanistan hatten in den Vereinigten Staaten militaristische Gefühle ermutigt, Gefühle, die die Aussicht auf eine Ratifizierung des SALT-II-Vertrages durch den Senat zunichte machen würden. Aber im Januar 1980 war es immer noch vernünftig, anzunehmen, daß dieser kriegerische Geist vorübergehen und daß SALT II nach der Wahl ratifiziert werden würde. Immerhin war der SALT-II-Vertrag sowohl von der Ford- als auch von der Carter-Administration ausgehandelt worden – nach den Pioniertaten Richard Nixons, dem sicher keine gütigen Gefühle gegenüber der Sowjetunion gegeben waren. Nur wenige Experten bezweifelten, daß die Rüstungsbegrenzungen, die SALT II den Fernraketen der Sowjets auferlegte, unsere eigenen weniger verwundbar machen würden. Tatsächlich ergab die umstrittene MX-Planung, die bewegliche Raketen vorsah und die Carter befürwortet hatte, nur dann einen Sinn, wenn die Sowjetunion die Grenzen einhalten mußte, die SALT II ihren landgestützten Raketen auferlegte.
Als sicher nahm ich an, daß unsere Außenpolitiker ihre frühere Beständigkeit zurückgewinnen und zu ihren Prioritäten zurückkehren würden, sobald erst einmal die Wahlen vorbei waren. Ich hatte keinen Zweifel daran, daß das Establishment SALT II im Senat durchsetzen würde, so wie es das mit dem Panamakanal-Vertrag gegen die alten Rechten und deren neo-konservative Verbündete geschafft hatte. Die meisten Kommentatoren stimmten damals mit mir überein, daß, selbst wenn Carter verlor, sein Nachfolger ein Republikaner sein würde, der wie Ford, Nixon und Eisen-

hower die Beziehungen zur anderen Supermacht allmählich wieder auf eine gesunde Basis stellen werde. Und das war alles, was man vernünftigerweise erwarten konnte. Bush wurde allgemein als eine Art republikanische Alternative zu Carter betrachtet, und gerade aus diesem Grunde war ich so entsetzt über das, was er mir an jenem Tage in seinem Wahlkampfflugzeug erzählte, obwohl ich die Tragweite zunächst kaum erfaßte.

Das kleine Düsenflugzeug wurde vom Wind so wild hin und her geworfen, daß man sich kaum verständigen konnte, geschweige denn, daß man auf das achtgab, was Bush sagte – außer daß dieser Mann, der Präsident werden wollte und dann, wie sich herausstellen sollte, Vizepräsident der Vereinigten Staaten wurde, gerade in diesem Augenblick darüber sprach, wie man einen Nuklearkrieg gewinnen könne, und daß er dies mit einem so bemerkenswerten Gleichmut tat, als würde er über ein Football-Spiel reden.

Meine Frage, die Bushs Antwort hervorrief, leitete sich von der Allerweltsweisheit der letzten 20 Jahre ab, die besagte, daß es eine Grenze gebe, bis zu der die Supermächte ihre Nuklearwaffen aufstapeln würden, weil beide Seiten sich jenseits dieser Grenze einfach gegenseitig auslöschen könnten und weil sonst eine überschüssige Vernichtungskraft entstehen würde, der sogenannte »Overkill«. Das war die Annahme, die der Politik der »gegenseitig gesicherten Vernichtung«* zugrundegelegen hatte. Aber Bush hatte Carter kritisiert, weil dieser die MX-Rakete und den B-1-Bomber nicht rasch genug gebaut hatte, und ich fragte ihn:

»Werden Sie nicht einen Punkt erreichen mit diesen

* Auf englisch: »Mutual Assured Destruction«.

strategischen Waffen, an dem wir uns gegenseitig so oft auslöschen können – und niemand mehr bereit ist, diese Waffen zu benutzen –, daß es wirklich nichts mehr ausmacht, ob wir 10 Prozent oder 2 Prozent vor oder hinter den Russen liegen?«

Bush hüstelte etwas und antwortete: »Ja, wenn Sie glauben, daß es in einem Nuklearkrieg nicht so etwas wie einen Sieger gibt, dann hat Ihr Argument Sinn. Aber ich glaube das nicht.«

»Wie gewinnen Sie einen nuklearen Schlagabtausch?« fragte ich.

Bush schien ärgerlich darüber zu sein, daß ich anzweifelte, was für ihn eine offensichtliche Tatsache war. Er antwortete: »Dazu braucht man die Überlebensfähigkeit der Kommando- und Kontrollstrukturen, die Überlebensfähigkeit des industriellen Potentials, den Schutz eines gewissen Prozentsatzes der Bürger, und man braucht die Fähigkeit, dem Gegner mehr Schaden zuzufügen, als er einem selbst zufügt. Auf diese Weise gibt es einen Sieger, und die sowjetische Planung basiert auf dem häßlichen Konzept eines Siegers im nuklearen Krieg.«

»Meinen Sie«, fragte ich weiter, »daß 5 Prozent überleben würden? 2 Prozent?«

»Mehr«, antwortete Bush. »Selbst wenn jede Seite alles abfeuert, was sie hat, würden mehr überleben.«

Ich habe das Band seitdem oft abgespielt. Jedesmal, wenn ich in der *Los Angeles Times* darüber berichtete, daß Bush einen nuklearen Sieg für möglich halte, versetzte das seiner Kampagne einen Schlag. Und jedesmal, wenn dieser Punkt auftauchte, wurde er von Bush und dessen Umgebung dementiert, und wenn man sie zu stellen versuchte, machten sie einen Rückzieher.

Als er wegen seiner Bemerkungen in der Presse unter heftige Kritik geriet, pflegte er auf den einen Satz hinzuweisen, der da besagte: »... die sowjetische Planung basiert auf dem häßlichen Konzept eines Siegers im nuklearen Krieg.« Er bestand darauf, daß er selbst nicht glaube, daß irgend jemand einen solchen Krieg gewinnen könne und daß er mir gegenüber nur auf das verwiesen habe, was die Sowjets für wahr hielten.
Aber ganz deutlich hatte Bush unser Frage-und-Antwort-Spiel damit begonnen, daß er mir sagte, er glaube nicht, daß es »in einem Nuklearkrieg nicht so etwas wie einen Sieger gibt«.
Damals war ich mir nicht ganz sicher, ob Bush wirklich glaubte, daß die Vereinigten Staaten einen nuklearen Krieg überleben könnten, oder ob er nur einen Versuchsballon steigen ließ, der sich in den Vorwahlen für die Republikaner als nützlich erweisen könnte, da er ja besorgt darüber war, daß man ihn unfairerweise als »Gemäßigten« bezeichnet hatte. Um die Dinge noch weiter zu komplizieren, war er mit der Bemerkung fortgefahren, die Amerikaner sollten die Rüstungsbegrenzung vorantreiben, aber erst nachdem sie den gegenwärtigen Trend in Richtung auf eine sowjetische Überlegenheit umgedreht hätten und wenn sie sicher wären, daß das sowjetische Einverständnis wirklich glaubhaft sei.
Der selbstsichere Stil, in dem Bush diese Feststellungen machte, war der eines Mannes, der beansprucht, über die Erkenntnisse der Geheimdienste zu verfügen. Der Ton seiner kühnen Annahme, die Vereinigten Staaten könnten einen Nuklearkrieg überleben und gewinnen, deutete an, daß dieser frühere CIA-Chef Kenntnis von Geheimmaterial besaß, das auch den Skeptiker über-

zeugen würde, wenn er – was natürlich aus verständlichen Gründen nicht möglich war – Zugang zu ihm erhielte.

Bush ist einer jener wohlgeratenen Yale-Absolventen einer vergangenen Zeit, denen die subtilen Klassen- und Statusunterschiede zu bekommen scheinen und die sich einfach darauf verlassen, daß sie ihr Stil über weite Strecken persönlicher Ignoranz hinwegträgt. Vielleicht ist das der Grund, weshalb er ohne die geringste Beunruhigung und ohne den leisesten Zweifel der außergewöhnlichen Idee Ausdruck zu verleihen vermag, daß es sogar nach ungeheuren Verlusten in einem Nuklearkrieg so etwas wie einen Sieger geben könne.

Das Interview, das mir Bush in seinem Wahlkampfflugzeug gewährte, schien mir innerlich nicht stimmig zu sein. Aber später, als ich von einer Organisation erfuhr, die sich »Ausschuß gegen die vorhandene Gefahr« nannte und von der wir im nächsten Kapitel mehr hören werden, entdeckte ich die Quelle dieser verworrenen und gefährlichen Gedankengänge. Die Hauptorganisatoren dieses Ausschusses hatten sich zum Zentrum der Opposition gegen die Entspannungspolitik formiert. Sie hatten die Idee eingeführt, daß die Sowjets auf nukleare Überlegenheit aus seien und glauben würden, sie könnten in einem Nuklearkrieg siegreich sein. Wie ich in Erfahrung bringen sollte, hatten diese Männer nicht nur auf Bush Einfluß, sondern mehr sogar noch auf dessen Wahlkampfgegner, Ronald Reagan.

Einen Monat nach meinem Interview mit Bush saß ich in einem anderen Flugzeug, und der Mann neben mir sagte: »Wir haben einen größeren Respekt vor dem menschlichen Leben als diese Monster.« Er bezog sich ebenfalls auf die Sowjets, und er setzte das Wort »gottlos« hinzu. Es sei dieser theologische Defekt, »der ihnen weniger Respekt vor der Menschlichkeit und den menschlichen Wesen einflößt«.

Dieser Mann war Ronald Reagan. Ich interviewte ihn auf einem Flug von Birmingham nach Orlando, wo er Stimmen für die 1980 in Florida bevorstehenden Vorwahlen sammeln wollte. Indem er den Sowjets geringen Respekt vor dem menschlichen Leben zumaß, glaubte Reagan jene Ansicht zu bekräftigen, die er mir später anvertraute – daß nämlich die Russen seit einiger Zeit den präemptiven [einem beabsichtigten Erstschlag des Gegners zuvorkommenden] Nuklearkrieg vorbereitet hätten. Seine Worte gaben die Meinung wieder, die Bush mir gegenüber zum Ausdruck gebracht hatte, als er noch der Rivale Reagans im Wettbewerb um die Nominierung zum republikanischen Präsidentschaftskandidaten war. Aber obwohl sie Rivalen waren, benutzten beide die Sprache der nuklearen Kriegführung, eine Sprache, mit der die Abschreckungspolitik früherer Regierungen verworfen wurde. Reagan sagte mir:

> »Wir richten uns immer noch nach der Doktrin der gegenseitig gesicherten Vernichtung, die McNamara entwickelt hat. Das war ein lächerlicher Plan, der auf der Vorstellung basierte, daß die beiden Supermächte ihre Bevölkerungen gegenseitig in Geiselhaft halten, daß wir unsere Leute gegen einen nuklearen Angriff nicht schützen und nicht verteidigen würden und daß die Russen dasselbe täten. Man meinte, beide Seiten wüßten, daß sie sich gegenseitig ausradieren könnten, und deshalb würde keine von beiden auf den Knopf drücken. Die Schwierigkeit bestand nur darin, daß

> die Sowjetunion vor einiger Zeit entschied, daß ein nuklearer Krieg möglich und gewinnbar sei, und daß sie mit einem sorgfältig ausgearbeiteten und extensiven Zivilschutzprogramm begonnen hat. Wir haben so etwas nicht, weil wir mit der Politik fortfuhren, von der man annahm, daß sie richtig sein würde.«

Seit Reagan Präsident ist, bemüht er sich darum, »so etwas« zu bekommen. Das Ziel der Reagan-Bush-Regierung besteht darin, dem nachzueifern, von dem Reagan behauptete, es sei das sowjetische Programm zur Entwicklung der Ingredienzien, die für die Fähigkeit zur nuklearen Kriegführung benötigt werden. Und das Schlüsselingrediens – mehr noch als die Anzahl und die Sprengkraft der nuklearen Waffen selbst – sei die Fähigkeit der politischen Führung, inmitten massiver Nuklearexplosionen Herr des Kriegsgeschehens zu bleiben. Das ist es, was Bush im Sinn hatte, als er mir erzählte, der Nuklearkrieg sei gewinnbar, wenn es eine »Überlebensfähigkeit der Kommando- und Kontrollstrukturen« gebe. In der Militärsprache heißt die Fähigkeit, die Verbindungen zwischen Führung und kämpfender Truppe aufrechtzuerhalten, »Kommando, Kontrolle und Kommunikation«, auf amerikanisch »C^3«. Diejenigen, die es für unmöglich halten, daß man einen begrenzten Nuklearkrieg erfolgreich führen kann, argumentieren damit, daß die Führung nicht lange in der Lage sei, die Verbindungen mit der kämpfenden Truppe aufrechtzuerhalten. Die Mittel der Kommunikation – von den auf dem Land installierten Antennen bis zu den Satelliten im Weltraum – seien durch einen Angriff äußerst verwundbar. Wie in Kapitel 1 erwähnt, zielt

Reagans Verteidigungsleitplan auf eine »Enthauptung« der sowjetischen Führung im Kriegsfall, was nichts anderes als der K. o.-Schlag gegen die Befehlszentralen des Feindes wäre. Dabei gilt als sicher, daß die Sowjets ähnliche Pläne haben.

Aber die Reagan-Administration glaubt, die Vereinigten Staaten hätten die Fähigkeit, C^3-Strukturen zu entwickeln, die die Verheerungen des Nuklearkrieges überstehen würden. Die Überlebensfähigkeit der Kommando- und Kontrollstrukturen steht im Mittelpunkt von Reagans Strategie, einen längeren Nuklearkrieg auszukämpfen und zu gewinnen. Als der Präsident im Herbst 1981 sein strategisches Paket ankündigte, hob er das 18-Milliarden-Dollar-Programm zur Verbesserung dieser Strukturen als wichtigsten Punkt hervor.

Der Vorgesetzte von T. K. Jones im Pentagon, Richard D. DeLauer, Unterstaatssekretär für Forschung und Ingenieurswesen im Verteidigungsbereich, betonte auf einer Konferenz der amerikanischen Luftwaffe nachdrücklich, daß C^3 der Schlüssel für Reagans strategisches Programm sei. Die »Härtung« der C^3-Strukturen, kombiniert mit den neuen ballistischen Raketen der US-Kriegsmarine, gebe den Vereinigten Staaten die Art von Offensivwaffe in die Hand, von der man befürchte, sie befinde sich in den Händen der Sowjets. Wie *Aviation Week* berichtete: »Die verbesserte Zielgenauigkeit, die man sich von der Entwicklung der für die U-Boote vorgesehenen Trident-II- und Lockheed-D-5-Raketen verspricht, so sagte DeLauer, wird die Fähigkeit zu einem Vernichtungsschlag schaffen, der ›gehärtete‹ Ziele der Sowjets zerstören und sogar einen präemptiven Schlag erlauben könnte.«

Ein präemptiver Schlag heißt, daß man seine nuklearen

Waffen abfeuert, bevor es der Gegner tut. DeLauer entwarf hier ein »Fenster der Verwundbarkeit«, nur mit dem Unterschied, daß nun – zumindest theoretisch – die Russen dahintersaßen.
Die Verfeinerung der C^3-Strukturen erbringt nicht nur bessere Verbindungen zwischen dem Präsidenten und seinen Streitkräften, was ja – wäre dies das einzige Ziel – schon deshalb allgemeine Unterstützung finden sollte, weil es verhindern könnte, daß Nuklearwaffen irrtümlicherweise abgefeuert werden. Die »Härtung« dieser Strukturen, wie sie Reagans Programm vorsieht, geht jedoch weit darüber hinaus, weil es der amerikanischen Führung die Mittel an die Hand gibt, die Mannschaften der amerikanischen U-Boote, Flugzeuge und landgestützten Raketen selbst in einer längeren Periode der nuklearen Kriegführung zu befehligen. Sie zielt darauf ab, die Nuklearwaffen so einsetzbar zu machen, als würde es sich um einen Krieg wie jeder andere handeln. Wie mir Colin Gray sagte, als ich ihn im Mai 1982 interviewte: »Die C^3-Geschichten ergeben keinen Sinn, wenn man nicht in diese Richtung [des nuklearen Langzeitkrieges] denkt ... Wenn man seine Streitkräfte nur dafür braucht, um am ersten Tag loszuballern, warum sollte man sich dann noch um die Überlebensfähigkeit der Satelliten kümmern?«
Cyrus Vance, der frühere Außenminister, faßte den Unterschied im März 1982 zusammen, als ich ihn in einem Interview fragte, was er von den Plänen der Reagan-Administration zur Verbesserung der C^3-Strukturen halte. Vance sagte:

> »Ich denke, es ist gut und richtig, eine Kommando- und Kontrollstruktur zu haben, von der man

hoffen kann, daß sie einen nuklearen Angriff übersteht. Aber der nächste Sprung, daß es wichtig sei, eine solche Struktur zu haben, um einen Nuklearkrieg zu führen, ist etwas ganz anderes. Zufällig gehöre ich zu denen, die glauben, es sei ebenso verrückt, darüber zu sprechen, daß man einen längeren Nuklearkrieg führen kann, wie es verrückt ist, über die Führung eines konventionellen Krieges zu sprechen oder darüber, daß man den Ausgang eines Nuklearkrieges mit derselben Präzision kontrollieren könne, wie das manchmal bei konventionellen Kriegen möglich ist. Es ist eine völlig andere Welt, eine Welt, die zu begreifen jedem von uns schwerfällt, weil niemand von uns weiß, wie ein Nuklearkrieg wirklich ist. Aber durch Extrapolation der uns bekannten Tatsachen können wir uns eine Vorstellung von der unglaublichen Verwüstung machen, die aus ihm entsteht, und über die fast unvorstellbaren Konsequenzen, die aus ihm folgen würden.«

Daß die Reagan-Administration begonnen hatte, sich in eine Richtung zu bewegen, die Vance »Verrücktheit« nannte, wurde ziemlich klar durch einen anderen Redner auf jener Konferenz der Luftwaffe, auf der auch DeLauer sprach. Generalleutnant James W. Stansberry, Kommandeur der Elektronischen Abteilung der Luftwaffe, dem ein großer Teil des C^3-Programms unterstehen sollte, führte aus:

»In früheren Jahren besagte das Konzept für C^3, daß es lediglich fähig sein sollte, den Abschuß der strategischen Waffen zu bewerkstelligen als Ant-

> wort auf einen Erstschlag, und zwar bevor die Zerstörung unannehmbar würde. Die Vorstellung, daß es keinen Weg gebe, einen Nuklearkrieg zu gewinnen, machte den Bedarf an einer überlebensfähigen Struktur überflüssig. Jetzt gibt es einen Wandel in der Planung von Nuklearwaffen, und ein angemessenes Element in der nuklearen Abschreckung ist nun die Fähigkeit, weiterzukämpfen.«

Wie *Aviation Week* berichtete, macht die Verbesserung der C^3-Strukturen nur Sinn für die Führung eines nuklearen Langzeitkrieges:

> »Stansberry sagte, es gebe jetzt in den USA einen Wandel in der Philosophie für die strategische Kriegführung, und das Land müsse vorbereitet sein, zu kämpfen und weiterzukämpfen. Ein Acht-Stunden-Nuklearkrieg zähle nicht länger zu den akzeptablen Konzeptionen.«

Der Hauptgrund, weshalb ein Acht-Stunden-Krieg heute nicht mehr akzeptabel ist, besteht darin, daß die Regierung Reagan eine Auffassung übernommen hat, die einst nur von einer Randgruppe unter den strategischen Analytikern geteilt wurde. Sie besagt, daß die Sowjetunion darauf aus sei, die nukleare Überlegenheit zu erreichen und so auch den Nuklearkrieg zu gewinnen, wie dies Bush in seinem Interview mit mir geäußert hatte.

Das war der springende Punkt in dem umstrittenen Artikel von Colin Gray über den Nuklearkrieg, der unter dem Titel *Sieg ist möglich* erschien und den er in

Zusammenarbeit mit Keith Payne schrieb. Ich habe ihn bereits im ersten Kapitel erwähnt. Gray argumentierte nicht nur, daß der Nuklearkrieg gewinnbar sei, sondern auch, daß sich die Vereinigten Staaten darauf vorbereiten sollten, einen solchen Krieg gegen die Sowjetunion anzufangen.

Zwei Jahre später wurden Gray und Payne von der Reagan-Regierung als Berater für Abrüstungsfragen engagiert. Gray wurde sogar zum Mitglied des Allgemeinen Beratungsausschusses für die Abrüstungsbehörde und zum Berater des Außenministeriums ernannt.

Zentral für die Argumente von Gray und anderen Nuklearkriegern ist die Tatsache, daß sie nicht einfach darüber sprechen, wie man die Sowjets von einem Erstschlag abschrecken oder wie man nach einem solchen Erstschlag zurückschlagen könne. Sie wollen die nukleare Überlegenheit zurückgewinnen, welche die Vereinigten Staaten jahrzehntelang hatten und die sie befähigte, die Eskalationsleiter hinaufzumarschieren. Die Nuklearkrieger glauben, daß man zu den eigenen Abschreckungsmitteln lediglich die Drohung mit der Eskalation hinzuzufügen brauche, um sowohl konventionelle als auch strategische Maßnahmen der Sowjets zu stoppen.

Diese Überlegungen sind jedoch nur sinnvoll als Teil eines Planes, mit dem man einen Angriff androhen oder tatsächlich ausführen kann – offensive Zielplanung für den Vernichtungsschlag, wie das nun genannt wird –, der die Fähigkeit des Feindes zu einem Gegenschlag ernstlich begrenzt.

Einen nuklearen Angriff zu »initiieren« ist genau das, was Gray befürwortete, als er schrieb:

> »Die strategischen Streitkräfte Amerikas bestehen nicht nur, um eine sowjetische Nukleardrohung oder einen Angriff gegen die Vereinigten Staaten abzuschrecken. Statt dessen sind sie darauf angelegt, die amerikanische Außenpolitik zu unterstützen, wie man weiß, etwa um Westeuropa gegen einen Angriff zu beschützen. Solche Funktionen erfordern strategische Streitkräfte, die einen Präsidenten befähigen können, den Gebrauch der Nuklearstrategie für Zwangsmaßnahmen zu *initiieren* [Hervorhebung von mir, R. S.], auch wenn diese politisch nur defensiven Charakter haben.«

Als der Artikel von Gray und Payne in der Zeitschrift *Foreign Policy* erstmals erschien, wurde er großenteils mit Gelächter quittiert. Aber als Reagan in das Weiße Haus einzog, änderte sich das alles. Wie mir Lee Bruce, einer der Redakteure des Magazins, im Frühjahr 1982 erzählte:

> »In Washington ist das keine Randmeinung mehr, wie es noch vor ein paar Jahren der Fall war. Colin Gray vertritt diese Auffassung im Extrem. Dieses Extrem ist jedoch politisch sehr mächtig, es gibt offensichtlich eine gewisse Anzahl von Vertretern dieser Ansicht innerhalb der Administration. Ich denke, Richard Pipes macht auch gar kein Hehl daraus. Er hatte vor ein paar Wochen einen Artikel in der *Washington Post*, der im Grunde besagte, warum wir die Bombe nicht zu fürchten bräuchten und warum ein Nuklearkrieg gewinnbar sei. Leute wie er oder wie Richard Perle im Verteidigungs-

> ministerium – es gibt eine Anzahl von Leuten, die diesen Unsinn glauben, und sie haben ziemlich viel Einfluß.«

Hätten die Russen einen Mann mit Grays Ansichten auf einen so hohen Regierungsposten berufen, würden unsere Falken sicherlich erklären: »Wir haben es ja immer gesagt!« und neue riesige Rüstungen verlangen. Reagan holte sich Leute wie Gray und Jones auch nicht versehentlich. Deren Ansichten und die der anderen Vertreter einer harten Linie, die ich in den nächsten Kapiteln näher untersuchen will, waren den Reagan-Leuten, die sie aussuchten, gut bekannt, und sie vertrugen sich mit der Strategiepolitik, welche die Administration verfolgte. Denn die Ansichten von Gray und Jones sind in Wirklichkeit die Ansichten der neuen Regierung – Ansichten, die seit Jahren von Männern zum Ausdruck gebracht werden, die nach den Schwingen der Macht schmachteten, bis einer der Ihren die Mitte der Bühne betrat. Mit Reagan ist ihre Zeit gekommen.

4. Der Ausschuß gegen die vorhandene Gefahr

Es war der Herbst im ersten Amtsjahr Reagans, und Charles Tyroler II., Direktor des »Ausschusses gegen die vorhandene Gefahr«, brüstete sich ein bißchen. Vor fünf Jahren hatten sich eine kleine Gruppe von Kalten Kriegern und er darangemacht, die amerikanische Außenpolitik umzuformen, die ihrer Meinung nach zu weich mit den Russen umging, und plötzlich waren sie erfolgreicher, als sie es sich in ihren kühnsten Träumen erhofft hatten. Einer aus der Gruppe war jetzt Präsident der Vereinigten Staaten, und seine außenpolitischen Spitzenbeamten hatte er in erheblichem Umfang aus dem Ausschuß rekrutiert.

Mitglieder des Ausschusses saßen nun an der Spitze der CIA und der Abrüstungsbehörde und in Spitzenpositionen des Weißen Hauses, des Außen- und des Verteidigungsministeriums. Paul Green, der PR-Chef des Ausschusses, erzählte mir, Eugene Rostow, Gründungsmitglied der Organisation und jetzt neuer Leiter der Abrüstungsbehörde, habe gerade in dieser Woche zum Teil die Rede des Präsidenten über die Probleme der Rüstungsbegrenzung geschrieben. Es war jene Rede, in der sich Reagan erstmals für START als Alternative zu SALT ausgesprochen hatte. Green war stolz darauf, daß Rostow das Schlagwort START erfunden hatte. Er und Tyroler freuten sich offensichtlich darüber, daß der SALT-II-Vertrag, den der Ausschuß so eifrig bekämpft hatte, nun absolut tot zu sein schien, obwohl drei Präsi-

denten sechs Jahre gebraucht hatten, um ihn auszuhandeln.
Es hatte geklappt, und nun, während wir in einem jener gläsernen Büros saßen, die erfolgreiche Lobbyisten in Washington bevorzugen, sah sich Direktor Tyroler imstande, sich zu entspannen und sich sogar ein bißchen am Ausmaß der Eroberung zu weiden, die der Ausschuß gemacht hatte und die er mir im einzelnen auseinandersetzte.
Tyroler sieht ein bißchen wie George Bush aus – schlaksig, dünn, grauer Anzug, grauer Teint, ein typischer Vertreter der weißen, angelsächsischen und protestantischen Oberschicht. Sein Körper neigt dazu, sich während des Gesprächs zu strecken und sich dann wieder zusammenzurollen, was die Verständigung erschwert, zumal er in kurzen und raschen Ausbrüchen spricht, als würde er einem Untergebenen hastige Befehle erteilen. In diesem Fall jedoch hätte ich von Direktor Tyroler ein Diktat aufnehmen können – so klar sprach er sich über die Machtergreifung seines Ausschusses aus:
»Die Führer der Regierung, der Verteidigungsminister, der Präsident der Vereinigten Staaten, der Außenminister, der Leiter der Abrüstungsbehörde, der Sicherheitsberater – wenn sie reden, klingt es im allgemeinen wie das, was sie schon 1976 sagten. Ich glaube, so kann man es ausdrücken.« Er lachte selbstzufrieden auf und fügte hinzu: »Und warum eigentlich nicht? Wir bleiben uns eben treu.«
Diese »Treue« bestand in der permanenten und schrillen Kritik, die der Ausschuß am SALT-II-Vertrag im besonderen und an der Entspannungspolitik gegenüber den Sowjets im allgemeinen geäußert hatte, eine Kritik, die der Ausschuß seit seiner Gründung im Jahre

1976 gesteigert hatte und die zum Scheitern des Vertrages beitrug. Wie mir Carters Außenminister Cyrus Vance im März 1982 sagte:

»Es gibt keinen Zweifel, daß der ›Ausschuß gegen die vorhandene Gefahr‹ eine Menge damit zu tun hatte, daß SALT unterminiert wurde. Keine Frage. Und wenn man die Leute dieser Regierung über das hoffnungslos beschädigte Abkommen reden hört – wenn man die Leute fragt, was an diesem Vertrag eigentlich verkehrt sei, können sie keine Auskunft geben. Das bringt einen auf den Gedanken, daß ihr Urteil eher auf Ideologien beruht als auf Tatsachen oder Überlegung.«

Aus der Literatur, die der Ausschuß verbreitet, ergibt sich die Ansicht, die schon früher in diesem Buch erwähnt wurde: daß die Sowjetunion so unbarmherzig aggressiv sei, wie es Nazi-Deutschland in den dreißiger Jahren war – mit dem Unterschied allerdings, daß die Sowjets jetzt nukleare Waffen hätten und bereit seien, sie einzusetzen. Das hört sich dann so an:

»Die sowjetische Aufrüstung der letzten 25 Jahre erinnert bei allen Waffengattungen an die Aufrüstung Nazi-Deutschlands in den dreißiger Jahren. Die sowjetische Aufrüstung berührt alle militärischen Bereiche: die Armee, die Luftwaffe und die Marine. Zusätzlich sind die offensiven und defensiven Nuklearwaffen der Sowjets dazu da, die UdSSR in die Lage zu versetzen, gegebenenfalls einen totalen Nuklearkrieg auszutragen, zu überleben und zu gewinnen.«

Letztere Vorstellung, die später von den Kandidaten Bush und Reagan übernommen wurde, stammte von den Männern, die den Ausschuß gründeten und die seitdem zu Schlüsselfiguren des Reagan-Wahlkampfes und der Reagan-Präsidentschaft wurden. Sie waren es, die den Amerikanern die Sprache und die Vorstellung von einem begrenzten Nuklearkrieg eingaben und die sich darauf berufen, man könne einen solchen Konflikt überleben oder gar gewinnen. Sie und ihre Verbündeten innerhalb der Administration waren es, die eifrig auf eine beschleunigte Aufrüstung gedrängt haben. Und sie sind es, die zusammen mit ihren sowjetischen Gegenspielern dafür verantwortlich sind, daß die Welt in die Dunkelheit und Gefahr des Kalten Krieges zurückfällt.

Die Ideologen des Ausschusses waren, wie gesagt, daran nicht allein schuld. Ihre Rhetorik nährte sich von der fortgesetzten Aufrüstung der Sowjets und von den aufwendigen Zivilschutzprogrammen, die sie begleiteten; ganz zu schweigen von den gewalttätigen Erklärungen verschiedener sowjetischer Militärs und der abscheulichen Unterdrückung ihrer eigenen Leute und der Satellitenvölker, wie auch von der Invasion in Afghanistan. Trotzdem rechtfertigt das Stärkerwerden der Sowjets, wie wir sehen werden, weder das Programm des Ausschusses noch die Politik der Regierung, die er so tiefgreifend beeinflußt. Wie Paul Warnke sagte, Carters Abrüstungsbeauftragter: »Wenn man davon ausgeht, daß man die Rüstungsbegrenzung nicht haben kann, ehe die Russen nicht liebe Menschen geworden sind, dann verhält man sich für meine Begriffe völlig unlogisch. Denn wenn man den Russen zutrauen könnte, daß sie liebe Menschen sind, würde man eine Begrenzung der strategischen Rüstungen gar nicht brauchen. Und man würde auch gar keine strategischen Waffen benötigen.«

Aber das Verhalten der Sowjets befremdete große Teile der öffentlichen Meinung Amerikas, die sonst für die Rüstungsbegrenzung eingetreten wären, und schuf damit den emotionalen Kontext und das Minimum an Plausibilität, das für die Wiederbelebung der Kalte-Kriegs-Stimmung wesentlich war. Die Falken in beiden Supermächten haben eine lange Tradition in ihrer Fähigkeit, die rhetorischen und strategischen Exzesse der jeweiligen Gegenseite zu bestärken. Insbesondere neigen sie dazu, die technologischen Erfolge im Verteidigungsprogramm der Gegenseite zu übertreiben, während sie sonst bestreiten, daß der Widersacher irgend etwas richtig macht. Die Falken auf beiden Seiten, einschließlich des »Ausschusses gegen die vorhandene Gefahr«, sind Wucherer der Bedrohung, die nicht müde werden, die Erfolge auf der Seite des Bösen vorherzusagen und nichts als Schwierigkeiten auf der Seite des Guten zu konstatieren, bis diese Seite ebenfalls die Methoden und Programme der Gegenseite übernimmt.

Unter den Gründern des Ausschusses befanden sich u. a. Veteranen jener Einrichtung, die unter der Bezeichnung Team B bekannt wurde. Es handelte sich dabei um eine Gruppe von Falken, die George Bush in die CIA einschleuste, als er von 1975 bis 1976 Direktor dieser Behörde war. Das Ziel von Team B bestand darin, die CIA-Einschätzung der sowjetischen Bedrohung zu überprüfen, eine Einschätzung, die Team B zu gemäßigt fand. Der Vorsitzende des Teams war Richard Pipes, der später Reagans Chefberater in Sowjet-

Angelegenheiten wurde, und eines seiner aktivsten Mitglieder war der frühere Marineminister Paul Nitze, heute Reagans Hauptunterhändler im Bereich der europäischen Mittelstreckenraketen. Ohne irgend jemanden zu überraschen, kam Team B bei dieser Überprüfung zu einem Schluß, von dem es bereits ausgegangen war – daß nämlich die sowjetische Bedrohung von der CIA gröblich unterschätzt worden sei. Im November 1976 gründeten Nitze und Eugene Rostow gemeinsam den »Ausschuß gegen die vorhandene Gefahr« und baten einige hundert Prominente, darunter Pipes, ihn zu unterstützen. Ich werde die Arbeit von Team B ausführlich im nächsten Kapitel darstellen. Hier wird es nur insofern erwähnt, als Team B der Katalysator für die Formierung des Ausschusses war.

»Die Philosophie unseres Ausschusses herrscht vor«, sagte Paul Green, der in den Büroräumen des Gremiums zu Tyroler und mir gestoßen war. Green ist der geniale PR-Chef des Ausschusses, und sein cherubinisches Betragen sowie sein angenehmes Lächeln versprechen etwas sehr viel weniger Bedrohliches als die gräßlichen Warnungen vor einer Störung des strategischen Gleichgewichts. Was er jedoch ausführte, brachte zum Ausdruck, daß alle ernsthaften Bemühungen um eine Rüstungsbegrenzung unter Reagan beendet sind.

»Die Philosophie des Ausschusses über die amerikanisch-sowjetischen Aktivitäten«, fuhr Green fort, »herrscht in drei wichtigen Bereichen vor.« Er bezog sich auf die verschiedenen Verhandlungen über die Rüstungsbegrenzung, die damals mit den Sowjets wiederaufgenommen und von Ausschußmitgliedern geleitet wurden, die Reagan in seine Administration berufen hatte und die sämtlich schrille Kritiker des SALT-II-

Vertrages waren. Die Auswirkungen, die Reagans Sieg nicht nur auf die Rüstungsbegrenzung, sondern auf die Beziehungen mit den Sowjets im allgemeinen hatte, wurden mir völlig klar, als Tyroler mit seinem Verzeichnis der einflußreichen Posten fortfuhr, die Mitglieder seiner Gruppe damals innehatten:

> »Richard Allen, Pipes und Geoffrey Kemp kamen in den Nationalen Sicherheitsrat. Wir erreichten es, daß unsere Leute äußerst nah befaßt wurden mit den Rüstungsbegrenzungsverhandlungen des Verteidigungsministeriums. Denken Sie an Fred Iklé [Unterstaatssekretär im Pentagon], seinen Stellvertreter R. G. Stillwell und an Dick Perle [Unterstaatssekretär im Pentagon mit der Zuständigkeit für die internationale Sicherheitspolitik]. In der Abrüstungsbehörde sitzen Rostow, er ist ihr Leiter, Edward Rowny, der SALT-Unterhändler, und Nitze, der über die TNF* verhandelt. Und dann haben wir noch William Van Cleave im Allgemeinen Beratungsausschuß. Nun, das ist die ganze Hierarchie!«

Richard Allen mußte später als Reagans Sicherheitsberater zurücktreten, weil man ihn beschuldigte, er habe auf nicht ganz sauberen Wegen Geld von japanischen Journalisten angenommen, und die Ernennung von Van Cleave wurde widerrufen, weil seine Persönlichkeit Caspar Weinberger nicht gefiel. Aber Tyroler hätte noch das Ausschußmitglied William Casey nennen können, der CIA-Chef wurde; John F. Lehman, den Mari-

* TNF = Theater Nuclear Forces. Gemeint sind die Waffen mit eurostrategischer Reichweite.

neminister; Jeanne Kirkpatrick, die UN-Botschafterin; Colin Gray, designiertes Mitglied des Beratungsausschusses der Abrüstungsbehörde; sowie viele andere hochplazierte Mitglieder der Administration. Tyroler selbst wurde in die Aufsichtsbehörde des Präsidenten für die Geheimdienste berufen.

Es war nicht die ganze Hierarchie, wie Tyroler behauptete, aber wenn man ihm und Green folgte, beruhte es nur auf einem Zufall, daß Außenminister Alexander Haig und Verteidigungsminister Weinberger dem Ausschuß nicht beigetreten waren. Als Haig im Juni 1982 zurücktrat, wurde George Shultz Außenminister, ein Gründungsmitglied des Ausschusses, der wiederum ein anderes Mitglied des Gremiums, W. Allen Wallis, zu seinem Chef-Assistenten ernannte.

Wenn man Green Glauben schenken will, war Weinberger nur deshalb nicht Mitglied geworden, weil er dachte, es würde schwierig sein, von seinem Posten bei Bechtel an der Westküste* nach Washington zu kommen. Aber, so sagte Green, »Weinberger findet unseren Standpunkt sehr sympathisch«. Er setzte hinzu: »Es wird schwer sein, überhaupt noch jemanden in der Regierung zu finden, der ein ausgesprochener Gegner unserer Auffassungen ist.« Irgendwie fröhlich berichteten Tyroler und Green, daß selbst Henry Kissinger, die Nase stets im Wind der Veränderung, seinen Obolus von 100 Dollar entrichtet habe, kaum daß Reagan die Wahl gewonnen hatte.

Als Tyroler fortfuhr, seinen Ausschuß darzustellen, kam es mir geradezu als unausweichlich vor, daß es Mitglieder dieser Gruppierung geschafft hatten, in der Reagan-

* Bechtel in San Francisco ist die wahrscheinlich größte Ingenieurbaufirma der Welt. Aus ihr ging neben Weinberger auch Außenminister Shultz hervor.

Administration eine vorherrschende Rolle zu spielen. Tyroler brüstete sich damit, daß diese Gruppe von intellektuellen Falken, deren Anführer bis auf ein paar jüngere Gefolgsleute größtenteils aus den Rängen der älteren Demokraten der Truman- und Johnson-Ära stammten, für Reagans Wahlsieg von 1980 sehr wichtig gewesen sei: »Alle seine Spitzenberater auf dem Gebiet der Außenpolitik und des Militärs waren Mitglieder des Ausschusses.«

Wie Tyroler erzählte, benutzte Reagan die Veröffentlichungen des Ausschusses für seine Rundfunkansprachen, insbesondere für eine fünfteilige Sendung über seinen Widerstand gegen den SALT-II-Vertrag, der zu großen Teilen dem Ausschuß zugeschrieben wurde. Der Präsident in spe besuchte zwar keine Vorstandssitzungen der Organisation, aber er wurde von deren Mitgliedern stets auf dem laufenden gehalten. Tyroler erinnerte sich an ein Abendessen im Haus von Paul Nitze, bei dem er, Nitze und Rostow mit Reagan zusammentrafen. Sie diskutierten das militärische Gleichgewicht und das SALT-Problem ungefähr fünf Stunden lang, und Tyroler nannte es eine »sehr ernsthafte Unterhaltung«. Über denselben Gegenstand wurde auch in einer weiteren fünfstündigen Sitzung gesprochen, die sie zu einem späteren Zeitpunkt des Wahlkampfes zwecks Unterrichtung Reagans in Kalifornien abhielten, wo dieser damals noch als Gouverneur amtierte. Tyroler war beeindruckt von der Ernsthaftigkeit, mit der Reagan an diesen und anderen Treffen teilnahm. Er erinnert sich:

> »Reagan verwandte enorm viel Zeit darauf, sich informieren zu lassen. Er ist ein sehr ernsthafter

> Mann. Das überraschte mich auch. Ich habe es in den letzten dreißig, vierzig Jahren mit einer Menge von Politikern zu tun gehabt, aber dieser Kerl hier ist über lange Zeiträume hinweg sehr ernsthaft geblieben. Er redet nur über Politik. Und als er jene Treffen abhielt, die Allen für ihn eingefädelt hatte, sagte Allen zu den anderen Teilnehmern: ›Sie dürfen drei Minuten lang sprechen – nicht länger. Erteilen Sie dem Gouverneur keine politischen Ratschläge. Alles, was er von Ihnen hören will, ist, was er jetzt tun soll. Er wird sich dann seine eigene Meinung bilden.‹«

Ich fragte Tyroler und Green, ob denn ein Artikel, den ich für die *Los Angeles Times* geschrieben und der den Einfluß des Ausschusses in der Reagan-Regierung betont hatte, übertrieben gewesen sei. Beide verneinten das. Tyroler sagte: »Worüber wir uns unterhalten, ist die Frage, ob unsere Ansichten mit denen der Regierung übereinstimmen. Die Antwort lautet ja. Das hat Reagan immer wieder gesagt.«
Gruppierungen, die bestimmte Interessen verfolgen, neigen dazu, ihren Einfluß zu überschätzen. Aber in diesem Fall war es Reagan selbst, der die Wichtigkeit des Ausschusses bestätigte. Nach seiner Wahl schrieb er in einem Brief an die Organisation: »Die Erklärungen und Untersuchungen des Ausschusses waren von großer nationaler Bedeutung, und ich habe sehr von ihnen profitiert.« Er fügte hinzu: »Die Arbeit des ›Ausschusses gegen die vorhandene Gefahr‹ hat sicher dazu beigetragen, die nationale Debatte über wichtige Probleme zu formen.«
Aber natürlich brauchte Reagan niemanden, der seine

antisowjetischen Gefühle stimulierte. Er hatte von jeher den Argwohn der Rechten gegen die Détente geteilt, und er hatte die Rüstungsbegrenzungsabkommen scharf kritisiert, die ihr sichtbarstes Ergebnis waren. Ebensowenig brauchte er den Ausschuß für die Feststellung, daß die Sowjets nichts Gutes im Schilde führten. Diese Empfindung war eiserner Bestandteil seiner Auffassungen, seit er sich 30 Jahre vorher als Vorsitzender der Filmschauspielergewerkschaft betätigt hatte. Damals bekämpfte er die »Roten« von Hollywood in einer für seine Begriffe heroischen Weise. Er nahm von seinen Gegnern als sicher an, daß sie auf direkten Befehl aus Moskau handelten. So erklärte Reagan 1951: »Die Russen senden ihre erste Garnitur hierher, um die Macht über uns zu ergreifen ... Wir haben es mit hartgesottenen Drahtziehern zu tun.«
Von den Dutzenden von Menschen, die Reagan nahestehen und die ich interviewte, bestritt niemand die starke Abneigung, die der Präsident gegenüber den Sowjets empfindet. Reagans langjähriger Schauspielerkollege, der kalifornische Ex-Senator George Murphy, erzählte mir, er sei es gewesen, der Reagan wegen der »roten Gefahr« alarmiert habe, nachdem er von seinem engen Freund J. Edgar Hoover erfahren hatte, daß der »New Deal«* des Präsidenten Franklin D. Roosevelt ein Komplott zur Sozialisierung Amerikas gewesen sei.
In meinem eigenen Interview mit Reagan während seines Wahlkampfes ließ er eine Tirade gegen den Kommunismus los. Ich hatte ihn gefragt, warum er diese Weltanschauung als gottlos angreife, zumal es mir so erscheine, als könne jemand unabhängig von seinen

* Mit diesem Begriff werden die umfangreichen Reformmaßnahmen bezeichnet, die Roosevelt 1933 zur Überwindung der Wirtschaftskrise einleitete.

religiösen Überzeugungen ein schlechter oder guter Mitspieler in der internationalen Arena sein. Als Beispiel führte ich den Ayatollah Khomeini an. Reagan räumte ein, daß es in jedem Zeitalter Probleme mit religiösem Fanatismus gegeben habe. Aber dann setzte er zu einem langen Monolog an, der seine innersten Leidenschaften und seine früheren Verwundungen in Sachen russischer Kommunismus enthüllte:

> »Was den Grund für die Gottlosigkeit des Kommunismus angeht – jedem Kind wird dort von Anbeginn beigebracht, daß es ein menschliches Wesen sei, dessen einzige Bedeutung in seinem Beitrag zum Staat liege, daß sie Mündel des Staates seien, daß sie nur zu diesem Zwecke existierten, und daß es keinen Gott gebe und sie lediglich ein Zufall der Natur seien. Im Ergebnis haben sie deshalb keinen Respekt vor dem menschlichen Leben, für die Würde des Individuums. Und ich erinnere mich an eine Nacht, es ist schon lange her, in einer Massenversammlung in Los Angeles, 16 000 Zuhörer im Saal, und das war zu jener Zeit, als die lokale kommunistische Organisation, die Kommunistische Partei Amerikas – und dafür gibt es gute Beweise –, tatsächlich versuchte, nein, als sie sich schon die Kontrolle über verschiedene Gewerkschaften im Filmbereich gesichert hatte, und die ganze Umschreibung der Geschichte, die heute stattfindet, und die Storys, die wir gehört haben, und die Fernsehspiele und so fort über die Verfolgung politischer Überzeugungen in Hollywood, sie machen mich glauben, daß die Kommunisten die Verfolger waren, daß sie in Positionen gelangt

> waren, in denen sie Karrieren zerstören konnten und von wo aus sie diese Karrieren auch tatsächlich zerstörten. Die Schwarze Liste von Hollywood, wenn es eine gegeben hat, stammte von den Kommunisten.«

Ohne mein Drängen hatte Reagan in diesem Interview, das mehr einem zwanghaften Selbstgespräch glich, Ereignisse wiederaufleben lassen, die etwa 30 Jahre vorher stattgefunden hatten. Aber seine Wunden waren noch immer frisch, und sein Haß auf den Feind war ungebrochen. Es ist besonders merkwürdig, daß seine Ansichten über die sowjetische Bedrohung von heute so tief gefärbt sind von Ereignissen, die vor mehr als einer Generation in Hollywood stattgefunden hatten, so als wären die heutigen sowjetischen Führer lediglich die Hollywood-Kommunisten, die man auf eine größere Leinwand projizierte.
Wie mir Jim Lake erzählte, Reagans Pressesprecher in den Wahlkämpfen von 1976 und 1980: »Was die Russen und den Kommunismus angeht, ist Reagan ein Gläubiger, kein Zweifel.«
Reagan kam ins Amt, entschlossen, den russischen Bären zu erlegen, und das wäre auch ohne den »Ausschuß gegen die vorhandene Gefahr« so gewesen. Aber während Reagan den Ausschuß zur Bestärkung seines Anti-Sowjetismus gar nicht brauchte, verfeinerte dieses Gremium die Gefühle und die Rhetorik des künftigen Präsidenten. Der Ausschuß verschaffte Reagan die Patina einer intellektuellen Respektabilität für etwas, was den Wählern sonst als überholter und primitiver Ausfall gegen den Kommunismus vorgekommen wäre. Der Ausschuß erreichte mit beträchtlichem Erfolg, daß die

Vereinfachungen des Kalten Krieges, in eine neue und komplizierte Sprache verkleidet, aus den fünfziger Jahren in das außenpolitische Entscheidungszentrum der Vereinigten Staaten zurückkehrten.

Vorübergehend hatte das Establishment in den Medien und der Politik den Ausschuß als extremistischen Kritikus der Entspannung, der Rüstungsbegrenzung und der Gleichgewichtsabkommen fallengelassen, die der damalige Hauptgegner des Ausschusses, Henry Kissinger, herbeigeführt hatte. Das war vor Reagans Sieg. Die Kerntruppe des Ausschusses, aus der einige seit langem in Regierung und Wirtschaft gearbeitet hatten, schien überwiegend aus verschrobenen Kritikern des Status quo zu bestehen. Gründungsmitglied Norman Podhoretz schrieb: »Letzten Endes reduziert sich alles auf die Frage nach dem Willen. Haben wir den Willen verloren, die freie Welt zu verteidigen – ja, die freie Welt – gegen die Ausbreitung des Kommunismus? Wenn man die Stärke des isolationistischen Gefühls in den Vereinigten Staaten von heute bedenkt, gelangt man unschwer zu dem Schluß, daß wir diesen Willen verloren haben.«

Einige der ursprünglichen Mitglieder des Ausschusses erkannten schließlich seine Verschrobenheit und traten aus oder beteiligten sich nicht mehr, als die Gruppierung sich von der Forderung nach einer stärkeren militärischen Macht fort- und auf die spezifische Opposition gegen SALT II zubewegte.

Aber die Schlüsselmitglieder des Ausschusses – Ex-Marineminister Paul Nitze, der frühere Unterstaatssekretär und Rechtsprofessor der Yale-Universität, Eugene Rostow, und der Harvard-Experte für die Sowjetunion, Richard Pipes – hatten sich mit der schonungslosen Opposition gegen Kissingers Entspannungsinitiativen identifiziert. Gemeinhin wurden sie jedoch als eine Minderheit innerhalb des außenpolitischen Establishments betrachtet, die noch immer auf Positionen der stalinistischen Ära bestand.

In einer gewissen Weise schienen diese unbeugsamen Kalten Krieger die Mythen der Stalin-Ära fast zu vermissen, jene Jahre der Schwarzweißmalerei, als nach der geläufigen Vorstellung die Sowjetunion, die mit ihrem Fahrplan für die Eroberung der ganzen Welt die ungefährdete Führerschaft über die monolithische Bewegung des internationalen Kommunismus hatte, gegen eine vereinte freie Welt anrannte, die mit ihren eigenen Grenzen zufrieden war. Sie schienen sich nicht mit den Ereignissen angefreundet zu haben, die seither eingetreten waren: der Bruch zwischen China und der Sowjetunion, die zunehmend engeren Verbindungen zwischen Westdeutschland und Rußland sowie die eurokommunistische Bewegung, die unabhängig von Moskau ist. Dies alles schien sie zu ärgern, weil es in ihre Weltsicht eine schwierige Komplexität eingeführt hatte. Für sie ist der Kommunismus das Böse, und das ist alles.

Während unsere Verbündeten und viele unserer eigenen Industriellen immer öfter nach Handelsgeschäften mit den Sowjets Ausschau hielten, waren diese Verfechter einer harten Linie mit aller Verbissenheit dabei, die »vorhandenen Gefahren« bekanntzumachen. Während Nixon, Ford und Carter weiterhin dem Entspannungskurs folgten, stellten sie Analogien zwischen den gegenwärtigen Führern der Sowjetunion und Hitler her. Während Freunde von Nixon nach Moskau reisten, um Pepsi-Cola oder Traktoren von Caterpillar zu verkaufen, beklagten sich die Leute, die später den Ausschuß gründeten und hohe Positionen in der Reagan-Regierung erreichten, über das »Appeasement«. Verbissen warnten sie davor, daß die Sowjets die militärische Überlegenheit erreichen würden, während die Amerikaner über das SALT-II-Abkommen verhandelten und Carter sich weigerte, Mittel für den B-1-Bomber auszugeben.

Die Carter-Jahre waren Jahre, die die Geduld dieser Apostel der Stärke auf die Probe stellten. Diese Männer waren auf eine Welt verpflichtet, die für fast jeden anderen nicht mehr existierte, eine Welt, in welcher ein Feind alles Böse in seinem Busen hegt, während zu Hause alles tugendhaft und sittsam ist.

Damit ich nicht der Übertreibung beschuldigt werde, sollte ich berichten, was mir Eugene Rostow, ein Gründungsmitglied des Ausschusses, im Frühjahr 1981 sagte, kurz nachdem er Chef der US-Abrüstungsbehörde geworden war. Ich fragte ihn, ob er glaube, daß die Sowjetunion irgendwelche berechtigten Beschwerden gegen die Vereinigten Staaten vorbringen könne. Seine Antwort: »Keine einzige.«

So ging das Interview dann weiter:

SCHEER: »Sie glauben nicht, daß die Sowjets zu Recht finden, wir hätten zum Beispiel durch unsere Politik gegenüber China, oder auch durch den Vietnamkrieg oder den Koreakrieg oder gegenüber Kuba die Charta der Vereinten Nationen verletzt?«

ROSTOW: »Nein. Unmöglich. Man kann unmöglich diese Position einnehmen. Der Fall Kuba liegt besonders nahe, aber ich würde stärkstens unterstützen, was Kennedy mit Kuba machte. Ohne Zweifel.«

SCHEER: »Zum Beispiel die Unterstützung von Attentatsversuchen gegen Castro, die wir zugegeben haben – ist das keine Verletzung der UN-Charta?«

ROSTOW: »Es hat Zeugenaussagen gegeben, die darauf hinausliefen. Die Regierung hat es nicht zugegeben. Nein, ich beabsichtige nicht, zu sagen, daß wir nicht die UN-Satzung verletzen würden, sollten wir jemals versuchen, jemanden durch ein Attentat umzubringen. Auch andere Dinge, wie etwa die Gesetze der Vereinigten Staaten, würde man damit verletzen. Solche Anklagen wurden erhoben, aber sie wurden ebenso bestritten.«

SCHEER: »Wenn Sie sich die Welt ansehen, ergibt es dann keinen Sinn, zu sagen, daß wir auf manchen Gebieten dasselbe gemacht haben wie andere? Die Sowjets behaupten, sie seien nach Afghanistan eingeladen worden; wir behaupten, wir seien nach Vietnam eingeladen worden, um eine rechtmäßige Regierung zu retten. Glauben Sie nicht, daß es eine schwerwiegende Duplizität der Politik der Supermächte in einigen dieser Fälle gibt?«

ROSTOW: »Nein, das glaube ich nicht. Und ich glaube, es wäre ein großer Fehler, wenn man den Versuch machen würde, der Verantwortung zu entgehen, indem man sich solcher Vereinfachungen bedient.«

In der besonderen Welt Rostows und des »Ausschusses gegen die vorhandene Gefahr« verkörpert die kubanische Raketenkrise von 1962 – der Höhepunkt nuklearer Überlegenheit Amerikas über die Sowjets – die gute alte Zeit: Wegen dieser Überlegenheit im Bereich der nuklearen und auch der konventionellen Rüstungen waren die Vereinigten Staaten in der Lage, die Sowjets so einzuschüchtern, daß sie ihre Raketen von Kuba abzogen. In den späten sechziger Jahren untergrub

jedoch die Verzweiflung über Vietnam den nationalen Willen Amerikas und brachte es zur Abrüstung und Entspannung der siebziger Jahre – das gefährlichste Jahrzehnt in den Augen des Ausschusses.
Es ist aber keineswegs klar, daß der Zuwachs an nuklearen Waffen, den die Sowjets in dieser Zeit erzielten, auch ihren geopolitischen Einfluß erhöhte. Tatsächlich scheint die Sowjetunion mehr von der Dekade nach der kubanischen Raketenkrise gehabt zu haben, als ihre strategische Macht noch relativ gering war. Dagegen ging es ihr in den siebziger Jahren, als sie Parität mit den Vereinigten Staaten erzielte, eher schlechter.
Anfang der sechziger Jahre hatte die Sowjetunion ihren Einfluß nach Ägypten ausgedehnt, wo ihre Berater die Armee durchsetzten. In den siebziger Jahren wurden sie von den Ägyptern hinausgeworfen, ein ernster Rückschlag, wenn man die Bedeutung Ägyptens für die Nahostpolitik bedenkt. Aber nach den besonderen Begriffen des Ausschusses ist alles das geopolitisch wichtig, was die Sowjets hinzugewannen, während das, was sie verloren, unwichtig ist. So wie der Ausschuß es sieht, wiegt der gestiegene Einfluß der Sowjets im Südjemen ihren verlorenen Einfluß in Ägypten auf. Aber es liegt auf der Hand, daß dieses Argument absurd ist. Ägypten hat die größte Armee des Nahen Ostens, und die Beseitigung des sowjetischen Einflusses dort ist eine Niederlage, die offensichtlich die Gewinne schmälert, die die Sowjets in anderen Teilen dieser Region gemacht haben.
Vor kurzem erst brach die sowjetische Unterstützung für die PLO und Syrien angesichts der israelischen Invasion in den Libanon zusammen, und abermals erwie-

sen sich Interkontinentalraketen als ungeeignet für die militärische Aufgabe, die es zu lösen galt.
Nirgends wird die Diskrepanz zwischen militärischer Macht und geopolitischem Einfluß offenkundiger als im sowjetisch-chinesischen Konflikt. Man sollte sich daran erinnern, daß die Sowjets 1949 China einnahmen, wie es die landläufigen Schilderungen jener Tage wahrhaben wollen, und sie schafften das sogar, obwohl die Vereinigten Staaten damals noch immer das Monopol an nuklearen Waffen hatten. Während der fünfziger Jahre, als das strategische Ungleichgewicht immer noch zugunsten der Vereinigten Staaten bestand, erfreute sich die UdSSR guter Beziehungen zu ihrem »Satelliten«. Aber in den sechziger Jahren lockerte sich der sowjetische Zugriff auf China direkt proportional zur wachsenden nuklearen Stärke Rußlands. Und zum totalen Bruch mit China kam es in den siebziger Jahren, als die Sowjets nach Meinung der Falken mit der amerikanischen Nuklearmacht gleichzogen oder sie sogar überholten. Aus China wurde also kein sowjetisches Anhängsel, sondern ein Gegner der Sowjets.
Das Beispiel der chinesischen Desertion könnte zu der Annahme führen, daß der Besitz von größeren Beständen an nuklearen Waffen unter Umständen irrelevant oder sogar abträglich für den Zuwachs an geopolitischer Macht sein mag. Rostow hat versucht, diesen Widerspruch dadurch aufzulösen, daß er die Geschichte umschrieb und verkündete, der Verlust oder der Gewinn von China sei gar nicht so wichtig. Als Rostow vor den Außenpolitischen Ausschuß des Senats trat, um in seinem Amt als Leiter der Abrüstungsbehörde bestätigt zu werden, sagte er: »Ich denke, die Sowjetunion hat eine sehr intelligente und stolze Regierung ... Ich kann

mir nicht vorstellen, daß die Sowjets die chinesische Armee, die Armee der Volksrepublik China, als bedeutende Bedrohung ihrer eigenen Streitkräfte betrachten.«

Den Sowjets wäre das sicher ganz neu. Trotz Rostows Versicherungen haben sie 25 Prozent ihrer Armee an der 4000-Meilen-Grenze mit China stationiert. Rostows Erklärung vor dem Außenpolitischen Ausschuß macht die hitzigen Debatten nachträglich zur Farce, die in den vierziger Jahren in den Vereinigten Staaten zu diesem Thema abgehalten wurden. Denn wenn China in den Weltmachtkalkulationen eine zu vernachlässigende Größe wäre, wie Rostow denkt, hätte es ja kaum Kontroversen über die Frage gegeben, wer China damals gewann oder verlor.

Aber die Amerikaner haben ein kurzes Gedächtnis. Eine Nation, die einst durch diesen Streit auf Trab gehalten wurde und die später in Vietnam zum Teil deshalb kämpfte, weil sie den chinesischen Kommunismus stoppen wollte, scheint jetzt – folgt man Rostow – kaum an Sicherheit zu gewinnen durch das wachsende politische und militärische Bündnis mit einem Land, das mehr als eine Milliarde Einwohner zählt. Noch weniger scheint dieser Wandel der Beziehungen zu China denjenigen eine Besinnungspause wert zu sein, die denken, das kommunistische Rußland müsse immer und ewig den amerikanischen Interessen feindlich gegenüberstehen.

Derselbe Rostow bot im Juli 1970 in einem langen Interview mit dem Magazin *The New Yorker* eine Erklärung für den Vietnamkrieg an, die fast ausschließlich auf dem Argument beruhte, man müsse der Expansion der chinesischen Kommunisten in Asien Einhalt gebieten. In diesem Interview argumentierte Rostow, wenn sich die Vereinigten Staaten aus Vietnam zurückzögen, könnte eine chinesisch-japanische Allianz zur Aussperrung der Amerikaner aus ganz Asien die Folge sein. Rostow fügte hinzu, die Chinesen seien eine Bedrohung, weil ihre militärische Macht ständig zunehme. Schließlich sagte er: »Überall in Afrika, Nahost und Südostasien können Sie sehen, wie die Chinesen versuchen, Revolutionen anzuzetteln.«

Als ich ihn im Juli 1981 darauf ansprach, bemerkte Rostow, der chinesische Kommunismus gehe nicht tief und sei niemals expansionistisch gewesen, nicht einmal zu Maos Zeiten. In einem langen Interview für die *Los Angeles Times* erzählte er mir, er betrachte es jetzt als »sehr plausible Hypothese«, daß die Vereinigten Staaten die Chinesen provoziert hätten, in den Koreakrieg einzutreten, und er fügte hinzu, China habe »einen historischen Anspruch« auf Tibet, das er als »mehrdeutiges Gebilde unter chinesischer Souveränität« bezeichnete. Er bestritt zudem, daß die Entscheidung der Vereinigten Staaten für ihr Engagement in Vietnam auch nur im entferntesten etwas mit der Furcht vor China zu tun gehabt habe, trotz der Bemerkungen, die er elf Jahre früher gemacht hatte.

Es ist unmöglich, so hartgesottene Leute wie Rostow ohne das tiefgreifende Trauma zu verstehen, das er und andere Ende der dreißiger Jahre durch den Hitler-Stalin-Pakt und seither durch die zahllosen »Treuebrüche« der Sozialisten erlitten haben. Viele der heutigen Neo-Konservativen teilen mit Rostow aus ihrer Jugendzeit ein starkes Engagement für den »idealistischen« Sozialismus, ein Engagement, das sie

inzwischen längst aufgegeben haben, an das sie sich aber stets mit den Gefühlen großer Bitterkeit erinnern.
Andere aus dem inneren Kreis des Ausschusses und der neo-konservativen Zirkel, die ihn umgeben, sind enttäuschte Veteranen liberaler demokratischer Administrationen der Vergangenheit, die denken, linke Eiferer hätten die Demokratische Partei erobert und zerstört. Die Opposition gegen den Vietnamkrieg Johnsons, die 1972 zur Zurückweisung Hubert Humphreys und später zur Nominierung George McGoverns zum Präsidentschaftskandidaten der Demokraten führte, scheint für ihre Entwicklung nach rechts ein Wendepunkt gewesen zu sein.

Die Ehe dieser im allgemeinen komplizierten Ideologie der ehemaligen Linken und Liberalen mit den eher primitiven Ansichten der traditionellen Rechten um Reagan und seine engsten Berater hat viele Folgen für die amerikanische Politik. Eine besteht darin, daß diese Ex-Linken aufgrund ihrer früheren, von Polemik geprägten Erfahrungen eine große argumentative Geschicklichkeit und eine Fähigkeit zur differenzierten Kritik an den liberalen Positionen besitzen, die für die traditionelle Rechte selten ist. Diese Erfahrungen, verbunden mit ihren schmerzlichen Erinnerungen an die Mißhandlungen durch die universitäre Linke, die sie in den sechziger Jahren erlitten, als sie verbissen den Vietnamkrieg verteidigten, hat viele von ihnen mit einem selbstgerechten Ärger über solche liberalen Intellektuellen ausgerüstet, die sie als verhätschelte und irrationale Linke betrachten.

Diese vielschichtige, vehement artikulierte Wut auf die Richtung, die Amerika nach dem Vietnamkrieg eingeschlagen hat, war vielleicht der wichtigste Beitrag, den diese neo-konservativen Intellektuellen dem Wahlkampf und der Regierung Ronald Reagans geleistet haben. Sie lieferten die starken ideologischen Pferde, die Reagans Karre aus dem theorielosen Morast des rechten Flügels zogen. Es ist keine Übertreibung, wenn man sagt, daß ihr Beitrag zu Reagans erfolgreicher Kampagne unkalkulierbar groß, vielleicht sogar entscheidend war. Jedenfalls gelang es ihnen, die Opposition gegen SALT II und die Détente intellektuell hoffähig zu machen.

Die Reden von Reagan und Bush während des Wahlkampfes waren gesättigt mit Statistiken, Anekdoten und Analysen, die der Ausschuß geliefert hatte. Tyroler sagte mir, Richard Allen, Reagans Koordinator für Außenpolitik während des Wahlkampfes, sei der wichtigste Übermittler dieser Informationen gewesen. Die Hauptthemen des Ausschusses schimmerten an hervorragender Stelle durch alle bedeutenderen Erklärungen der Kandidaten Reagan und Bush zur Außenpolitik durch. Als da waren: Die Sowjets seien dabei, bei nuklearen und konventionellen Waffen die Überlegenheit zu erzielen; sie seien auf die Welteroberung aus; die Vereinigten Staaten, verwirrt durch den Geist der Entspannung, hätten in den siebziger Jahren abgerüstet, während die Sowjets das Wettrüsten vorangetrieben hätten; die Doktrinen der nuklearen Abschreckung und der gegenseitig gesicherten Vernichtung seien nicht länger angemessen; und die Sowjets bereiteten sich in der Tat darauf vor, einen Nuklearkrieg zu führen und zu gewinnen.

Die Ursprünge von Reagans Politik kann man in der Gründungserklärung des »Ausschusses gegen die vorhandene Gefahr« finden:

> »Die grundsätzliche Bedrohung unserer Nation, des Weltfriedens und der menschlichen Freiheit resultiert aus dem sowjetischen Herrschaftsdrang, der auf einer militärischen Machtzusammenballung ohne Beispiel beruht. Seit mehr als einem Jahrzehnt hat die Sowjetunion sowohl ihre strategischen als auch ihre konventionellen Streitkräfte weitaus schneller vermehrt und verbessert als die Vereinigten Staaten und ihre Verbündeten. Die militärische Macht der Sowjets und ihre Zuwachsrate kann mit Erwägungen der Selbstverteidigung weder erklärt noch gerechtfertigt werden.«

Viele bekannte Fachleute stimmen mit dieser Einschätzung nicht überein. Als ich den ehemaligen Verteidigungsminister Robert S. McNamara interviewte, wies er darauf hin, daß die sowjetische Aufrüstung als eine Reaktion auf die frühere Aufrüstung der Vereinigten Staaten betrachtet werden könne wie auch auf Gerüchte darüber, daß die Vereinigten Staaten die Fähigkeit zur Führung eines Erstschlags anstrebten. Diese Gerüchte rührten möglicherweise von einem Vorschlag der Luftwaffe her, eine solche Fähigkeit zu entwickeln, ein Plan, auf den McNamara in einem Memorandum Bezug nahm, das er am 21. November 1962 für Präsident Kennedy geschrieben und in dem er empfohlen hatte, davon als Ziel der amerikanischen Politik Abstand zu nehmen. »Mein Gott«, sagte McNamara jetzt zu mir,

> »wenn die Sowjets annehmen würden, daß dies unser Ziel sei, wie, denken Sie, würden sie reagieren? Ich glaube, es erklärt ... eine Menge ihrer

Aktionen. Ich hielt eine Rede in San Francisco ... ich glaube, es war Mitte '67, in der ich feststellte, daß der Zusammenhang von ›Aktion und Reaktion‹, das heißt die innere Dynamik des nuklearen Wettrennens, eine Menge von dem erklärt, was die Sowjets machen ...«

McNamara fügte hinzu:

»Wäre ich der sowjetische Verteidigungsminister gewesen, hätte ich das Ungleichgewicht der Kräfte zur Hölle gewünscht. Und ich wäre besorgt darüber gewesen, daß die Vereinigten Staaten eine Erstschlagsfähigkeit aufzubauen versuchten. Ich wäre einfach deshalb besorgt gewesen, weil mir die nukleare Stärke der Vereinigten Staaten bekannt gewesen wäre und weil ich die Gerüchte vernommen hätte, die besagten, daß die Luftwaffe das Erreichen einer solchen Fähigkeit empfohlen habe. Nehmen Sie diese beiden Dinge zusammen: eine bekannte Benachteiligung der Kräfte, die in sich selbst groß genug war, um wenigstens scheinbar die Ansicht zu unterstützen, die Vereinigten Staaten planten eine Erstschlagsfähigkeit, und zweitens das Gerede in amerikanischen Kreisen, daß dies tatsächlich das Ziel sei – ich hätte mich zu Tode erschrocken!«

McNamara bot Kennedy sein Memorandum als Hinweis auf jenes militärische Denken der Vereinigten Staaten über den Erstschlag an, das die Sowjets alarmiert haben könnte. Aber er war wendig genug, mir gegenüber anzumerken, daß »ich nicht glaubte und auch Präsident Kennedy nicht glaubte, daß wir eine Erstschlagsfähigkeit besaßen ... Wir hatten keinerlei Absicht, eine solche Fähigkeit zu erwerben ... Hätten wir eine solche Absicht gehabt, wären wir meiner Meinung nach nicht in der Lage gewesen, sie zu verwirklichen.«

Ein anderer Kritiker der Ansichten des Ausschusses über die sowjetische Aufrüstung war Professor Michael E. Howard, ein international geachteter Experte für Fragen der Nuklearstrategie. Im November 1980 hielt Howard eine Reihe von Vorlesungen, in denen er Bernard Brodie zitierte, den Nestor des strategischen Denkens in Amerika. Brodie hatte geschrieben:

> »Wenn der ›Ausschuß gegen die vorhandene Gefahr‹ in einer seiner Broschüren von der ›brutalen Triebkraft der massiven Aufrüstung bei strategischen Waffen in der Sowjetunion‹ spricht – ›einer Aufrüstung ohne Beispiel in der Geschichte‹ –, dann spricht er von etwas, was niemand, der je die Aufrüstung bei strategischen Waffen in Amerika untersuchte, auch nur entfernt als beispiellos bezeichnen könnte.«

Dem fügte Howard hinzu:

> »Tatsächlich besteht eine der ältesten Lehren der Geschichte darin, daß die Rüstung des Gegners immer als brutal und bedrohlich erscheint, Bezeichnungen, die einem als tendenziös und absurd vorkommen, wenn man sie auf die eigene Rüstung anwendet. Die traurige Schlußfolgerung aus dieser Debatte lautet, daß kein Argument und

kein Gegenbeweis diese vielen ernsthaften, gutinformierten, sehr intelligenten und jetzt auch sehr einflußreichen Leute davon überzeugen wird, daß die Sowjetunion keine unversöhnlich aggressive Macht ist, die nur darauf aus ist, nukleare Waffen als Mittel ihrer Politik einzusetzen.

Aber ich würde sagen, daß die Führer der Sowjetunion und ihre Nachfolger, die sie innerhalb einer überschaubaren Zukunft haben werden, aus vorsichtigen und ziemlich furchtsamen Männern besteht, die sich immer mehr Sorgen über ihre fast unlösbaren inneren Probleme machen und die sich zunehmend ihrer Isolierung bewußt werden in einer Welt, in der die Ausbreitung des marxistischen Sozialismus wenig dazu beiträgt, ihre eigene politische Macht zu vermehren ... Dieses komplizierte Netz aus Interessen, Empfindungen und Idealen ... sagt ihnen nicht klarer als uns, wie sie ihre Streitkräfte einsetzen sollten.«

Howard beendete seine Vorlesung mit der Warnung vor »der Möglichkeit, daß wir uns aus einer Mischung von Hybris und Verzweiflung eines Tages genötigt sehen könnten, einen Nuklearkrieg zu initiieren. Ein solcher Krieg mag sein Ziel erreichen oder auch nicht, aber ich zweifle daran, daß dies die Überlebenden auf beiden Seiten sehr interessieren würde.«

Aber wo Kritiker wie Howard und McNamara dazu neigten, die Gefahr eines zufälligen Nuklearkrieges zu betonen, waren die Ausschußmitglieder von vornherein mehr beschäftigt mit den Gefahren des »Ap-

peasement« – ein weiterer Beweis für ihre Verranntheit in Ereignisse der dreißiger Jahre.
Ironischerweise boten ausgerechnet die Ausschußmitglieder, die jahrzehntelang die nukleare Aufrüstung der Vereinigten Staaten unterstützt hatten, das sowjetische Gegenstück zu ihrer eigenen aggressiven Haltung als Beweis dafür an, daß die beiden Nationen keine gemeinsame Auffassung von den Schrecken eines nuklearen Krieges hätten. Und dennoch kommt ihre eigene Sprache derjenigen ihrer sowjetischen Gegenspieler näher, als sie zugeben wollen.
Würde man zum Beispiel in der folgenden Erklärung des Ausschusses das Wort »Sowjetunion« durch »Vereinigte Staaten« ersetzen, dann könnte man sich vorstellen, daß sie von einer vergleichbaren Gruppe sowjetischer Falken geschrieben wurde:

> »Durch ihre fortgesetzte Aufrüstung bei den strategischen Waffen zeigt die Sowjetunion [sprich: die Vereinigten Staaten], daß sie die amerikanischen [sprich: sowjetischen] Begriffe von nuklearer Saturiertheit und gegenseitig gesicherter Vernichtung nicht unterschreibt, die besagen, daß, wenn eines Tages eine gewisse Menge und Qualität an strategischen Nuklearwaffen erreicht ist, beide Seiten einsehen werden, daß eine weitere Anhäufung oder Verbesserung bedeutungslos wird, und daß sie dann entsprechend handeln werden.«

Natürlich wäre es eine großartige Nachricht für jedermann, wenn die Sowjets einer einseitigen Zurückhaltung im Rüstungswettlauf zustimmen würden. Seit ihrer Demütigung während der Kubakrise haben die Russen

Rakete auf Rakete gestapelt, und wer würde es nicht freudig begrüßen, wenn sie zugeben würden, »daß eine weitere Anhäufung oder Verbesserung bedeutungslos wird«, und entsprechend handelten? Der Ausschuß möchte jedoch, daß die Vereinigten Staaten ein Waffensystem auf das andere häufen, und solange das so ist, müssen wir mit der freudigen Begrüßung dieser Nachricht warten. Die Anführer des Ausschusses müßten eigentlich wissen, daß auch die Vereinigten Staaten nicht zögerten, jedes neue Waffensystem zu entwickeln, das sie für machbar und nützlich hielten, während die Sowjets in den siebziger Jahren ihre eigene Aufrüstung betrieben. So haben die Vereinigten Staaten heute die Pershing und die Cruise Missiles, die Trident-II-Unterseeboote samt den entsprechenden Raketen sowie die technischen Grundlagen für die MX-Rakete, von denen jede der sowjetischen Entwicklung um fünf Jahre vorauseilt und die russische Schlachtordnung der landgestützten Raketen bedroht – das heißt jenen Korb, in den sie die meisten ihrer nuklearen Eier hineingelegt haben. Wie können so gut informierte Leute wie die Ausschußmitglieder und Reagan einerseits, McNamara und Professor Howard andererseits so weit auseinanderklaffende Einschätzungen von einer Situation haben, von der man doch annehmen müßte, daß sie auf eindeutigen Fakten beruht? Ein Grund besteht darin, daß die Fakten alles andere als eindeutig sind. Vieles von dem, was wir über die Stärke und die Absichten der Sowjetunion wissen oder von dem wir annehmen, daß wir es wissen, beruht auf Einschätzungen, die aus amerikanischen Geheimdienstinformationen stammen, obwohl beide Seiten während der SALT-Gespräche Einzelheiten ihrer strategischen Systeme auf den Tisch legten.

Die Sowjets decken die Details ihres Verteidigungshaushaltes ebensowenig auf wie die Einzelheiten ihrer Streitkräftestruktur, und sie allein scheinen die relativ niedrigen Zahlen ihres Verteidigungshaushaltes ernst zu nehmen, die sie veröffentlichen. Die westlichen Länder besitzen dagegen eine Reihe sehr akkurater Informationen über das spezifische Make-up der sowjetischen Streitmacht, wie sie sowohl die ständige und immer genauere Satellitenüberwachung als auch die altmodische Spionage einbringen. Aber dieses riesige Material muß von den Geheimdiensten analysiert werden, bevor seine Bedeutung klar wird. Um das zu erreichen, bedarf es jedoch der Interpretation, die auf den Fertigkeiten und Erfahrungen der amerikanischen Geheimdienste beruht, vor allem auf denen der CIA, die stets versuchte, die sowjetische Stärke in einer objektiven Weise zu ermitteln.
Ein Grund für die gegenwärtige Konfusion liegt darin, daß diese Objektivität unter der Regie von CIA-Direktor George Bush ernstlich verletzt wurde, und zwar unter Mithilfe einiger Schlüsselmitglieder des »Ausschusses gegen die vorhandene Gefahr«. Diese Ereignisse traten 1976 ein, und sie sollten eine tiefgreifende Wirkung auf die Einschätzung der sowjetischen Bedrohung und auf den politischen Kurs des Präsidenten haben. Ich beziehe mich auf die Gründung des Teams B, jener Gruppe von externen Analytikern, deren Anführern von Bush erlaubt wurde, die eigenen Berechnungen der CIA über die Stärke und die Absichten der Sowjetunion zu überprüfen. Die objektiven Prozeduren, durch welche die CIA die Reichweite und die Natur der sowjetischen Bedrohung berechnet hatte, wurden so vielleicht das erste Opfer des neuen Kalten Krieges.

5. Team B

Bis 1976 nahm die CIA nicht an, daß die Sowjets den Vereinigten Staaten militärisch überlegen seien oder daß sie es auf eine nukleare Überlegenheit abgesehen hätten. Die Analytiker des Geheimdienstes glaubten auch nicht, daß die sowjetische Führung einen Nuklearkrieg zu überleben oder gar zu gewinnen hoffte. Dann wurde George Bush Leiter der CIA, und den Profis dieser Behörde wurde gesagt, sie sollten anders denken.
Bush wurde während des letzten Amtsjahres von Präsident Gerald Ford zum Direktor der CIA ernannt. Er unternahm den beispiellosen Schritt, einer Gruppe von aggressiv eingestellten Außenseitern zu erlauben, die Einschätzungen der CIA hinsichtlich der sowjetischen Stärke anzuzweifeln. Indem er mit den bisher gültigen Maßstäben für die Geheimhaltung brach, eröffnete Bush dieser Gruppe den Zugang zu den heikelsten Fakten, die Satelliten, Agenten, Deserteure und andere Informanten über die militärische Stärke der Sowjets gesammelt hatten. Niemals zuvor war Kritikern der Regierung der Zugang zu Daten gestattet worden, die der Regierungspolitik zugrunde lagen. Und Bush gewährte dieses Privileg auch nur den »Falken« unter ihnen.
Dieses Eindringen in das objektive Verfahren der CIA-Analysen bauschte die angenommene Verwundbarkeit der Vereinigten Staaten gegenüber den russischen Streitkräften erheblich auf, was schließlich dazu be-

nutzt wurde, eine gesteigerte Aufrüstung Amerikas zu rechtfertigen.
Wie die *New York Times* damals in einem Leitartikel mit starken Worten zum Ausdruck brachte:

> »Aus Gründen, die noch der Erklärung bedürfen, wurden die führenden Analytiker der CIA dazu gebracht, einer handverlesenen inoffiziellen Gruppe von scharfen Kritikern der Rüstungsbegrenzungspolitik zu erlauben, neben ihnen zu sitzen und die Einschätzung der künftigen militärischen Kapazität der Sowjets in einer ›düsteren‹ Richtung zu beeinflussen.«

Die Gruppe, die Bush einsetzte, wurde Team B genannt, um sie von Team A zu unterscheiden, das heißt von jenen CIA-Profis, die dafür bezahlt wurden, daß sie die sowjetische Stärke nach unparteiischen Gesichtspunkten untersuchten. Dank Bush gelang es Team B, die US-Regierung dazu zu bringen, daß sie ihre Einschätzungen der sowjetischen Stärke und Absichten tiefgreifend änderte, obwohl Kritiker den Vorwurf erhoben, Team B würde die Rohdaten der CIA in grober Weise manipulieren, um sie den eigenen politischen Vorurteilen anzupassen.
Diese Vorurteile wurden in einem Bericht der *New York Times* wie folgt beschrieben: »Die Bedingungen [für die Mitglieder von Team B] bestanden darin, daß die Außenseiter annehmbar für das Beratungsgremium [zur Auslandsspionage] und für Mr. Bush zu sein und daß sie pessimistischere Ansichten über die sowjetischen Pläne zu hegen hätten als die Befürworter der These, daß [zwischen den beiden Supermächten] ein ungefähres Gleichgewicht bestehe.«

Ein von Team B angefertigter Bericht stützte – und war vielleicht sogar die Quelle für – die Behauptungen, die Bush und Reagan im Wahlkampf von 1980 erhoben, daß nämlich die Sowjets alle Hoffnungen der Détente verraten hätten und nun darauf aus seien, die nukleare Überlegenheit zu erzielen. Es war die Studie von Team B, die während des Wahlkampfes zu der Anklage führte, Carter lasse es zu, daß die Sowjets die nukleare Überlegenheit erreichten und daß die Vereinigten Staaten »wiederaufrüsten« müßten.

Der Bericht der *New York Times* über die Ereignisse, die der Einsetzung von Team B folgten, beruhte auf Interviews, deren Partner nicht genannt werden durften und die auf eine Art Bürgerkrieg in der CIA schließen ließen. Ein Geheimdienstbeamter

> »sprach von ›absolut blutrünstigen Diskussionen‹, in deren Verlauf die CIA von den Außenseitern beschuldigt wurde, sie hantiere mit fehlerhaften Annahmen, fehlerhaften Analysen, fehlerhaften Ermittlungsmethoden und fehlerhaften Methoden der Auswertung bereits verfügbarer Erkenntnisse. ›Es war ein absolutes Desaster für die CIA‹, fügte dieser Beamte in einem autorisierten Interview hinzu. Indem er anerkannte, daß es in mehr Punkten Differenzen gebe als sonst, sagte er: ›Es herrschte Uneinigkeit über die Fakten.‹«

Ein anderer entschiedener Kritiker von Team B war Ray S. Cline, früher einer der stellvertretenden CIA-Direktoren, der der *Washington Post* zufolge »ein führender Skeptiker ist, was die sowjetischen Absichten angeht, und ein alter Kritiker von Henry Kissinger«. Der Artikel fuhr fort: »Er [Cline] bedauerte das Experiment. Es bedeutet, sagte Cline, daß der Prozeß zur Herstellung der nationalen Sicherheit ›unterwandert‹ wurde, ›indem man sich einen Zoo von Außenseiter-Kritikern zusammensuchte, und zwar alle von ein und demselben Standpunkt aus‹.«

Die Mitglieder von Team B wurden von Bush sorgsam ausgewählt, und er gab gegenüber einem Reporter der *New York Times* zu, daß eine »pessimistische Betrachtung« der Sowjetunion die Voraussetzung für die Aufnahme in die Mannschaft sei. Der Vorsitzende dieses Gremiums war der Harvard-Professor Richard Pipes, ein polnischer Immigrant und notorischer Antikommunist, derselbe Pipes, der dann 1981 verkündete, die Sowjets hätten zwischen dem friedlichen Wandel ihres Systems und dem Krieg zu wählen.

Folgt man Jack Ruina, Professor für Elektrotechnik am MIT* und ehemaliger Hauptberater des Büros für Wissenschafts- und Technologiepolitik im Weißen Haus, so »versteht Pipes wenig von Technologie und von nuklearen Waffen. Ich kenne ihn persönlich. Ich mag ihn. Aber was die Sowjets angeht, unterliegt er der Zwangsvorstellung, daß sie aggressive Absichten haben.«

Pipes ist der intellektuelle Gottvater der These, die Sowjets wiesen die nukleare Parität zurück und seien auf das Führen von Nuklearkriegen aus, eine These, die später von den Kandidaten Bush und Reagan verbreitet wurde. Sie herrscht nun in der Regierung Reagan vor, in der Pipes als Spitzenberater für sowjetische Angelegenheiten dient.

Pipes beschrieb seine und die Position von Team B in

* MIT = Massachusetts Institute of Technology, eine der bekanntesten Forschungseinrichtungen der USA

einer Zusammenfassung des bereits erwähnten Team-B-Berichts, die er der *New York Times* in einem Brief zur Verfügung stellte. Dieser Brief kritisierte die Ansicht, daß jede Seite mehr als genug nukleare Waffen besitze und daß der Begriff der nuklearen Überlegenheit keinen Sinn mehr habe. Pipes schrieb:

> »Subtiler und schädlicher ist das vom Prestige Henry Kissingers unterstützte Argument, daß nukleare Überlegenheit bedeutungslos sei. Diese Ansicht war unerläßlich für die Entspannungspolitik des Herrn Kissinger, aber sie beruht auf fehlerhaftem Denken. Dahinter steht die weitverbreitete Auffassung, daß Überlegenheit irrelevant sei, wenn erst einmal eine gewisse quantitative Ebene in der Anhäufung von nuklearen Waffen erreicht sei, die genüge, um die Menschheit zu vernichten. Diese Auffassung besagt: Man könne die totale Zerstörung nicht übertrumpfen.«

Pipes' Alternative zu Kissingers Auffassung von Strategiepolitik war diejenige, die auch Team B vertrat. Sein Brief fuhr fort:

> »Unglücklicherweise sind Zahlen in einem nuklearen Wettbewerb nicht alles. Der Wettstreit zwischen den Supermächten verändert sich zunehmend in ein qualitatives Wettrennen, dessen Ausgang ziemlich sicher eine bedeutsame Überlegenheit erbringen kann.«

Fünf Monate nach seinem von der *New York Times* veröffentlichten Brief argumentierte Pipes in einem Beitrag für die Zeitschrift *Commentary*, die Sowjets stimmten nicht darin überein, daß ein Nuklearkrieg grundsätzlich etwas anderes als ein konventioneller Krieg sei. Für ihn schien dieser Standpunkt realistischer zu sein als die in Amerika vorherrschende Ansicht, daß ein Nuklearkrieg Selbstmord bedeute. Pipes stellte fest, die US-Militärs hätten zunächst eine Auffassung vertreten, die sich jetzt auch die Sowjets zu eigen machten, daß nämlich, »wenn es zum Äußersten kommt, Atombomben nicht wichtiger als konventionelle Waffen sind«. Diesen Standpunkt versuchte er zu beweisen, indem er die Verwüstung von Tokio und Dresden durch konventionelle Waffen als Beispiele anführte. Pipes argumentierte, daß dieses gesunde Denken auf seiten der Militärs »umgehend zum Schweigen gebracht wurde von einer Koalition, deren Mitglieder aus verschiedenen Gründen die Atombombe als ›absolute Waffe‹ darstellen, die in einem großen Maße das traditionelle militärische Establishment überflüssig und das traditionelle strategische Denken obsolet gemacht habe«.

Pipes beklagte, daß »ein großer Teil der amerikanischen Wissenschaftler, kaum daß die erste Atombombe explodierte, davon überzeugt worden sei, daß die nukleare Waffe, die diese Wissenschaftler entworfen und entwickelt hatten, eine vollständige Revolutionierung der Kriegführung herbeigeführt habe«. Diese Schlußfolgerung, so Pipes, »stellte sich ohne großen Bezug zu der Wirkungsanalyse von Atomwaffen ein, die von den Militärs durchgeführt wurde, und ohne die Erwägung der Prinzipien, die die traditionelle Kriegführung getragen hatten«. Statt dessen, so argumentierte Pipes, war diese fehlgeleitete Auffassung das Ergebnis psychologischer und philosophischer Störungen bei den Wissenschaftlern selbst. »Sie stellte einen Glaubensakt auf seiten der Intellektuellen dar«, schrieb Pipes, »die starke pazifistische Überzeugungen hatten und die sich zutiefst schuldig fühlten, weil sie sich an der Schaffung einer Waffe von so zerstörerischer Kraft beteiligt hatten.«

So wischte Pipes die schmerzliche Besorgnis vieler Wissenschaftler beiseite, die diese Waffen am besten kennen, als wären ihre Schuldgefühle und ihre Friedenswünsche absurd oder dekadent oder vielleicht antiamerikanisch.

Im Gegensatz dazu waren die Sowjets nicht so sentimental, wenn man Pipes folgt, der auf perverse Weise in derselben Herzlosigkeit schwelgte, die er ihnen zumaß. Sie hielten sich statt dessen an Clausewitz: Ob mit oder ohne nukleare Waffen – Krieg ist immer noch die Fortsetzung der Politik mit anderen Mitteln. Und weil die aggressiven Sowjets glauben, nukleare Waffen könnten in einem Krieg ebenso erfolgreich eingesetzt werden wie konventionelle Waffen, müssen sich die Amerikaner darauf vorbereiten, es ihnen gleichzutun.

Die Hauptanalytiker von Team B, Paul Nitze und William Van Cleave, teilten diese Ansicht. Nitze und Van Cleave hatten bereits Diskussionen mit Eugene Rostow und anderen geführt, um die Bildung des »Ausschusses gegen die vorhandene Gefahr« zu planen, und zwar längst bevor diese Herren, jetzt als Team B, das CIA-Hauptquartier in Langley/Virginia betraten, um die Daten der Behörde zu überprüfen. So beruhte ihre Entscheidung, eine aktivistische Organisation zu schaffen, auf der Ansicht, daß die Vereinigten Staaten gegenüber den Sowjets an Boden verloren hätten, und das Drängen auf höhere Rüstungsausgaben ging ihrem Blick auf das

CIA-Material voraus. Soviel zu ihrem Anspruch auf Objektivität.

Die Schlußfolgerungen von Team B basierten auf drei Punkten: einer Schilderung der strategischen Absichten der Sowjets; der Behauptung, die Sowjets seien in einer massiven Aufrüstung begriffen; und der Vorstellung, das Zivilschutzprogramm der Sowjetunion mache deren Erwartung glaubhaft, sie könne einen Nuklearkrieg gegen die Vereinigten Staaten gewinnen.

Dieselben drei Punkte bildeten später das Zentrum der Annahmen, auf denen die Strategiepolitik der Reagan-Administration beruht – den aberwitzigen Schaufel-Plan von T. K. Jones für den Schutz der Zivilbevölkerung natürlich eingeschlossen. Obgleich die Untersuchung von Team B noch unter Verschluß ist, sickerte genug von ihr durch, um die Glaubwürdigkeit dieser Analytiker ernstlich in Frage zu stellen.

Als George Bush die Schlußfolgerung von Team B akzeptierte, daß die sowjetische Aufrüstung viel größer sei als von der CIA ursprünglich angenommen, tat er es, wie er der *New York Times* erzählte, wegen »neuer Beweise und der nochmaligen Interpretation älterer Informationen, die zu einer Neueinschätzung der sowjetischen Absichten beitrugen«. Indessen widerlegten die »neuen Beweise«, auf die er sich bezog, in Wirklichkeit die Schlußfolgerungen von Team B und die daraus abgeleiteten Annahmen der späteren Reagan-Bush-Regierung.

Die »neuen Beweise«, über die Team B verfügte, bestanden aus der revidierten CIA-Schätzung der sowjetischen Verteidigungsausgaben für das Jahr 1976. Danach war deren Anteil am sowjetischen Bruttosozialprodukt von ca. 6 bis 8 Prozent auf ca. 11 bis 13 Prozent angestiegen. Daraus folgerte Team B, daß die Sowjets eine stärkere Militärmacht aufgebaut hätten, als man bisher glaubte.

Wie der frühere CIA-Analytiker Arthur Macy Cox in der *New York Times* ausführte, verrieten die revidierten Schätzungen der CIA in Wahrheit davon jedoch nichts. Wie Cox in einem anderen Artikel bemerkte, den er im November 1980 für den *New York Review of Books* schrieb,

> »hatte der amtliche Bericht der CIA vom Oktober 1976 über die sowjetischen Verteidigungsausgaben den Schlußfolgerungen von Team B widersprochen und sie nicht unterstützt, während der Bericht von Team B unter Verschluß gehalten wurde. Die wahre Bedeutung des Oktoberberichts [der CIA] wurde verfehlt. Man ließ es zu, daß über all die Jahre ein riesiger Irrtum im Raum stehenblieb.«

Cox zitierte dann denselben CIA-Bericht, auf den sich Team B gestützt hatte und den Bush als »neue Beweise« bewertete. »Die neue Einschätzung des Anteils der sowjetischen Verteidigungsausgaben am Bruttosozialprodukt ist doppelt so hoch wie die 6 bis 8 Prozent, die man früher angenommen hatte«, hieß es da. Aber dann fuhr der CIA-Bericht fort: »Dies bedeutet nicht, daß die Einwirkung der Verteidigungsprogramme auf die sowjetische Wirtschaft angestiegen ist, sondern nur, daß unsere Einschätzung von dieser Einwirkung sich geändert hat. *Dies impliziert auch, daß die sowjetische Rüstungsindustrie weit weniger effektiv arbeitet als früher angenommen.*«

Es war damals genau falsch, wenn Bush andeutete, die CIA habe ihre Einschätzung von der Größe des laufenden sowjetischen Verteidigungsprogramms verdoppelt oder wenigstens spürbar erhöht. Denn was die CIA revidierte, war nur ihre Berechnung der Effektivität der sowjetischen Produktion, mit anderen Worten der Betrag, den die Russen für das bezahlten, was sie an Rüstungsgütern bekamen. Was die CIA zeigte, war die Tatsache, daß es die Sowjets schwerer hatten, die Anzahl an Panzern und Raketen herzustellen, die die CIA früher für sie veranschlagt hatte. Der ehemalige CIA-Analytiker Cox notierte dazu: »Was Grund zum Jubeln hätte sein können, wurde Anlaß für einen Fehlalarm.« Was die tatsächlichen sowjetischen Rüstungsausgaben angeht, kam die CIA in ihrer amtlichen Einschätzung für den Zeitraum von 1970 bis 1979 zu einem Schluß, der im Januar 1980 veröffentlicht wurde und der besagte, daß »die sowjetischen Verteidigungsausgaben jedes Jahr um 3 Prozent wuchsen«. Das ist mehr als das US-Wachstum in den siebziger Jahren und weniger als die amerikanische Zuwachsrate von 1979 bis 1983. In den siebziger Jahren wurden die Ausgaben des Warschauer Paktes von denen der NATO übertroffen. Eine jährliche dreiprozentige Zuwachsrate bei den sowjetischen Militärausgaben liegt tatsächlich nicht höher als die Wachstumsrate ihres Bruttosozialprodukts während der siebziger Jahre, die von Fachleuten auf 3 bis 5 Prozent veranschlagt wird.

Es wäre noch sehr viel mehr zu den Zuwächsen der Verteidigungsstärke zu sagen, die die Sowjetunion in den letzten beiden Jahrzehnten im Vergleich zu den Vereinigten Staaten erzielt hat, und ebenso zu den Stärkeverhältnissen zwischen den beiden Bündnissen.

Später werde ich einen detaillierten Vergleich ziehen. Hier geht es mir nur darum, den ernsten Irrtum herauszustreichen, der der Behauptung von Team B zugrunde lag und der besagte, die US-Geheimdienste hätten die sowjetische Aufrüstung unterschätzt und deshalb sei eine neue Spirale des Wettrüstens erforderlich.

Die düstere Einschätzung der sowjetischen Absichten durch Team B – im allgemeinen als die Beurteilung betrachtet, zu der die nationalen Geheimdienste auf Geheiß von Bush gekommen waren – sollte das Klima für die Entspannung und Rüstungsbegrenzung verändern, und die Regierung Carter hatte sich von Anfang an damit auseinanderzusetzen. Laut *New York Times* vom Dezember 1976 »wird der gewählte Präsident Carter nächsten Monat eine geheime Einschätzung der langfristigen strategischen Absichten der Sowjets erhalten, die die Frage aufwirft, ob die Sowjets statt der ungefähren Parität mit den Streitkräften der Vereinigten Staaten die Überlegenheit anstreben«.

Der Bericht der *New York Times* setzte hinzu, daß »frühere Einschätzungen der sowjetischen Ziele – die erlesensten Produkte der Geheimdienste seit 1950 – zu dem Ergebnis kamen, daß das Ziel eine ungefähre Parität mit den strategischen Fähigkeiten der Vereinigten Staaten sei«. Die *New York Times* zitierte dann Bush, der gesagt habe, die Veränderung in den Beurteilungen sei gerechtfertigt, weil »es ein paar bedrückende Anzeichen dafür gebe«, und das Blatt fügte hinzu, »daß, während es Mr. Bush ablehnte, die Substanz der Einschätzung zu diskutieren, man von amtlicher Seite hören kann, daß die ›bedrückenden Anzeichen‹ neu entwickelte Lenkraketen umfassen, ein riesiges Programm von unterirdischen Schutzräumen und einen fortgesetzten Aufbau von Luftabwehranlagen«.

Die Behauptungen, die Sowjets bauten unterirdische Schutzräume und überhaupt Zivilschutzeinrichtungen auf, waren ein kritisches Element in den Auseinandersetzungen zwischen den Geheimdiensten, bevor noch Team B eingriff. Die *New York Times* bestätigte in ihrem Artikel, daß die Einberufung von Team B »vor allem wegen der fortwährenden Meinungsverschiedenheiten zwischen den Geheimdiensten zustande kam«. Das betraf insbesondere Generalmajor George J. Keegan, der als Geheimdienstchef der Luftwaffe sehr bald zurücktrat, nachdem Team B seinen Bericht abgeschlossen hatte, und der Berater dieses Gremiums war.

Die *New York Times* führte aus: »[Keegans] Abweichung von der Einschätzung des Jahres 1974, die Bedeutung des sowjetischen Zivilschutzprogramms und der neuen Lenkraketen betreffend, provozierte einen solchen Sturm, daß er ins Weiße Haus gerufen wurde, um sich vor dem Beratungsausschuß [für die Auslandsspionage] zu rechtfertigen.«

Keegan überredete Leo Cherne, Vorsitzender dieses Gremiums und einer der Urheber des amerikanischen Engagements in Vietnam, CIA-Direktor Bush von der Notwendigkeit des Teams B zu überzeugen. Cherne, der eine private Unternehmensberatung besitzt, ist außerdem Leiter des Internationalen Rettungsausschusses, der sich mit politischen Flüchtlingen beschäftigt. Er zählt zu den Amerikanern, die Anfang der fünfziger Jahre Ngo Dinh Diem entdeckten, der damals in einem Seminar in New Jersey saß und den sie zum »General

Washington« von Vietnam bestimmten.* In den vierziger Jahren hatte Cherne eine Firma geleitet, die William Casey beschäftigte, den Reagan später als CIA-Direktor einsetzte.
Der Beratungsausschuß für die Auslandsspionage, dem Cherne seit den Nixon-Jahren angehörte (er wurde 1976 Vorsitzender), war während der Amtszeit Carters stillgelegt, wurde aber unter Reagan wiederbelebt, und Cherne ist jetzt sein stellvertretender Vorsitzender. Dieses Gremium, das die Arbeit der Geheimdienste überwacht, besteht nunmehr fast zur Hälfte aus Mitgliedern des »Ausschusses gegen die vorhandene Gefahr«.
Der Bericht von Team B bleibt weiterhin unter Verschluß, aber Generalmajor a. D. Daniel O. Graham, der an der Überprüfung der früheren Geheimdiensteinschätzungen der sowjetischen Stärke mitgewirkt hatte, erzählte der *Washington Post*, daß die sowjetischen Vorbereitungen für die Zivilverteidigung entscheidend für die neue Beurteilung waren, als der Bericht Ende 1976 vollendet wurde. Diese Neueinschätzung bezog sich auch auf eine Überprüfung der sowjetischen Absichten, erzählte Graham der *Washington Post*. »Ich glaube, die wichtigste Ursache unseres Irrtums« bei früheren Geheimdiensterkenntnissen »bestand darin, daß wir amerikanische Konzepte auf die Russen übertrugen«. Das wichtigste dieser Konzepte, so sagte er, war die Verwerfung des nuklearen Krieges als politische Option für die Supermächte. Team B hatte argumentiert, die Sowjets würden die amerikanische Auffassung von der gegenseitig gesicherten Vernichtung zurückweisen und statt dessen eine nukleare Überle-

* Ngo Dinh Diem wurde Mitte der fünfziger Jahre Präsident von Südvietnam. 1963 wurde er durch einen Staatsstreich der Armee gestürzt und ermordet.

genheit anstreben, d. h. sie hätten die Hoffnung, einen nuklearen Krieg nicht nur zu überleben, sondern auch zu gewinnen.

Graham drückte es so aus: »Der Augenschein legt es nahe, daß sie [die Sowjets] die Fähigkeit zur Kriegführung suchen.« Er fügte hinzu, es gebe »zwei katalytische Faktoren«, die die Neueinschätzung der sowjetischen Absichten verursacht hätten. Der eine sei die revidierte Berechnung des Anteils der sowjetischen Verteidigungsausgaben am Bruttosozialprodukt, deren Bedeutung jedoch, wie wir sahen, in dem Team-B-Bericht verdreht wurde. »Der zweite wichtige Faktor, der eine Veränderung der amerikanischen Ansichten verursachte«, sagte Graham laut *Washington Post*, »war ›die Entdeckung einer sehr bedeutsamen [sowjetischen] Anstrengung auf dem Gebiet des Zivilschutzes – sehr starke und unmißverständliche Beweise für eine große Anstrengung zum Schutz der Leute und der Industrie und zur Bevorratung mit Lebensmitteln‹.«

Aber diese »große Anstrengung«, so sehr sie General Graham beeindruckt und alarmiert haben mag, besteht lediglich aus dem primitiven Schutzraum- und Evakuierungsplan, den T. K. Jones in seinem Interview mit mir befürwortete. Als Jones mir erzählte, die Vereinigten Staaten könnten sich in schätzungsweise zwei bis vier Jahren von einem allgemeinen Nuklearkrieg erholen, meinte er, sie könnten das mit Hilfe eines »Zivilschutzsystems sowjetischer Art« tun. Aber wenn es eine groteske Verteidigungsmaßnahme für die Amerikaner ist, sich ein Loch zu graben und es mit Türen zu bedecken – wie kann diese Prozedur dann »eine sehr bedeutsame Anstrengung auf dem Gebiet des Zivilschutzes« sein, wie es Team B sehen will? Wie kommt es, daß sowjetische Handbücher, die ihren Leuten sagen, sie sollten Löcher in die Tundra graben, ein ernstes Problem für amerikanische Strategieplaner werden? Dennoch sind es gerade diese Erdlöcher, von denen man glaubt, sie rechtfertigten die Annahme, daß die Sowjets denken, sie könnten einen nuklearen Krieg gewinnen.

Das Argument, die Sowjets strebten die nukleare Überlegenheit und eine Fähigkeit zur Kriegführung an, wurde mit starken Worten in einem Artikel vorgetragen, den der Vorsitzende von Team B, Richard Pipes, in der Zeitschrift *Commentary* unter dem Titel *Warum die Sowjetunion denkt, sie könnte einen Nuklearkrieg führen und gewinnen* veröffentlichte. Pipes wandte sich besonders gegen die Vorstellung, daß die gegenseitig gesicherte Vernichtung eine exakte Vorhersage dessen sei, was passieren würde, wenn die beiden Supermächte zum Nuklearkrieg schritten.

Pipes behauptete, die Sowjets dächten, sie könnten einen Nuklearkrieg zum Teil deshalb führen und gewinnen, weil sie in der Lage seien, die Zahl ihrer Opfer in den Grenzen vergangener Kriege zu halten. Ihr Zivilschutzprogramm, so Pipes, würde zu einer »akzeptablen« Anzahl von Opfern, d. h. um die 20 Millionen, führen – etwa so viele Tote, wie die Sowjets im Zweiten Weltkrieg hatten. Die Tatsache, die selbst für flüchtige Besucher der Sowjetunion offenkundig ist, daß nämlich die Russen noch immer zutiefst ihre Kriegstoten beklagen, beunruhigte Pipes nicht. Er nahm einfach an, die sowjetische Führung würde ihr eigenes Überleben und das ihrer Machtbasis im Falle eines allgemeinen nuklearen Weltenbrandes dadurch sichern, daß sie »großangelegte Zivilschutzprogramme organisiert«.

Das Problem großangelegter Zivilschutzprogramme,

wie sie sowjetische Handbücher vorsehen, besteht darin, daß sie nicht in den 25 Minuten realisiert werden können, die eine Interkontinentalrakete braucht, um ihr Ziel zu erreichen, sondern daß man dafür Tage und, nach anderen Berechnungen, Wochen braucht. Sogar T. K. Jones veranschlagt dafür drei Tage bis eine Woche.

Aber selbst einige Tage solcher sichtbaren Vorbereitungen würden, so glaubt man, die Wirkung stark begrenzen, die ein sowjetischer Erstschlag auf die nuklear bewaffneten Unterseeboote und Bomber der Vereinigten Staaten hätte. Ganz klar, sollten sich die Sowjets dazu entschließen, ihre Bürger mit Schaufeln zu bewaffnen und ihre Städte zu evakuieren, würden die Vereinigten Staaten ihre Bomber und U-Boote in Alarmbereitschaft versetzen, was aus ihnen noch weniger faßbare Ziele machen würde. Außerdem könnte der amerikanische Präsident einfach eine »Abschuß-bei-Anruf«-Politik für die landgestützten Interkontinentalraketen der Vereinigten Staaten ankündigen und auf diese Weise die Vorteile eines sowjetischen Erstschlages gegen diese Raketen entwerten.

Damit ein Erstschlag irgendeinen Sinn ergibt, muß sich eine solche Anstrengung auf dem Gebiet des Zivilschutzes in großem Stil und deshalb deutlich sichtbar vollziehen – sichtbar genug jedenfalls, um die andere Seite zu alarmieren. Das bedeutet: Jeder Versuch, die Bevölkerung in die Luftschutzräume zu schicken, könnte aus sich selbst heraus einen Angriff provozieren. Dennoch ist die nukleare Kriegführung als rationale politische Option undenkbar ohne einen solchen deutlich sichtbaren Plan zum Schutz von Menschen und Maschinen.

In seinem *Commentary*-Artikel drehte Pipes dieses Argument um und bemerkte, daß diejenigen, die an die Doktrin der gegenseitig gesicherten Vernichtung glaubten, den Zivilschutz ablehnen, um die wechselseitige Zerstörung beider Seiten als Option sicherzustellen:

> »Die US-Theorie der gegenseitigen Abschreckung verkündet, daß es gegen einen totalen Nuklearangriff keine wirksame Verteidigung gibt. Es ist dieses Postulat, das einen solchen Krieg als vollkommen irrational erscheinen läßt. Um diese Prämisse stichhaltig zu machen, haben sich amerikanische Strategen gegen ein Zivilschutzprogramm ausgesprochen, gegen die ABM und gegen die Luftabwehr.«

Aber diejenigen, die sich gegen solche Programme aussprechen, tun das nicht, weil sie die amerikanische Verteidigungsposition schwächen und auf diese Weise eine sich selbst erfüllende Prophezeiung der gesicherten Vernichtung schaffen wollen, sondern weil sie glauben, daß ABM und Zivilschutzprogramme die Bevölkerung wahrscheinlich nicht in einem bedeutenden Maße schützen können.

Pipes unterstrich das Gewicht seiner Beweisführung für eine glaubhafte Verteidigung gegen einen nuklearen Angriff, indem er schrieb: »Nichts illustriert die grundlegenden Unterschiede zwischen den beiden strategischen Doktrinen besser als ihre Einstellung zur Verteidigung gegen einen nuklearen Angriff.«

Und er warnte, daß, »bevor man die sowjetischen Zivilschutzanstrengungen als Wunschdenken beiseiteschiebt, wie es in westlichen Kreisen üblich ist«, man berücksichtigen müsse,

»daß ihre Hauptfunktion im Schutz dessen zu bestehen scheint, was man in Rußland die ›Kader‹ nennt, also die militärischen und politischen Führer, die Industriemanager und Facharbeiter – diejenigen, die das politische und wirtschaftliche System wiederaufrichten könnten, wenn der Krieg erst einmal vorüber ist. Wenn man sich an die sowjetischen Definitionen hält, dann hat Zivilschutz genausoviel mit dem ordentlichen Funktionieren des Landes während eines Nuklearkrieges und unmittelbar danach zu tun, wie mit der Begrenzung der Zahl der Opfer. Seine Organisatoren ... scheinen so etwas wie eine Schattenregierung zu sein, die die Verantwortung für die Verwaltung des Landes unter den extremen Belastungen des Nuklearkrieges und seiner Folgen trägt.«

So glaubt Pipes offenbar, daß es trotz dieser extremen Belastungen durch einen Nuklearkrieg tatsächlich ein »Hinterher« gibt, in dem genügend Kader überlebt haben werden mit genügend Maschinen, Straßen, Energiequellen, Nahrungsmitteln, medizinischer Versorgung und Tausenden von anderen unerläßlichen Gütern, um »das politische und wirtschaftliche System wiederaufzurichten, wenn der Krieg erst einmal vorüber ist«.
Im Gegensatz zu T. K. Jones war Pipes nicht waghalsig genug, eine tatsächliche Erholungsperiode von zwei bis vier Jahren vorherzusagen, aber seine Beweisführung setzt eindeutig voraus, daß eine solche Erholung möglich sei. Um das Vertrauen zu rechtfertigen, das er dabei in die sowjetische Führung setzt, fügte Pipes hinzu: »Die Sowjetunion ist von Natur aus weniger verwund-

bar für einen Vernichtungsschlag, als es die Vereinigten Staaten sind«, womit er einen Angriff auf die Bevölkerung oder die Industrie meinte.
Pipes denkt, die Sowjets seien deshalb weniger verwundbar, weil sie, ihrer Volkszählung von 1970 zufolge, nur neun Städte mit einer Einwohnerschaft von mehr als einer Million Menschen haben, die zusammen 20,5 Millionen Menschen oder 8,5 Prozent der Gesamtbevölkerung ausmachen. Im Gegensatz dazu zeige die Volkszählung der Vereinigten Staaten aus dem Jahre 1970, daß 41,5 Prozent der amerikanischen Bevölkerung in 35 Großstädten mit einer Einwohnerschaft von einer Million und mehr leben. Aber was das mit Pipes' Beweisführung zu tun hat, wird einem nicht klar. Wie die amerikanische Abrüstungsbehörde 1978 feststellte:

> »Es wurde ein Vergleich hinsichtlich der Verwundbarkeit zwischen den Vereinigten Staaten und der Sowjetunion hergestellt. Man fand, daß beide Länder ungefähr gleich verwundbar seien, obwohl die städtische Bevölkerungsdichte und die Zusammenballung von Bevölkerung und Industrie in der Sowjetunion größer ist.«

In beiden Ländern lebt der größte Teil der Bevölkerung in den 200 größten Städten. Man würde nur die Raketen von zwei Poseidon-U-Booten benötigen, um diese 200 Städte auf sowjetischer Seite zu zerstören. Wenn beide Supermächte im Besitz von mehr als 20 000 strategischen Nuklearwaffen sind, was macht es da, ob es neun oder 200 »beste« Ziele für einen Vernichtungsschlag gibt? Aber Pipes glaubt, daß sein Bevölkerungsvergleich zwischen den größten Städten beider Länder für seine Beweisführung von entscheidender Bedeutung ist:

> »Man braucht kein berufsmäßiger Stratege zu sein, um sich vorstellen zu können, was diese Zahlen bedeuten. Im Zweiten Weltkrieg verlor die Sowjetunion 20 Millionen Einwohner bei einer Bevölkerung von 170 Millionen Menschen – das entspricht 12 Prozent. Trotzdem überlebte das Land nicht nur, sondern ging politisch und militärisch stärker denn je daraus hervor. Bezieht man das Bevölkerungswachstum mit ein, das seitdem erfolgt ist, dann legt jene Erfahrung die Vermutung nahe, daß die UdSSR heute den Verlust von 30 Millionen Menschen verkraften könnte und, nach Opfern unter der Zivilbevölkerung gerechnet, nicht schlechter als am Ende des Zweiten Weltkrieges dastehen würde.«

Für den Fall, daß die Leser von *Commentary* den springenden Punkt nicht kapierten, fügte Pipes hinzu, daß »mit anderen Worten alle Millionenstädte der UdSSR, ohne eine Spur oder Überlebende zu hinterlassen, zerstört werden könnten und daß die Sowjetunion, vorausgesetzt, daß man die wesentlichen Kader rettet, dennoch – gemessen an Opfern – daraus weniger versehrt hervorgehen würde, als sie es 1945 war«.
Pipes räumt ein, daß »solche Zahlen die Vorstellungen der meisten Amerikaner übersteigen. Aber es ist klar, daß ein Land, das seit 1914 vielleicht 60 Millionen Bürger durch zwei Weltkriege, einen Bürgerkrieg, Hunger und verschiedene ›Säuberungen‹ verloren hat, den Begriff der ›unerträglichen Schäden‹ anders definieren

muß als die Vereinigten Staaten«, die solche Leiden nicht kennen.
Aber wenn Pipes richtig liegt, müßte der Rest von Europa, die amerikanischen Verbündeten eingeschlossen, die ebenfalls viele kriegsbedingte Zerstörungen erlebten, weniger empfindlich auf die Aussicht eines Nuklearkrieges reagieren als die Vereinigten Staaten. Die Tatsache, daß dies eindeutig nicht der Fall ist, entzieht Pipes' Beweisführung den Boden, selbst wenn man bei solchen Theorien die Barbarei der östlichen Führung, die neutralistischen Tendenzen, die Reagans erster Sicherheitsberater Richard Allen in Europa ausmachte, oder die »protestantische Angst« – was immer das sei – in Rechnung stellt, die, wie mir Richard Perle, Unterstaatssekretär im Pentagon, eindringlich erklärte, die europäische Friedensbewegung beherrscht.
Pipes' Argumente unterscheiden sich nicht sehr von T. K. Jones' Auffassungen, außer daß Jones Details des sowjetischen Zivilschutzprogramms offenlegte, während Pipes sie sorgfältig wegließ. Jones lief Gefahr, sich lächerlich zu machen, als er mir gegenüber davon sprach, wie man sich mit Hilfe von Schaufeln primitive Schutzräume baut. Aber er war ehrlicher als Pipes, der, als er über das sowjetische Zivilschutzprogramm schrieb, leider zu sagen vergaß, daß dieses Programm großenteils darin besteht, rund um Industriemaschinen und auf Türen über Erdlöchern Dreck aufzuhäufen.
Ein Pamphlet, das Pipes 1977 für den »Ausschuß gegen die vorhandene Gefahr« entwarf, sagte nichts davon, daß man drei Fuß Dreck auf irgendwelche Türen schaufeln müsse, aber es sagte statt dessen: »Nukleare Offensiv- und Defensivwaffen der Sowjets dienen dazu, die UdSSR zu befähigen, einen totalen Nuklearkrieg zu

führen, zu überleben und zu gewinnen, sollte es einen geben.« Und warum können die Russen darauf vertrauen? Die Antwort des Pamphlets: Wegen »der intensiven Programme im Bereich des Zivilschutzes und zur ›Härtung‹ der Kommando- und Kontrollstellen gegen einen nuklearen Angriff, die in der Sowjetunion während der letzten Jahre gestartet wurden ...« T. K. Jones' Fehler – der ihn vor einen Unterausschuß des Senats brachte – besteht lediglich darin, daß er über Schaufeln und Dreck redete, anstatt über »intensive Programme«.

Vielleicht gab es den gemäßigteren Ton wieder, dessen sich Mitglieder der Reagan-Administration als Antwort auf zunehmende Widerstände der Öffentlichkeit nunmehr befleißigten, als Pipes einem Interviewer der *Washington Post* im April 1982 erzählte, daß er nicht für eine große Ausgabensteigerung im Bereich des Zivilschutzes eintrete, weil es die Öffentlichkeit Amerikas nicht akzeptieren würde, und daß er niemals mit seiner eigenen Familie über Luftschutzräume und Evakuierungspläne diskutiert habe. Folgt man der Geschichte, die die *Washington Post* veröffentlichte, »sagt Pipes, er sorge sich sehr viel mehr darüber, ob seine Kinder vorsichtig genug Auto führen und nicht krank würden als über einen Nuklearkrieg. Er habe niemals daran gedacht, sich einen Luftschutzraum zu bauen.«

Pipes erzählte demselben Reporter, daß sich die Wahrscheinlichkeit eines Nuklearkrieges gegenwärtig auf 40 Prozent belaufe. Wie kann er dann gleichzeitig vor der sowjetischen Fähigkeit warnen, dank des eigenen Zivilschutzprogramms einen Nuklearkrieg überleben zu können? Wie kann er daran glauben, daß der Nuklearkrieg sehr wahrscheinlich sei? Und wie kann er dann trotzdem kein vergleichbares Programm für die Vereinigten Staaten befürworten?

Es ist möglich, daß Pipes und die anderen Mitglieder des »Ausschusses gegen die vorhandene Gefahr« ihre eigene schwarzseherische Rhetorik über die nukleare Bedrohung durch die Sowjetunion und über das »Fenster der Verwundbarkeit« selbst nicht glauben.

6. Das Fenster der Verwundbarkeit

Wenn man ihn zum erstenmal hört, ist der Begriff »Fenster der Verwundbarkeit« nur schwer faßbar. Aber er klingt alarmierend.

Es war der Lieblingsbegriff der republikanischen Kandidaten während der Präsidentschaftswahl von 1980, und obwohl weder meine Pressekollegen noch ich genau verstanden, was er bedeutete, hörte er sich doch provokant genug an, um uns aufhorchen zu lassen. Uns wurde gesagt, dieses Fenster werde sich irgendwann Mitte der achtziger Jahre öffnen, und dann würden Tausende von »schwereren« Interkontinentalraketen der Sowjets hereinfliegen und unsere eigenen Raketen mit einem Schlag ausradieren. Tatsächlich machte der Kandidat Reagan immer wieder geltend, das Fenster werde sich so weit öffnen, »daß uns die Russen mit einem einzigen Telefonanruf erwischen können«. Er meinte, die sowjetische Überlegenheit wäre dann für unsere Führer so offenkundig, daß die Sowjets uns mit der Androhung des Erstschlages bis zur Kapitulation erpressen könnten.

Diese angebliche Schutzlosigkeit ist die eigentliche Rechtfertigung für die massive Aufrüstung im Bereich der Nuklearwaffen, wie sie die Regierung Reagan verlangt. Und sie war auch die Grundlage für Reagans Angriffe auf den SALT-II-Vertrag und für seinen Widerstand gegen ein Einfrieren der Nuklearwaffen. Denn beides, darauf besteht er, würde die Vereinigten Staaten auf einer Position der strategischen Unterlegenheit festnageln.

R. Jeffrey Smith, Redakteur des Magazins *Science*, schrieb dazu:

> »Das Szenario [einer tödlichen Verwundbarkeit der Vereinigten Staaten durch einen Erstschlag der Sowjets] fand keine weite Verbreitung, bevor es nicht vom ›Ausschuß gegen die vorhandene Gefahr‹ aufgegriffen wurde, einer Lobby in Washington, die dazu diente, den Senat zur Nichtratifizierung des SALT-II-Vertrages zu überreden. Viele der Ausschußfunktionäre haben höchste Positionen in der Reagan-Administration erreicht.«

Wie Smith hinzufügte, akzeptierte Verteidigungsminister Weinberger dieses Szenario, aber er bemerkte, daß es sowohl sein Vorgänger Harold Brown als auch die Vereinigten Stabschefs unter Carter ausdrücklich zurückgewiesen hätten. Brown hatte gesagt: »Es ist mir noch nie realistisch vorgekommen.« Als Grund gab er die Vergeltungsmacht der amerikanischen U-Boote und Bomber an. Dann fügte er hinzu:
»Das einzige, was man an diesem Szenario vermißt, ist die Fähigkeit der Sowjets, mit ihren strategischen Interkontinentalraketen innerhalb einer halben Stunde statt innerhalb von zehn Stunden zuzuschlagen. Ich lasse offen, ob das eine wichtige Frage in einem thermonuklearen Krieg ist oder nicht.«
Aber wie hoch der Grad an Plausibilität auch immer sei, das »Fenster der Verwundbarkeit« war ein Schreckschuß in einer politischen Kampagne, wie es die »Raketenlücke« im Präsidentschaftswahlkampf von John F. Kennedy gewesen war. Weil Kennedy eine bevorstehende reale Krise nicht genauer beschrieb, stellte er

damals dieselbe Sorte von einfachem Slogan bereit, den die Wähler zu schlucken pflegen.

Kennedy machte 1960 mit seiner Anklage Furore, die Republikaner, die vor ihm regierten, hätten zwischen Amerika und Rußland eine Raketenlücke entstehen lassen. Als er dann gewählt war und die Erkenntnisse der Geheimdienste zu Gesicht bekam, entdeckte er, daß die Sowjets im Vergleich zu den Tausenden von amerikanischen Raketen nur wenige besaßen. Aber das machte nichts. Denn zu dem Zeitpunkt, als er den Irrtum bemerkte, war Kennedy ja bereits Präsident.

Auf dieselbe Weise wurde das »Fenster der Verwundbarkeit« ein erfolgreiches Wahlkampfthema für Reagan und die anderen republikanischen Kandidaten. Es gelang ihnen, die Wähler so zu erschrecken, daß diese glaubten, Carters Politik der »Entwaffnung« habe die strategische Stellung der USA ernsthaft beschädigt.

Aber die Analogie mit Kennedy endet hier. Denn Reagan verfiel seiner Wahlkampfrhetorik und hielt auch als Präsident daran fest, seinen Slogan als Rechtfertigung für eine massive Aufrüstung anzuführen. Auf seiner Pressekonferenz im Oktober 1981, auf der er sein strategisches Programm skizzierte, warnte Reagan wieder einmal: »Ein Fenster der Verwundbarkeit öffnet sich.« Und er fuhr fort, es werde »nicht nur unsere Hoffnungen auf ernsthafte und produktive Abrüstungsverhandlungen, sondern auch unsere Hoffnungen auf Frieden und Freiheit gefährden«.

Dennoch blieb unklar, was diese Verwundbarkeit im einzelnen bedeutete. Christopher Paine, der im Stab des Bundes amerikanischer Wissenschaftler arbeitet, beschrieb die Pressekonferenz im *Bulletin of the Atomic Scientists:*

»›Herr Präsident‹, fragte ein Reporter, ›ab wann gibt es dieses Fenster der Verwundbarkeit genau? Wir hörten gestern, daß es schon jetzt vorhanden sei. Heute morgen sagte ein Beamter des Verteidigungsministeriums, es werde nicht vor 1984 oder 1987 existieren. Sehen wir uns ihm bereits gegenüber?‹
Den Präsidenten schien diese Frage zu verwirren. Er antwortete: ›Ich denke, in einigen Bereichen jetzt, ja.‹ Als Beispiel führte er das ›schon lange bestehende Ungleichgewicht der Streitkräfte an der westlichen Front‹ an. ›An der NATO-Linie sind wir weit abgeschlagen.‹ Und dann, einer plötzlichen Eingebung folgend, die in der US-Kriegsmarine einiges ins Rollen gebracht haben muß, fügte der Präsident hinzu: ›Eben jetzt haben sie [die Sowjets] eine Überlegenheit zur See erreicht.‹ Aber was hatte das alles mit der Verwundbarkeit unserer Raketensilos zu tun?«

Indem er Bezug nahm auf Reagans Bemerkung über die sowjetische Überlegenheit zur See, sagte mir Roger Molander: Der Kommentar des Präsidenten »zeigt, wie wenig er von der Materie versteht. Wenn es einen Bereich gibt, in dem die Vereinigten Staaten anerkanntermaßen überlegen sind, dann ist es die Marine – U-Boote, Anti-U-Boot-Kriegführung, Flugzeugträger, Marinerüstungen, überall.«
Auf jeden Fall ging es nicht an, eine angebliche Überlegenheit der Sowjets bei der Marine mit einer Verwundbarkeit unserer landgestützten Nuklearwaffen durch einen sowjetischen Erstschlag zu verbinden. Aber diese Art von Übertreibung arbeitete für Reagan als rhetori-

sches Mittel sowohl während seines Wahlkampfs als auch seit dem Beginn seiner Präsidentschaft. Im August 1980 erklärte er in einer Rede vor Kriegsveteranen: »Wir befinden uns bereits in einem Rüstungswettlauf. Aber an ihm nehmen nur die Sowjets teil.« Reagan ist zutiefst davon überzeugt, daß die Vereinigten Staaten während der siebziger Jahre einseitig abgerüstet haben, während die Sowjets bei der Entwicklung und Aufstellung von Waffen davoneilten; und daß Amerika die Parität bei nuklearen Waffen akzeptiert habe, während die Sowjetunion vorgeprellt sei, um die Überlegenheit zu erreichen.

Es gibt ein Problem in dieser Beweisführung, und das besteht darin, daß nur wenige Fachleute für strategische Angelegenheiten der Behauptung zustimmen, daß die Vereinigten Staaten unterlegen seien. Während es möglich ist, daß die Amerikaner auf bestimmten Gebieten der konventionellen Macht den Sowjets unterlegen sind – etwa was die Größe der Landstreitkräfte oder die Anzahl der Panzer angeht –, kann man die Klage kaum verstehen, die Vereinigten Staaten seien den Sowjets auch im Bereich der nuklearen Bewaffnung unterlegen. Das Freundlichste, was man zugunsten solcher Behauptungen vorbringen kann, ist noch das Zitat von Gerard Smith, einst Nixons Chefunterhändler bei den SALT-Verhandlungen. Er sagt: Diese Vorstellungen »veranlassen einen zu der Frage nach dem gesunden Menschenverstand der Regierung oder, schlimmer noch, nach ihrer Glaubwürdigkeit«.

In einem Artikel für die *New York Times* nannte Smith die Behauptung Reagans, die Vereinigten Staaten seien strategisch unterlegen, »konfus, vielleicht bösartig«, und schrieb dann weiter:

> »Ich glaube, daß fast alle amerikanischen (und, wie ich fürchte, auch die sowjetischen) Experten anderer Meinung sind. Obwohl wir uns in einer paritätischen Position befinden, haben wir es irgendwie fertiggebracht, viele Menschen davon zu überzeugen, daß wir an zweiter Stelle liegen. Das wird man noch am Verhandlungstisch merken, und es wird unsere Verhandlungsposition wahrscheinlich nicht verbessern. Bis jetzt wurden die Verhandlungen auf die Annahme gegründet, daß es zwischen den beiden Parteien einen Zustand der Parität gebe. Man wird einiges unternehmen müssen, um zu Vereinbarungen zu kommen, die ein Gleichgewicht korrigieren, das jetzt angeblich nicht besteht.«

Beide Seiten stimmen darin überein, daß die Vereinigten Staaten mehr Sprengköpfe besitzen und daß die Sowjets in ihren Sprengköpfen mehr Megatonnen an Explosivkraft haben. Auch diejenigen, die jetzt von einer sowjetischen Überlegenheit reden, haben das längst begriffen. Aber Herbert York, der frühere Direktor des Lawrence-Livermore-Laboratoriums, führt aus, daß

> »die strategische Megatonnen-Masse der Amerikaner zu Beginn der sechziger Jahre dreimal so groß wie heute war. Der Grund für unser Zurückfallen bestand darin, daß wir von Bombern auf Raketen als Hauptträger umgestiegen sind. Da die Tragfähigkeit der Raketen geringer ist, war es praktisch eine Folge dieses Umsteigens, daß wir unsere Megatonnen-Masse reduziert haben. Aber

die Megatonnen-Masse, die wir in den frühen sechziger Jahren für den Abschuß vorgesehen hatten, ist dieselbe, wie sie die Russen heute für uns vorsehen.«

York, der zur Zeit Professor für Physik ist und der an den Verhandlungen für das Atomteststop-Abkommen* mitgewirkt hatte, setzte hinzu, es gebe »nichts Beispielloses« an der sowjetischen Aufrüstung in den sechziger oder siebziger Jahren. Solche Vorwürfe der Regierung Reagan seien deshalb unberechtigt, weil »jeder gute Geheimdienst-Analytiker der Russen, der sich ansieht, was wir Anfang der sechziger Jahre hatten, ... eine Reihe von Ziffern hinschreiben könnte, die identisch mit dem sind, was die Sowjets heute besitzen.«
Ironischerweise war es Carter, der offiziell von der Möglichkeit Notiz nahm, daß unsere Raketen verwundbar sein könnten, eine Angelegenheit, die ihn während des Präsidentschaftswahlkampfes von 1980 verfolgte. Nach den Ereignissen im Iran und in Afghanistan, als die Stimmung der Öffentlichkeit militanter wurde und die Wahl näherrückte, nahm Carter eine verteidigungsfreundliche Haltung ein. Er befürwortete einen Plan zur Aufstellung der neuen MX-Raketen nicht nur, um der amerikanischen Verwundbarkeit zu begegnen, sondern auch, um die bissigen Kritiker von SALT II abzuwehren und als mögliches Unterpfand für künftige Rüstungsbegrenzungsverhandlungen mit den Russen.
Aber diese Taktik war ein Schuß nach hinten. Die Repu-

* Der 1963 zwischen England, der Sowjetunion und den Vereinigten Staaten vereinbarte Atomteststop-Vertrag verbot alle nuklearen Waffenversuche mit Strahlenfolgen innerhalb und außerhalb der Atmosphäre, einschließlich des Weltraumes, sowie unter Wasser. Nicht geregelt wurden unterirdische Nuklearexplosionen.

blikaner klagten Carter an, er sei nicht ehrlich in seinen Vorschlägen, die er in letzter Minute für eine Erhöhung des Verteidigungshaushaltes machte, und sie fuhren damit fort, für ihre eigenen Zwecke die Vorstellung auszubeuten, das Land sei in den Jahren der Entspannung wehrlos dem Feind ausgesetzt worden.

Der Unterschied zwischen Carters Begriff von der Verwundbarkeit der amerikanischen Raketen und Reagans »Fenster der Verwundbarkeit« besteht darin, daß Carter immer noch von der Annahme ausging, es gebe eine ungefähre Parität zwischen den strategischen Kräften beider Seiten, so daß keine Seite das Risiko eines Erstschlages eingehen werde, wobei der demokratische Präsident akzeptierte, daß die Minuteman-Raketen* verwundbar seien. Carter und sein Verteidigungsminister Harold Brown bestanden weiterhin darauf, daß die Sowjets keinen Erstschlag gegen die landgestützten Raketen der Vereinigten Staaten wagen würden, weil sie sich vor der Vergeltung durch die amerikanischen Atom-U-Boote und Bomber fürchteten. Der Kandidat Reagan vernachlässigte hingegen diese beiden zusätzlichen Beine der Verteidigungs-Triade** und weitete das Verwundbarkeitsargument zu der vollmundigen Behauptung von einer amerikanischen Schwäche angesichts einer sowjetischen Erstschlagsdrohung aus.

Reagans Redereien brachten die Bedrohung der landgestützten Raketen Amerikas mit der Fähigkeit der Vereinigten Staaten insgesamt durcheinander, einen sowjetischen Erstschlag abzuschrecken. Während die

* Die Minuteman-Rakete ist der Standardtyp der strategischen Nuklearrakete, den die USA zur Zeit verwenden.

** Also ein anderer Sprachgebrauch als bei der NATO, die unter »Triade« die Dreiheit ihrer (1) konventionellen, (2) nukleartaktischen und (3) nuklearstrategischen Potentiale versteht.

Experten über den Prozentsatz der amerikanischen Raketen, die ein sowjetischer Angriff zerstören würde, sehr uneinig sind, bezweifelt niemand, daß die verbesserte Zielgenauigkeit der sowjetischen Waffen die landgestützten Raketen der Vereinigten Staaten verwundbarer macht. Inzwischen sind jedoch die landgestützten Raketen der Sowjets nicht weniger verwundbar als die der Amerikaner. Außerdem hatten die USA die landgestützten Raketen der Sowjets schon vorher bedroht. Sie verbesserten die Zielgenauigkeit ihrer Raketen – vor allem die der Mark-12- und Mark-12a-Gefechtsköpfe für die Minuteman III –, bevor die Sowjets ähnliches vermochten.

Und während die Sowjets die Zielgenauigkeit ihrer landgestützten Raketen verbesserten, gab das Pentagon in den vergangenen sechs Jahren 428 Millionen Dollar aus, um die Fähigkeit der Minuteman III zur Zerstörung »gehärteter« Ziele in Rußland zu erhöhen. Niemand bezweifelte ernsthaft, daß die Sowjets diesen Vorsprung schließlich einholen würden. Aber amerikanische Beobachter waren überrascht davon, wie schnell das geschah.

Aus den Beobachtungen, die Satelliten von sowjetischen Raketentests gemacht hatten, schloß die CIA bereits 1977, daß die Russen einen erhöhten Grad an Zielgenauigkeit erreicht und daß sie dies schneller als erwartet geschafft hätten. Und weil sie mehr veraltete Raketen besaßen als die USA, konnten sie auch mehr von diesen treffgenauen Raketen aufstellen.

Die militärischen Stellen der Vereinigten Staaten hatten diese Verbesserung seit einiger Zeit vorhergesehen, weil die amerikanischen Minuteman-Raketen – zumindest theoretisch – bereits die Genauigkeit gewonnen hatten, um die sowjetischen Raketen zu bedrohen. (Ich sage theoretisch, weil es unzählige Gründe dafür gibt, warum weder die Sowjetunion noch die Vereinigten Staaten auf das Gelingen eines solchen Angriffs hoffen könnten, Gründe, die von navigatorischen Ungenauigkeiten bei den ersten Raketenabschüssen auf fremdes Terrain, vom menschlichen Irrtum, der wahrscheinlich wird, wenn Tausende von Soldaten mit Waffen umgehen, bis zu den Schäden reichen, die die zuerst abgefeuerten Raketen den folgenden zufügen können.)

Genau wegen dieser Erwartung, daß ihre eigenen landgestützten Raketen verwundbarer werden würden, entschlossen sich die Vereinigten Staaten, ihr Gewicht auf die anderen Beine der Triade zu verlagern – auf die seegestützten Raketen und auf die Bomberflotte. Die Sowjets waren nicht in der Lage, dieser technologischen Entwicklung etwas Gleichwertiges entgegenzustellen, und im Ergebnis ist die Überlebensfähigkeit der amerikanischen Nuklearstreitmacht fraglos weit größer als die des mutmaßlichen Gegners.

Dieser letzte Punkt ist wichtig, da die buchstabengetreue Definition des »Fensters der Verwundbarkeit« in Reagans Version die Voraussage enthält, daß die Sowjets zu irgendeinem Zeitpunkt in naher Zukunft einen strategischen Vorsprung von solcher Größe erreicht haben werden, daß sie einen Erstschlag führen können, der ausreicht, eine verheerende Antwort Amerikas zu verhindern. Diese Prophezeiung beruht aber auf einer Verdrehung elementarer Tatsachen über die Beschaffenheit der amerikanischen Abschreckungsmacht und die Natur des Nuklearkrieges, eine Verdrehung, die so durchsichtig ist, daß die Vorhersage einer amerikanischen Schutzlosigkeit den hohlen Klang einer bewußten Fälschung hat.

Damit das Argument von dem »Fenster der Verwundbarkeit« funktioniert, müssen seine Urheber einfach Amerikas U-Boote und Bomber ignorieren, von denen sich die meisten ständig im Alarmzustand befinden und deshalb auch nicht von einem Erstschlag getroffen werden können. Die meisten Experten glauben, daß diese beiden Beine der amerikanischen Abschreckungs-Triade einen sowjetischen Erstschlag überleben würden und daß ihr Einsatz in Erwiderung eines solchen Schlages, wenn man an ihre Feuerkraft denkt, das Ende der sowjetischen Gesellschaft bedeuten würde. Wie Harold Brown in seiner letzten Erklärung über die Verteidigungsbereitschaft der USA sagte: »Das Vergeltungspotential der amerikanischen Streitkräfte, das nach einem Austausch von Vernichtungsschlägen übrigbleibt, ist selbst noch im ungünstigsten Fall beträchtlich und wird sich nach 1981 fortlaufend verbessern – mit oder ohne SALT II –, vor allem durch die ALCM- und Trident-Programme.« *

Die amerikanische Triade wird begleitet von Cruise Missiles, die vom Erdboden, von U-Booten und von B-52-Bombern aus abgeschossen werden. ** Die Cruise Missile, die klein ist und leicht der Ortung durch Satelliten entgeht, besitzt ein eingebautes Lenksystem, das

* ALCM = Air-launched Cruise Missiles, das sind von Flugzeugen abgeschossene Marschflugkörper. – »Trident« ist die Bezeichnung für einen Typ amerikanischer U-Boot-Atomraketen.

** Im amerikanischen Sprachgebrauch GLMC = Ground-launched Cruise Missiles, SLMC = Sea-launched Cruise Missiles, ALCM = Air-launched Cruise Missiles. – Die B-52 ist gegenwärtig der älteste Fernbombertyp, den die USA benutzen.

die hochentwickelte Fähigkeit umfaßt, sich im Zielgelände zurechtzufinden. Die Cruise Missile ist daher zielgenauer als eine ballistische Rakete. Sie unterfliegt außerdem die konventionellen Radarsysteme, und dies bringt – zusammen mit ihrer fehlerfreien Treffgenauigkeit – eine andere Hauptstütze in Reagans Rhetorik zu Fall, nämlich die Behauptung von der Verwundbarkeit der amerikanischen Bomberflotte.

Während des Wahlkampfes bot Reagan gern traurige Bilder von »unserer alternden B-52« an, die er mit der unausweichlichen Anekdote über jenen B-52-Piloten würzte, dessen Vater und Großvater bereits denselben Typ geflogen seien. Er wollte damit andeuten, daß dieses Flugzeug – Teil der amerikanischen Abschreckungsmacht gegenüber einem sowjetischen Erstschlag – kurz davor stünde, auseinanderzufallen, daß es jedenfalls hoffnungslos überaltert und auch in jeder anderen Hinsicht ungeeignet für die bevorstehenden großen Defensivaufgaben sei. »Carter hat die USA entwaffnet« – so oder ähnlich lautete das Reagan-Argument –, indem er die Haushaltsmittel verweigerte, die man benötigt hätte, um die überholten B-52 durch den B-1-Bomber zu ersetzen.

Reagan ignorierte dabei die Tatsache, daß die sowjetische Bomberflotte nur ein Schatten der amerikanischen ist. Den meisten sowjetischen Bombern fehlt die Fähigkeit, das Territorium der Vereinigten Staaten zu erreichen, und diejenigen, die es schaffen würden, sind langsam und werden meistens nur für Aufklärungszwecke verwendet. Reagan erwähnte auch nicht die luftgestützten Cruise Missiles, die die Carter-Administration mit erheblichem Kostenaufwand zur Produktionsreife gebracht hatte. Ein Einwand gegen die B-52

lautet, sie sei vermutlich zunehmend verwundbar durch sowjetische Luftabwehrgeschütze. Trotzdem werden aus diesen alternden B-52-Bombern sehr wirksame Startplattformen, wenn man sie mit Cruise Missiles bestückt und sie außerhalb der Reichweite der sowjetischen Luftabwehrgeschütze operieren läßt. Ganz gleich wer die Wahl von 1980 gewann – die Cruise Missiles wären auf jeden Fall Anfang 1982 installiert worden.
Diese Tatsache veranlaßte den bekannten Physiker Hans Bethe, der Reagans Klage zurückweist, die Regierung Carter habe Amerika »entwaffnet«, zu folgender bemerkenswerter Feststellung: »Im Gegenteil, die wichtigste Waffenentwicklung des letzten Jahrzehnts, möchte ich sagen, war die Cruise Missile, die unter Carter entwickelt wurde.«
Der Nobelpreisträger Bethe, ein Emigrant aus dem Deutschland Hitlers, war einst Leiter der Abteilung für theoretische Physik im Wissenschaftlichen Labor von Los Alamos, wo er am »Manhattan-Projekt« mitarbeitete, der Entwicklung der ersten Atombombe. Heute ist Bethe 76 Jahre alt. Von der Wasserstoffbombe über die Anti-Raketen-Rakete bis zur Entwicklung des Hitzeschildes, der die ballistischen Raketen bei ihrem Wiedereintritt in die Erdatmosphäre schützen soll, hat er an den strategischen Waffensystemen der USA mitgewirkt. Es geschah also mit einiger Autorität, als er Reagans Verwundbarkeitsbehauptung angriff, indem er mir im letzten Winter sagte:

> »Ich glaube nicht, daß eines der beiden Länder den Erstschlag vorbereitet, weil es absolut verrückt wäre. Aber nehmen wir einmal an, es gäbe einen Erstschlag der Russen, und nehmen wir

weiter an, sie könnten alle unsere Minuteman-Raketen zerstören. Es würde nicht den mindesten Unterschied machen. Wären wir wehrlos? Keineswegs. Wir haben die U-Boot-Waffe mit einer enormen Schlagkraft.«

Professor Bethe stützte sich, wie es seine Art ist, auf sorgfältige Notizen, die er in Vorbereitung auf unser Interview ausgearbeitet hatte. Er fuhr fort:

»Ich möchte feststellen, daß die Vereinigten Staaten kein Rüstungsdefizit haben, daß wir die Russen nicht einzuholen brauchen, daß, wenn überhaupt, die Russen uns einholen müssen. Die Hauptmacht der Russen besteht aus Interkontinentalraketen, ein Waffentyp, der mehr und mehr verwundbar wird. Ich denke, unsere Militärs wissen das, aber sie reden immer von der Verwundbarkeit unserer eigenen nuklearen Interkontinentalraketen, und nie über die der sowjetischen. Die Russen sind einem Erstschlag von unserer Seite sehr viel stärker ausgesetzt als umgekehrt . . . Die neue Generation der seegestützten Raketen wird extrem zielgenau sein. Präsident Reagan sagte selbst, die Trident III werde so genau sein, daß sie jedes ›gehärtete‹ Ziel trifft.«

Einer, der mit Bethe übereinstimmt, ist der ehemalige Verteidigungsminister McNamara. Ich fragte ihn, wie es möglich sei, darüber zu reden, die Sowjets könnten jetzt einen Erstschlag in Erwägung ziehen, da doch die Vereinigten Staaten nicht einmal in jener Zeit dazu in der Lage waren, als sie eine massive nukleare Überlegenheit besaßen. McNamara antwortete:

> »Sie haben heute ebensowenig eine Erstschlagskapazität, wie wir eine hatten. Niemand hat mir bis heute bewiesen, daß die Sowjets die Fähigkeit besitzen, unsere Minuteman zu zerstören. Aber selbst wenn sie es könnten, verleiht ihnen das keine Erstschlagsfähigkeit, jedenfalls dann nicht, wenn sie mit unseren Polaris-U-Booten und den Bombern rechnen müssen. Diese beiden anderen Stützen der Triade gibt es ja noch ... Das Gerede entbehrt der Grundlage. Es ist absurd. Wenn die Sowjets versuchen sollten, die 1054 Minutemen zu zerstören, müßten sie über jedem Silo zwei Sprengköpfe von je einer Megatonne in Bodennähe zünden. Das wären 2000 Megatonnen, ungefähr 160 000mal soviel wie das Volumen der Hiroshima-Bombe.
> Was glauben Sie, in welcher Lage würde sich unser Land befinden, wenn 2000 Megatonnen-Bomben hier in Bodennähe explodieren würden? Wir würden doch nicht herumsitzen und sagen: ›Nun, wir schießen lieber nicht, sonst kommen sie noch einmal.‹ Das ist doch Unsinn! Und die Vorstellung, daß die Sowjets heute in Moskau sitzen und sagen: ›Wir sind jetzt soweit, 2000 Megatonnen auf dem Boden der Vereinigten Staaten in die Luft zu jagen, und in einer solchen Lage, das wissen wir, sind die Amerikaner so zu Tode erschrocken, daß sie nicht zurückschlagen würden; deshalb können wir sie politisch erpressen‹ – diese Vorstellung ist zu unglaubwürdig, um eine ernsthafte Debatte zu rechtfertigen.«

McNamara glaubt, die nukleare Kriegführung setze jeden rational denkenden Politiker auf dieser Erde viel zu großen Risiken aus, als daß er sie erwägen würde. Er ist weiter davon überzeugt, daß die sowjetische Führung so rational denkt. Der Ex-Verteidigungsminister glaubt deshalb nicht, daß die Sowjets eine Dezimierung ihrer Bevölkerung riskieren würden, indem sie den Erstschlag versuchen:

> »Die Russen sind Leute, denen ich nicht zutraue, daß sie aus anderen Motiven als ihrem engen nationalen Interesse handeln. Ich bin also nicht naiv. Aber sie sind nicht verrückt. Sie sind nicht verrückt! Sie haben Opfer gebracht, und ihre Regierung fühlt sich gegenüber der Bevölkerung verpflichtet, solche Situationen in Zukunft zu vermeiden. Sie verhalten sich sensibler gegenüber den Auswirkungen eines Nuklearkrieges auf ihre Leute, als wir es in unseren Erklärungen und Analysen über die Führbarkeit und Gewinnbarkeit eines Nuklearkrieges tun, der sich über eine Reihe von Monaten hinzieht.
>
> Sie sind also nicht verrückt. Sie sind aggressiv; sie sind ideologisch; sie müssen durch die Existenz unserer Verteidigungsstreitkräfte eingegrenzt und eingedämmt werden. Aber sie sind nicht verrückt, und ich sehe keinen Beweis dafür, daß sie die Risiken akzeptieren würden, die mit einem Erstschlag gegen die Vereinigten Staaten verbunden sind.«

Der Physiker Kosta Tsipis vom MIT geht noch weiter als McNamara und argumentiert nicht nur, daß die Vereinigten Staaten gegenüber den Sowjets eine starke Abschreckungsmacht hätten, sondern auch, daß ihre strategischen Waffenarsenale überlegen seien. In einem Artikel für das *Bulletin of the Atomic Scientists* stellte Tsipis fest:

> »Das amerikanische Arsenal an interkontinentalen strategischen Waffen enthält ungefähr 9000 Gefechtsköpfe: die Sowjets werden 1985 ungefähr 7000 haben. Ungefähr 3200 amerikanische Gefechtsköpfe können jederzeit auf einen Schlag von den U-Booten abgefeuert werden und sind total unverwundbar; nur rund 150 sowjetische Gefechtsköpfe sind auf U-Booten stationiert und können als unverwundbar betrachtet werden. Deshalb ist die Fähigkeit der Vereinigten Staaten für einen Vergeltungsschlag zwanzigmal größer.«

Aus seiner Berechnung schloß Tsipis: »Wir haben mehr Gefechtsköpfe; wir haben mehr überlebensfähige Gefechtsköpfe; wir haben neue Systeme wie die Cruise Missile und sehr zielgenaue ballistische Raketen, die seegestützt sind. Deshalb sind wir den Sowjets in jeder entscheidenden Hinsicht nuklear überlegen.«
Die Reagan-Regierung versucht die angeblich bevorstehende strategische Überlegenheit der Sowjets dadurch zu beweisen, daß sie die Bedeutung der U-Boote und Bomber herunterspielt und statt dessen etwas betont, was sie die Fähigkeit nennt, »gehärtete« Ziele zu vernichten – auch Vernichtungsschlag-Kapazität genannt. Das bedeutet die Fähigkeit, »gehärtete« oder geschützte Raketen des Feindes auszuschalten. Um diese Fähigkeit drehte sich der Wortwechsel zwischen

Reagan und der UPI-Reporterin Helen Thomas auf der Pressekonferenz des Präsidenten am 31. März 1982:

THOMAS: »Herr Präsident, die Experten sagen, die Russen lägen mit irgendwelchen nuklearen Waffen weit vor uns, und wir seien ihnen in Sachen Polaris-Raketen und in anderem weit voraus. Und wir hätten auch die Fähigkeit zu einer umgehenden und massiven Vergeltung gegenüber den Sowjets. Warum suchen wir unter diesen Umständen jetzt nicht die Aufnahme von Verhandlungen, und warum versuchen wir nicht, zu Rüstungsbegrenzungen zu kommen? Auf diese Weise könnten wir doch die Vernichtung der Menschheit aufhalten und Milliarden einsparen, um den Armen zu helfen.«

REAGAN: »Helen, ich weiß, es gibt Leute, die versucht haben, es herauszufinden. Aber wahr ist, daß die Sowjets unter dem Strich eine klare Überlegenheit haben – groß genug, daß ein Risiko besteht, das ich, wie Sie alle wissen, ein paarmal als Fenster der Verwundbarkeit bezeichnet habe. Und ich denke, ein Einfrieren der Nuklearwaffen wäre nicht nur unvorteilhaft oder sogar gefährlich für uns, während die anderen diesen Stand erreicht haben, sondern ich glaube, daß dies auch bei allen Verhandlungen über Rüstungsbegrenzungen negativ zu Buch schlagen würde ...«

THOMAS: »Würden Sie sagen, daß wir jetzt, also heute, für einen nuklearen Angriff so verwundbar sind, daß wir ihn nicht erwidern könnten?«

REAGAN: »Das könnte möglich sein für einige Bereiche der Vergeltungs-Triade. Aber der große Trumpf der Sowjets besteht darin, daß sie unseren Vergeltungsschlag wegstecken und uns erneut treffen könnten.«

Im Kern behauptete Reagan also, daß die beiden anderen Stützen der Triade nach einem sowjetischen Erstschlag nicht mehr wirksam seien. Warum haben wir Amerikaner dann aber so ungeheuer viel Geld in den Bau und die Erhaltung der U-Boote, der B-52, der Cruise Missiles und der B-1-Bomber hineingesteckt? Die verschiedenen Regierungen, die jetzige eingeschlossen, erzählten uns, als sie die Haushaltsmittel für diese Waffen verlangten, daß dies viel bessere Abschreckungsmittel seien, weil sie einen Erstschlag überleben könnten und dennoch über genügend Kraft und Zielgenauigkeit verfügten, um die Sowjetunion mehrfach zu zerstören. Sonst hätten wir ja unser Geld darauf verwenden können, mehr und größere Minuteman-Raketen zu bauen, wie es die Russen mit vergleichbaren Waffen getan haben. Wir taten es aber nicht, weil unsere Experten sagten, es wäre falsch, und zwar genau deshalb, weil landgestützte Raketen letztlich verwundbar sind, während es die U-Boot-Flotte und die Cruise Missiles nicht sind.
Ex-Verteidigungsminister James Schlesinger betonte diesen Punkt in einer Erklärung vor dem Außenpolitischen Ausschuß des Senats. Er sagte: »Die Vereinigten Staaten haben und werden, wie ich denke, auch weiterhin genügend überlebensfähige und abschießbare Waffen haben, um die städtisch-industrielle Basis der Sowjetunion – selbst nach einem sowjetischen Erstschlag – zu zerstören. Eine solche Fähigkeit wird oft als die letztmögliche Abschreckung betrachtet.«
Auch Paul Warnke weist die Behauptung von einer amerikanischen Schutzlosigkeit zurück. Warnke war Chefberater für das Pentagon unter Präsident Johnson und Leiter der Abrüstungsbehörde während der ersten

beiden Jahre von Carters Amtszeit. In einem Interview für die *Los Angeles Times* sagte er mir:

> »Ich denke, daß von ihr [einer amerikanischen Schutzlosigkeit gegenüber einem sowjetischen Erstschlag] nicht die Rede sein kann. Wir fingen mal damit an, uns über die theoretische Verwundbarkeit [der Minuteman] zu unterhalten. Und nun sind wir dabei, über sie zu reden, als handle es sich um eine feststehende Tatsache und als könnten die Russen mit einem hohen Maß an Sicherheit einen Vernichtungsschlag austeilen, der 90 Prozent unserer Minutemen zerstören würde. In Wirklichkeit hat sich aber nichts außer der Rhetorik geändert. Die theoretische Verwundbarkeit eines ortsfesten Zieles hat es immer gegeben. Das ist ja der Grund, weshalb wir aus zwei Dritteln unserer strategischen Ressourcen nicht-ortsfeste Ziele gemacht haben. Aber nachdem wir diese sensiblen Dinge erledigt haben, reden wir jetzt so, als würde unsere Sicherheit durch jene theoretische Verwundbarkeit bedroht.«

Den Sowjets, die technologisch mindestens fünf Jahre hinter den Vereinigten Staaten liegen, fehlt immer noch ein überlebensfähiges System, wie es unsere Trident II und Cruise Missiles darstellen.
Wenn uns die sowjetischen Raketen erschrecken – wie muß dann bisher den Sowjets zumute gewesen sein? Michael W. Johnson, früher als bedeutender Analytiker für die US-Armee tätig, bemerkte dazu: »Obwohl man viel Aufhebens von der geplanten Aufstellung der sowjetischen SS-18 und SS-19 und deren Fähigkeit

macht, alle landgestützten Interkontinentalraketen der Amerikaner zu zerstören, werden diese sowjetischen Raketen in den achtziger Jahren kaum fähig sein, das anzurichten, was die amerikanischen bereits in den sechziger Jahren konnten.«

Während wir Amerikaner also darüber klagen, daß wir durch ein »Fenster der Verwundbarkeit« in bedrohlicher Weise einer »rücksichtslosen« Aufrüstung der Sowjets in Form von schwereren und zielgenaueren Raketen ausgesetzt seien, haben diese sehr viel mehr Grund, sich durch unsere technologischen Durchbrüche bedroht zu fühlen. Die Sowjets werden diese Durchbrüche kaum vor Ablauf der nächsten fünf Jahre nachvollziehen können. In einem Wettrüsten zwischen zwei Supermächten werden stets beide Seiten berechtigt sein, sich von den waffentechnologischen Fortschritten der jeweils anderen Seite bedroht zu fühlen. Jede Seite wird dann einen Schritt nach vorn tun, um die eigene Sicherheit durch die Vermehrung ihrer Abschreckungswaffen zu erhöhen. Die andere Seite wird diese jedoch nicht als Abschreckungs-, sondern als neue Offensivwaffen betrachten, die das Machtgleichgewicht umstoßen.

Als ich Jerome Wiesner interviewte, der einst den Präsidenten Kennedy und Johnson als wissenschaftlicher Berater diente und jetzt emeritierter Direktor des MIT ist, beschrieb er die Dynamik, die das Wettrüsten vorantreibt, so:

> »Das Wettrüsten hat sich eine eigene Psychologie zugelegt – Kennan* nannte es einen genetischen

* George Kennan, geboren 1904, amerikanischer Diplomat und Historiker, der 1982 den Friedenspreis des Deutschen Buchhandels erhielt. Seit seiner Tätigkeit an der amerikanischen Botschaft in Moskau von 1935 bis 1938 gilt Kennan

Code, der alles durchzieht. Ich bin am Ende überzeugt, daß die Vereinigten Staaten eine Vogelscheuche bekämpfen. Das bedeutet nicht, daß die Sowjets keine Waffen besitzen, sondern daß wir im großen und ganzen mit uns selbst wettrüsten. Wenn wir eine Waffe erfinden, ist das in unseren Augen immer eine Gegenwaffe, und dann müssen wir diese Waffe schützen, weil die Russen das gebaut haben könnten, was wir bereits erfunden haben. Wir sind die eigentlichen Schrittmacher – und das schon seit 30 Jahren.

Lange Zeit rannten wir mit unseren eigenen Geheimdiensten um die Wette, was nicht gerade gut war. Tatsächlich neigten unsere Einschätzungen der sowjetischen Fähigkeiten dazu, ein Spiegelbild dessen zu sein, was wir gerade taten. Dann, in den späten fünfziger Jahren, entwickelten wir diese Aufklärungssysteme, die uns Tatsachen an die Hand gaben, und da entdeckten wir, daß wir die sowjetischen Kräfte weit überschätzt hatten. Gleichzeitig warfen wir diese Kräfte um, weil wir sie ihres Schutzes entblößten, der aus ihrer Geheimhaltung bestanden hatte – und die Sowjets begannen damit, bedeutend stärkere Kräfte aufzubauen ...«

Zum Beispiel waren die Vereinigten Staaten während der SALT-I-Gespräche nicht an einem Verbot des »MIRVens« von bestehenden Raketen interessiert.* Die

als hervorragender Rußlandkenner. Nach 1945 wirkte er in Washington maßgeblich an der Formulierung der amerikanischen Außenpolitik mit.

* MIRV = Multiple Independently Targetable Re-Entry Vehicle. Zu deutsch: Ausstattung einer Rakete mit mehr als einem Gefechtskopf, der unabhängig von dem oder den anderen ins Ziel gesteuert werden kann, was die Zerstörungskraft der einzelnen Rakete vervielfacht.

Amerikaner hatten die MIRV-Technologie als erste entwickelt, sie waren die ersten, die ihre Minutemen-Raketen »MIRVten«, was die Anzahl der interkontinental einsetzbaren Gefechtsköpfe auf landgestützten Raketen unter US-Befehl verdreifachte. Unvermeidlicherweise meisterten dann auch die Sowjets die hohe Kunst des »MIRVens«. Sie waren sogar in der Lage, jede ihrer schwereren Raketen mit einer noch größeren Anzahl von Gefechtsköpfen zu versehen. Dadurch erzielten sie jenen dramatischen Zuwachs an Gefechtsköpfen, von dem Reagan jetzt behauptet, er bedrohe unsere eigenen Minutemen.
Deshalb werden die Vereinigten Staaten jetzt die MX- und die Trident-D-5-Raketen bauen. Beide sind zielgenauer als alles, was die Sowjets an Raketen besitzen. Jeder dieser beiden Raketentypen kann etwa zehn Gefechtsköpfe tragen. Die Sowjets haben die MX bereits als Erstschlagswaffe gebrandmarkt. Sie nannten sie eine »grundlegend neue Waffengeneration, die nicht für Abschreckungszwecke, sondern dafür entworfen wurde, einen Erstschlag zu starten und einen Nuklearkrieg zu führen«. Das war eine ganz schön scharfe Sprache, aber nichts im Vergleich zu der Art und Weise, wie Reagan den Zweck der neueren landgestützten Raketen der Sowjets beschreibt.
Sicherlich hat Reagans Entscheidung, die MX-Rakete zu entwickeln und Carters Plan für ihre Aufstellung zurückzuweisen, die sowjetischen Befürchtungen vergrößert. Der Carter-Plan sah ein Versteckspiel vor, bei dem die MX beständig von Raketensilo zu Raketensilo wandern sollte, um den Feind zu verwirren. Reagan will die MX dagegen nicht mehr meilenweit auf Eisenbahnschienen hin und her wandern lassen, sondern sie

in Silos fest installieren oder sogar in »dicht gepackten« Batterien aufstellen, die gegen die Sowjetunion gerichtet sind. Auf diese Weise ist die MX-Rakete keine Defensivwaffe mehr, sondern eine Waffe, die bereitsteht, um eine Erstschlagsrolle gegen die verwundbaren landgestützten Raketen der Sowjets zu spielen.

Carters Plan, die MX dadurch zu schützen, daß man sie auf unterirdischen Schienen herumbewegt, war zweifellos unausführbar und zu kostspielig. Wenigstens sprach für ihn, daß er die MX-Rakete als Abschreckungswaffe präsentierte – also als etwas, was man *nach* einem sowjetischen Erstschlag einsetzen kann. Aber eine MX in ortsfesten Silos, wie sie Reagan zunächst vorschlug, kann nur eine Erstschlagswaffe sein, die auf Abruf schußbereit ist. Indem er diesem Plan den Vorzug gab, strafte Reagan seinen häufig verkündeten Glauben Lügen, es gebe ein »Fenster der Verwundbarkeit«. Denn die ortsfeste MX ist ja nur ein weiteres Ziel, nicht weniger verwundbar als die Minuteman-Rakete – es sei denn, daß Reagan den ersten Schuß abgeben will.

»Das ist eine Entscheidung«, sagte James Schlesinger, Verteidigungsminister unter Präsident Gerald Ford, »die nichts gegen die Verwundbarkeitsthese unternimmt, von der soviel die Rede war . . . Sie schließt das ›Fenster der Verwundbarkeit‹ nicht.«

Carters Verteidigungsminister Harold Brown kritisierte die Entscheidung, »weil sie ganz klar nichts zur Lösung des Verwundbarkeitsproblems beiträgt, das ich für wirklich gegeben halte«.

Wie es zwei Reporter der *Washington Post,* Lee Lescaze und Martin Schram, ausdrückten, die Reagan während dessen Wahlkampf im Jahre 1980 begleiteten:

»Dem ›Fenster der Verwundbarkeit‹ aus Reagans Wahlkampf scheint es in einer gewissen Weise so zu ergehen wie der ›Raketenlücke‹ von John F. Kennedy im Wahlkampf von 1960. Letztes Jahr sprach Reagan praktisch bei jedem Wahlkampfauftritt darüber, in welchem Maße die verbesserte Zielgenauigkeit der sowjetischen Raketen die amerikanischen Raketen in ihren Silos verwundbar mache. Als Präsident hat Reagan nun vorgeschlagen, diese Silos zu ›härten‹, um sie weniger verwundbar für die sowjetischen Raketen zu machen. Aber die neue MX-Rakete, sollte sie in diese Silos gesteckt werden, wäre nicht weniger verwundbar, als es jede der Titan- oder Minuteman-Raketen in ihrem Silo ist.«

Anstatt zuzugeben, daß die Furcht vor einem »Fenster der Verwundbarkeit« fehl am Platze sei, wie es Kennedy mit seiner »Raketenlücke« getan hat, verfolgten die Reagan-Leute ihre MX-Pläne weiter, wobei sie sich in schwere Widersprüche verstrickten. Diese wurden in einem Leitartikel der *Los Angeles Times* zusammengefaßt, der Reagan drängte, »mit der MX innezuhalten«, ein Weg, auf dem er sein Gesicht wahren und die ganze Sache gleichzeitig fallenlassen könnte. In diesem Leitartikel hieß es:

»In seiner Ankündigung vom Oktober [1981] sagte der Präsident, man werde 100 MX-Raketen bauen und gleichzeitig weiterhin untersuchen, wie man sie mit der größten Aussicht auf ihre Überlebenschancen aufstellen könne. Als eine Zwischenmaßnahme werde man zunächst die ersten 36 MX in ortsfesten, ›supergehärteten‹ Silos plazieren, die ein modifizierter Typ der alten Titan-Silos seien.

Weil die zusätzliche Überlebensfähigkeit aber so teuer und problematisch war, fand dieser Plan wenig Unterstützung im Kongreß und bei den Experten des Pentagon. Man ließ ihn bald fallen, um ihn durch die Alternative zu ersetzen, 40 MX-Raketen in ›supergehärtete‹ Minuteman-Silos zu stecken.

Da aber die Raketen dann immer noch in ortsfesten Silos stehen würden, leicht auszumachen für die Russen, konnte man schwer feststellen, wie man für die drei Milliarden Dollar, die man als Kosten veranschlagte, soviel zusätzliche Überlebensfähigkeit bekommen würde, daß es den Aufwand lohnte. So ließ man auch das schließlich fallen . . .

Neuerdings empfiehlt das Verteidigungsministerium, die ersten 40 Raketen sollten in ›nicht-gehärteten‹ Minuteman-Silos in [den US-Bundesstaaten] Wyoming, Nebraska oder Colorado untergebracht werden.

Für sich allein genommen, würde dies nicht das Problem der Verwundbarkeit lösen. So müßte eigentlich die Idee folgen, etwa 14 zusätzliche Silos um jeden Silo herum zu bauen, der eine MX-Rakete enthält. Dann könnten die Raketen in einem Katz-und-Maus-Spiel mit den sowjetischen Spionagesatelliten von Silo zu Silo bewegt werden.«

Nachdem sie dies alles durchgenommen hatte, fragte die *Los Angeles Times:* »Warum gräbt man die Extrasilos nicht in die Silofelder für die Minuteman ein, um die kostspielige Produktion und Aufstellung der MX zu vermeiden?«
Diese Frage ist hinterhältig, denn wenn man der Logik folgt, dann brauchen wir die MX nicht für Verteidigungszwecke. Aber da sich die Regierung unlogischerweise um die Aufstellung der MX für 20 bis 30 Milliarden Dollar bemüht, lautet die nächste Frage, welche Pläne Reagan mit dieser Waffe tatsächlich verfolgt.
Man kann Reagans Neigung zur MX möglicherweise damit erklären, daß er sie braucht, um die Kalte-Kriegs-Ängste aufgrund einer amerikanischen Verwundbarkeit gegenüber der sowjetischen Aufrüstung zu schüren. Denn wenn Amerika nicht mehr braucht, um sich gegen einen Erstschlag zu schützen, als zusätzliche Minuteman-Löcher, wie es der Leitartikel der *Los Angeles Times* vorschlägt, wie könnte Reagan dann noch weiterhin argumentieren, der sowjetische Erstschlag sei eine ernste Bedrohung? Wenn er die MX fallenließe, um statt dessen einige hundert leere Löcher zu graben, würde Reagan die Position des hartgesottenen Kalten Kriegers verlassen, an der festzuhalten er so entschlossen ist. Wenn er die MX fallenließe, müßte Reagan auch das »Fenster der Verwundbarkeit« schließen und so die Hysterie dämpfen, die seiner Politik so teuer ist und auf die Parole hinausläuft, daß die Russen kommen.
Nicht einmal die jüngste Anstrengung der Reagan-Administration, das Problem der MX-Verwundbarkeit zu lösen – die sogenannte Batterie-Lösung, bei der die Raketen dicht an dicht in ortsfeste Silos versenkt würden –, macht die Waffe lebensfähiger. Die Annahme,

die sich hinter diesen Batterien verbirgt, besagt, daß eine herunterkommende Sowjetrakete genügend Splitter verursachen würde, um die nachfolgenden Raketen zu stören, die auf die anderen US-Raketen zielen. Ironischerweise wird dieser »Brudermord-Effekt« von den Kritikern der Erstschlagstheorie gern benutzt, die argumentieren, daß die Minuteman-Streitmacht eben wegen dieses Effekts unverwundbar sei.

Die Regierung Reagan stützt ihre Behauptung, daß die dicht an dicht gepackten MX-Raketen geschützt werden könnten – während dies bei den Minutemen nicht der Fall sei –, weiterhin mit dem Vorschlag, daß für die dichter gruppierten MX-Raketen ein wirksames Anti-Raketen-Raketen-System geschaffen werden sollte. Eine solche Verteidigungsvorkehrung würde nicht nur die bestehenden Beschränkungen für die ABM-Aufstellung verletzen. Es gibt auch ernste Zweifel daran, daß so etwas funktionieren würde. Wie Admiral Stansfield Turner, CIA-Direktor unter Carter, in der *Los Angeles Times* schrieb:

> »Der Mangel an Logik im Batterie-Konzept wird von Berichten verstärkt, daß das Pentagon zusätzlich noch ein Anti-Raketen-Raketen-System will, einfach für den Fall eines Falles. Wenn es etwas gibt, das man mit einem Anti-Raketen-Raketen-System nicht tun sollte, dann ist es die enge Bündelung der eigenen Ziele. Das macht es nämlich einfacher für den Feind, das System mit angreifenden Raketen einzudecken.«

Das Problem bei der Verteidigung gegen nukleare Angriffe besteht darin, daß jedes Verteidigungssystem, ganz gleich wie ausgeklügelt und teuer es sein mag, stets von einer noch offensiveren Waffe überwältigt werden kann. Aus diesem Grunde verband die Carter-Administration die Überlebensfähigkeit ihres MX-Schutzsystems mit dem SALT-II-Vertrag, der für die Waffenarsenale beider Systeme bestimmte Grenzen festsetzte.

Wird es jemals möglich sein, nukleare Sicherheit durch die Entwicklung und Aufstellung von noch komplexeren und wirksameren Waffen herzustellen? Die schwarzseherische Rhetorik Reagans ignoriert die übergeordnete Wahrheit, die in dieser Frage liegt. Denn ohne Vereinbarungen über die Begrenzung von Rüstungen wird alles, nicht nur die landgestützten Interkontinentalraketen, früher oder später verwundbar. Sogar die gegenwärtig überlebensfähigen Elemente unserer Verteidigung – die U-Boote und die Bomber – werden schließlich einmal verwundbar durch künftige Waffenentwicklungen, und so wird es auch den Kommando- und Kontrollsystemen gehen, die sie lenken. Aber selbst wenn eine gewisse Menge an nuklearen Waffen erhalten bliebe – was dann? Was nützen sie, wenn die Gesellschaft, die sie verteidigen sollen, nicht länger besteht? Welchen Zweck hätte es für ein paar einsame U-Boote, wenn sie, längst abgeschnitten von jeder Verbindung mit der Außenwelt, ihre Waffen gegen die Staudämme, Kraftwerke, Flugplätze und Städte ihres Feindes abschießen würden, von denen alle Offiziere an Bord wissen, daß sie nicht mehr existieren?

Jack Ruina, jener Professor für Elektronentechnik, der unter Präsident Carter an den Beratungen über die Verwundbarkeit der Minutemen und den Bedarf an MX-Raketen mitwirkte, erzählte mir:

»Die Raketenzählerei ist einfach Unsinn, denn womit mißt man die nuklearen Fähigkeiten? Wenn der Maßstab ist, daß wir uns gegenseitig unter allen Umständen zerstören können, ist die Antwort ja. Aber man kann sich stets auch Szenarien denken, bei denen die eine oder die andere Seite besser wegkommt. Vor allem dann, wenn das Szenario davon ausgeht, daß die Sowjets zuerst angreifen. Wenn man nach einem russischen Angriff besser abschneiden will, muß man natürlich ganz schön aufrüsten. Aber ich kann mir eine ganze Reihe von Szenarien denken, in denen die USA besser wegkommen. Man kann alle Arten von Spielen erfinden. Aber die grundlegende Wahrheit einmal vorausgesetzt – und das ist die grundlegende Wahrheit zum gegebenen Zeitpunkt: Wenn es eine Seite will, könnte keine der beiden Seiten ihre völlige Vernichtung verhindern.«

Ruina, der von 1963 bis 1972 an Diskussionsrunden der Militärs im Wissenschaftlichen Beratungsausschuß des Präsidenten teilnahm, der als Berater des Nationalen Sicherheitsrates diente und Direktor der Behörde für fortgeschrittene Forschungsprojekte beim Verteidigungsministerium war, sagte mir geradeheraus, als ich ihn nach der Möglichkeit fragte, wie wir unsere Raketen gegen fremde Angriffe schützen könnten:

»Es gibt im Moment keinerlei Technologie, noch kann ich mir eine Technologie denken, die das möglich machen würde. Der Grund dafür ist sehr simpel, es ist kein sehr tiefer technologischer Grund, sondern einfach der, daß es die Supermächte so wenig kostet, das Zerstörungswerk zu tun. Was kostet es, eine Bombe abzuwerfen? 10 Millionen Dollar? Wenn man für 10 Millionen einen Schaden von 10 Milliarden Dollar anrichten kann, wenn es 1000 : 1 für dich steht, dann ist die Verteidigung phantastisch – ich spreche von der Verteidigung von Städten. Das hat es vor den Nuklearwaffen nicht gegeben.

Als wir in Vietnam von den B-52 pro Luftangriff 2 bis 3 Prozent verloren, dachten wir, das sei sehr schlecht. Als die Engländer im Zweiten Weltkrieg 10 Prozent – das ist der höchste Prozentsatz, den sie je erreichten – der deutschen Kampfflugzeuge abschossen, funktionierte ihre Verteidigung sehr gut, denn diese Maschinen konnten nicht wieder benutzt werden. Kein einzelner Angriff konnte soviel Schaden anrichten. Aber bei den nuklearen Waffen stimmt das nicht mehr. Der Ausbruch des St.-Helena-Vulkans bedeutete dasselbe wie eine 10-Megatonnen-Bombe bei einer einzigen großen Explosion. Er richtete einen Schaden im Wert von 2 Milliarden Dollar an, und dabei erfolgte er in einer völlig menschenleeren Gegend. Das ist die Grundwahrheit, die die Verteidigung der Städte schwierig macht, und nicht dieser ganze technologische Hokuspokus, wie wir unsere Städte verteidigen können.«

Aber den technologischen Hokuspokus gibt es immer noch und mit ihm das Verlangen, die Mittel für die nukleare Kriegführung zu vervollkommnen, ein Verlangen, das unausweichlich mit dem Ziel jeder Rüstungskontrolle zusammenprallt.

7. Die Unterhändler

»Der Streit, wenn es ihn überhaupt gibt, geht darum, welche und nicht ob wir Waffen für Verträge und Abmachungen weggeben sollen.«
Präsident Reagan, Juni 1981

Als Ronald Reagan, um den beispiellosen Druck der Öffentlichkeit auf Gespräche über Rüstungsbegrenzungen zu beantworten, schließlich seinen START-Vorschlag verkündete, weckte er verständlicherweise Hoffnungen, daß die Verhandlungen tatsächlich wieder in Gang kommen könnten. Wäre Reagans START-Vorschlag in der Tat der Eröffnungszug für ernsthafte Verhandlungen gewesen, dann hätte man seine Verkündung begrüßt, obwohl er augenscheinlich unannehmbar für die Sowjets ist.
Aber der START-Vorschlag löste sich in Luft auf, weil er Einschnitte in das verlangt, was den Sowjets am teuersten ist, nämlich ihre landgestützten Raketen, während er die amerikanische Triade unangetastet läßt. START war kein Eröffnungszug für wechselseitige – und somit verhandelbare – Einschnitte, sondern ein Vorschlag, der die Last überwiegend den Sowjets aufbürdete. Nichtsdestotrotz argumentierten die Verteidiger der neuen Präsidenteninitiative, einschließlich Ex-Präsident Carter, START sei ein vernünftiger Ausgangspunkt für Verhandlungen mit den Sowjets, und zwar gerade deshalb, weil sich die Vereinigten Staaten damit in der ersten Runde nichts vergeben würden.
Aber es gab viele Beweise für die Unterstützung des Verdachts von Carters Außenminister Edmund Muskie,

daß der START-Vorschlag ein heimlicher Vorwand dafür sei, die Abrüstung auf ein Nebengleis zu schieben, während die Vereinigten Staaten ihre Aufrüstung fortsetzen würden. Der frühere Senator aus dem Bundesstaat Maine neigt nicht zu wilden Verschwörungstheorien oder Anschuldigungen, aber Reagans Bemühung um eine Rüstungsbegrenzung haftete nun einmal ein gewisser Geruch an, und Muskie fand die Fährte.

Zunächst einmal hatte Reagan ganz offen das Zentrum jeder Bemühung um Rüstungsbegrenzungen untergraben – die Abrüstungsbehörde. Diese Behörde, vom Kongreß zum Teil dafür geschaffen, um innerhalb der Regierung Anstrengungen für eine Rüstungsbegrenzung zu unterstützen, war nun voll von Uralt-Gegnern solcher Übereinkünfte mit den Sowjets – von ihrem Direktor Eugene Rostow bis hinunter zu den vielen anderen Reagan-Leuten, die sich mit der Rüstungsbegrenzung befaßten.

Während das Pentagon ununterbrochen nach mehr Waffen verlangt – und in der Tat ist es genauso die Pflicht des Verteidigungsministeriums, das zu tun, wie es sein Vorrecht ist –, hatte man die Abrüstungsbehörde für das Gegenteil solcher Bestrebungen eingerichtet. Charles Percy, republikanischer Vorsitzender des Außenpolitischen Senatsausschusses, drängte Rostow und dessen Pendant General Edward L. Rowny, den SALT-Unterhändler, »wirkliche Anwälte der Rüstungsbegrenzung« zu sein, weil

> »dies die Idee ist, die hinter ... den Gesetzen für die Abrüstungsbehörde steht. Wir haben ihre Entstehung miterlebt ... Es muß ein Gegenge-

wicht geben, um die Absichten einiger Leute in der Administration zu vereiteln, die uns niemals mit der UdSSR verhandeln sehen wollen ... Anstatt daß wir sehen, wie aus SALT START wird, fürchte ich und fürchten andere Ausschußmitglieder, daß wir das ganze eventuell in STAL* umtaufen müssen, Strategische Gespräche über Rüstungsbegrenzungen, weil man diesen Eindruck haben könnte ...«

Aber anstatt sich eine Anhängerschaft für die Rüstungskontrolle heranzuziehen, wie Senator Percy vorschlug, versuchte die Abrüstungsbehörde unter Rostow, die Gegner der wachsenden Friedensgefühle zu mobilisieren. In einem unglücklichen Nachklang zu den alten Geschichten aus Nixons Zeit im Weißen Haus, einem Nachklang, der eine ähnliche Paranoia gegenüber der staatsbürgerlichen Kritik an der Regierungspolitik enthüllte, legte Rostow einen Geheimplan vor, der dem Weißen Haus Ratschläge erteilte, wie man die Auswirkungen der »Ground-Zero-Woche«** abwenden könne – jener harmlosen und außerordentlich respektablen Serie von Teach-ins und anderen Aktivitäten, die Roger Molander organisiert hatte, um das öffentliche Verständnis für das Problem der Nuklearwaffen zu erhöhen. Die Taktiken und Schachzüge, die das Memorandum offenbarte, waren verbunden mit Rostows »Aus-

* STAL = Strategic Talks (about) Arms Limitation, eine scherzhafte Verdrehung von SALT.

** »Ground Zero Week« = eine Woche im April 1982, in der die amerikanische Friedensbewegung in 150 Städten, 500 kleineren Orten, 330 Universitäten und 1000 Volksschulen Vorlesungen, Diskussionen und Demonstrationen veranstaltete; nach dem Nullpunkt einer nuklearen Bombenexplosion in Bodennähe (»ground zero«) benannt.

schuß gegen die vorhandene Gefahr«, der SALT II so wirksam bekämpft hatte.
Laut *Washington Post*

> »wurde eine Kopie des [Rostow-]Memorandums anonym an die Washington Post eingesandt, und ihre Authentizität wurde von der [Abrüstungs-]Behörde bestätigt. Hier ein Auszug:
> ›Die Presse und die elektronischen Medien werden voller Demagogie und Emotionen sein, weil Journalisten gierig furchtsame Mütter und selbstgerechte entrüstete Geistliche vor dem Hintergrund des Atompilzes interviewen werden‹, sagte das Memorandum der Abrüstungsbehörde voraus.
> . . . Das Memorandum warnte davor, das Thema Nuklearkrieg könnte die Öffentlichkeit anstekken. ›Während die Bewegung solche immerwährenden Elemente wie die Pazifisten der alten Schule, die Umweltschützer, die abgebrühte Linke und verschiedene kommunistische Elemente umfassen wird‹, hieß es in dem Memorandum, ›gibt es in den Vereinigten Staaten jetzt auch in steigendem Maße die Teilnahme von drei Gruppen, deren potentieller Einfluß Anlaß zur Besorgnis geben sollte. Das sind die Kirchen, die »loyale Opposition« und, vielleicht am wichtigsten, die unpolitische Öffentlichkeit.‹«

Unabsichtlich ahmte das Memorandum strategische Dokumente nach, die ernsterer Natur sind. Am Samstag, dem 17. April 1982, so kündigte es an, sei »Ground-Zero-Woche, minus einen Tag«. Es hielt für diesen und

jeden weiteren Tag ein »Szenario« bereit, das die Pläne von Ground Zero beschrieb und entsprechende Reaktionen der Regierung empfahl. Zum Beispiel hatte Rostow für jenen Samstag Demonstrationen auf dem SPD-Parteitag in der Bundesrepublik für ein Einfrieren der Nuklearwaffen vorhergesagt. Das Memorandum erklärte nicht, was dieser Parteitag mit Molanders »Ground-Zero-Woche« zu tun hatte, obwohl Rostow gedacht haben mag, daß sich die Teilnehmer an den Teach-ins durch das Beispiel der westdeutschen Massenveranstaltung bestärkt fühlen könnten.
Rostow schlug der Regierung vor, sie solle mit einem »Kommentar zu den Demonstrationen in der Bundesrepublik Deutschland von Richard Burt und Manfred von Nordheim antworten: Angebot an die Sendeanstalten und Abendnachrichten. George Will von Agronsky & Co. Foto-Termin – der Präsident und Frau Reagan in Camp David*: Frühlingsblumen – Atmosphäre der Ruhe.« Und so gingen die Verrücktheiten Tag für Tag weiter, indem Beiträge zu den Leitartikelseiten der *Washington Post* und der *New York Times* vorgeschlagen wurden, Auftritte von Bush und Nitze vor der Presse ebenso wie die Teilnahme von Colin Gray und Richard Perle an Fernsehsendungen, und, um das alles abzurunden, ein nachträglicher Beitrag für die Leitartikelseite der *Washington Post* von Perle an dem Montag, der der »Ground-Zero-Woche« folgte.
Vielleicht hätte sich George Will geweigert, so zu funktionieren, wie es Rostow verlangte, und von der *Washington Post* und der *New York Times* kann man kaum annehmen, daß sie die fünf Leitartikel abgedruckt hät-

* Camp David: Erholungsort für die US-Präsidenten in der Nähe von Washington D. C.

ten, die Rostow ihnen zudachte. Das Memorandum erzählt uns in der Tat nichts über die wirkliche Fähigkeit der Regierung, die Medien zu manipulieren. Aber es enthüllt die naiven Gedanken, die der oberste Abrüster Präsident Reagans von den Möglichkeiten der Manipulation hatte. Molander, der irgendwie gelehrt wirkende Ex-Mitarbeiter des Nationalen Sicherheitsrates in den Jahren von Nixon, Ford und Carter, sagte mir, er fühle sich durch die Aufmerksamkeit der jetzigen Administration geschmeichelt. Niemals zuvor habe ihm jemand eine radikale Handlung zugetraut, und er konnte nicht verstehen, was eigentlich los war, da sich »Ground Zero« doch für nichts Revolutionäreres als für College-Veranstaltungen interessierte. Während das Weiße Haus gesunden Menschenverstand bewies, indem es nicht alle Ratschläge Rostows befolgte, deckte der Vorgang die Wahnvorstellungen auf, die im Zentrum der Abrüstungsbehörde unter dieser Regierung herrschen.

Das Memorandum enthüllte auch, welches Verständnis von seinen Verantwortlichkeiten der Abrüstungskoordinator Reagans hat. Ganz klar, Rostow hatte mehr Interesse daran, den antinuklearen Gefühlen die Spitze abzubrechen, als diese Botschaft der Besorgnis zu beachten.

Nichts von alledem überraschte mich, denn ich hatte Rostow ein paar Wochen, nachdem er ernannt worden war, mehrere Stunden lang in seinem Büro interviewt. Er hatte mir damals von seinen Sorgen als Direktor der Abrüstungsbehörde erzählt und bemerkt: »Ich glaube nicht, daß die eigentliche Gefahr im Moment der Nuklearkrieg und die Massenvernichtung ist. Ich denke, die Gefahr ist der politische Zwang, der mit der Androhung der Massenvernichtung ausgeübt werden kann... Und diese Gefahr ist sehr real. Man kann sie riechen.«

Ich interviewte diesen 68 Jahre alten Veteran so vieler Schlachten in seinem eichenholzgetäfelten Büro im Außenministerium. Der ehemalige Dekan der Yale Law School* kann angenehm und sogar launig sein, wenn es ihm paßt, und es wird ihm nachgesagt, er sei seinerzeit ein sehr guter Lehrer gewesen. Man kann sich auch jetzt noch vorstellen, wie er seine Studenten in nachmittäglichen Seminaren wegen ihrer liberalen »Vorurteile« neckte. Aber in dem bedrückenden Gebäude des Außenministeriums, als seine Konversation so dahinplätscherte, ab und zu fast unhörbar war und nur zu oft unterbrochen wurde von den flinken und dringenden Anfragen seiner Assistenten, schien er fehl am Platze zu sein. Sicherlich eignet er sich kaum mehr dazu, die Bemühungen der Vereinigten Staaten um eine Rüstungskontrolle zu überwachen, es sei denn, Reagan hatte die Absicht, dieses Amt und alles, was es einst bedeutete, dadurch zu demütigen, daß er es einem von dessen ältesten und unversöhnlichsten Feinden auslieferte.

Obwohl seine Gedanken beim Sprechen gelegentlich abschweifen und er von Zeit zu Zeit von einem unkontrollierbaren Kichern übermannt wird, bleibt Rostow der unerschütterliche Veteran aus 40 Jahren Kampf, um die Sowjets kleinzuhalten. Was ihn letztendlich so sicher macht wie einen Blinden der Stock, ist das Vertrauen zu seiner politischen Linie, die ihn ein Leben lang gestützt hat.

* Rechtswissenschaftliche Fakultät der privaten Yale Universität in New Haven/Connecticut.

Rostow erzählte mir, er würde den Erfolg oder Mißerfolg seines Postens nicht danach bemessen, ob ein Rüstungsbegrenzungsabkommen unterzeichnet werde oder nicht, sondern danach, ob es eine »Konsolidierung der Allianzen« gegen die Sowjets gegeben habe. Seine Ansicht und die der Reagan-Regierung besteht einfach darin, daß die Furcht der Amerikaner und anderer Bürger der freien Welt vor einem Nuklearkrieg den Plänen des Kreml diene. Wie Rostow es ausdrückt: »Die Sowjetunion benutzt die nukleare Frage und die Drohung mit Nuklearwaffen als Mittel, um unsere Bündnisse aufzuspalten und sie in Gefahr zu bringen. Zumindest versucht sie das.«

Die heftige Auseinandersetzung zwischen Claiborne Pell, Senator aus dem US-Bundesstaat Rhodes Island, und Rostow während dessen Anhörung vor dem Außenpolitischen Ausschuß des Senats stellt eines der sprechendsten Beweisstücke für den Bewußtseinszustand dar, der hinter den einfachen Slogans dieses harten Befürworters der Nuklearwaffen steht.

Dieser Wortwechsel mag mehr enthüllen, als Rostow beabsichtigt hat, denn später versuchte er in einem Briefwechsel mit dem Mitarbeiterstab des Außenpolitischen Senatsausschusses, seine Bemerkungen abzuschwächen. Ursprünglich hatte ich Teile von Rostows Aussage in einem Artikel für die *Los Angeles Times* vom 28. September 1981 zitiert, nachdem mir seine Auslassungen per Telefon von einem Mitglied dieses Mitarbeiterstabes vorgelesen worden waren. Einige Wochen später war ich zufällig im Büro des Ausschusses, um mich an Hand der noch nicht veröffentlichten Protokolle noch einmal zu vergewissern, als ich erfuhr, Rostow habe einen Brief mit einer anderen Version seiner Bemerkungen geschickt, von der er wünschte, daß sie den veröffentlichten Text ersetzte. Unglücklicherweise, so erklärte ich dem Mitarbeiterstab des Ausschusses, sei die Originalaussage bereits in der *Los Angeles Times* erschienen, so daß es ein bißchen spät sei für die Publizierung von Rostows neuer Version. So kam man Rostows Wünschen nicht nach (was Leuten, die für die Regierung sprechen, oft geschieht), und deshalb wurde die folgende Aussage so in die Akten aufgenommen, wie sie gemacht worden war.

SENATOR PELL: »Für den Fall eines vollen nuklearen Schlagabtausches zwischen der Sowjetunion und den Vereinigten Staaten – können Sie sich vorstellen, daß eines der beiden Länder in irgendeinem substantiellen Ausmaß überleben kann?«
ROSTOW: »Nun, ich denke, das Risiko besteht nicht so sehr in einem nuklearen Schlagabtausch als in dem politischen Zwang, der in der Aussicht auf einen nuklearen Schlagabtausch beruht, etwa nach der Art, wie die Kuba-Raketenkrise ablief. Soweit es das Überlebensrisiko betrifft, muß die Antwort auf Ihre Frage wohl lauten: Es hängt davon ab, wie extensiv der nukleare Schlagabtausch ist. Japan überlebte schließlich nicht nur, sondern blühte nach dem nuklearen Angriff auf, so sehr wir diesen Angriff auch bedauern mögen und tatsächlich bedauern. Nichtsdestotrotz, es geschah im Verlauf des Krieges, und Japan überlebte. Das Problem ist, wie extensiv der Schlagabtausch ist.«
SENATOR PELL: »Meine Frage ist, bei einem vollen nuklearen Schlagabtausch, würde ein Land überleben?«
ROSTOW: »Die menschliche Rasse ist sehr elastisch, Senator Pell.«

SENATOR PELL: »Oh, in der Tat. Aber ich fragte Sie, ob eines der beiden Länder überleben würde.«
ROSTOW: »Nun, es gibt abscheuliche statistische Berechnungen darüber, wie viele Menschen bei einem nuklearen Schlagabtausch sterben würden. Bei bestimmten Annahmen sprechen einige Schätzungen davon, daß es 10 Millionen Opfer auf einer und 100 Millionen auf der anderen Seite geben wird. Aber das ist ja nicht die ganze Bevölkerung.«

Der demokratische Senator Alan Cranston, Mitglied des Außenpolitischen Ausschusses, stimmte gegen die Bestätigung von Rostows Ernennung.* Er beantwortete Rostows Stellungnahme zu Hiroshima mit den Worten:

> »Das ist mir absolut unbegreiflich, ein törichter Vergleich von zwei Situationen, die überhaupt nichts miteinander zu tun haben. Wir besaßen nur zwei Atombomben zu dem Zeitpunkt, als wir sie über Hiroshima und Nagasaki abwarfen. Heute könnten sich die Vereinigten Staaten und die Sowjetunion mit einer unglaublichen Anzahl von viel größeren nuklearen Gefechtsköpfen gegenseitig verwüsten.«

Senator Percy, Vorsitzender des Außenpolitischen Ausschusses, belehrte Rostow, Reagan habe sein Mandat nicht bekommen, um den Rüstungskontrollprozeß zu behindern. Percy bemerkte: »Ich steckte damals mitten in der Wahlkampagne, begleitete Gouverneur Reagan

* In den USA müssen die wichtigsten Regierungsmitglieder und hohe Beamte in sogenannten Hearings dem Senat Rede und Antwort stehen, bevor ihre Ernennung von diesem Teil des Kongresses bestätigt wird.

mehrere Tage lang . . . Es war das Thema einer Krieg-und-Frieden-Kampagne.« Dann zitierte Percy aus einer CBS-Rundfunkrede Reagans, die dieser zwei Wochen vor der Wahl gehalten und selbst bezahlt hatte:

> »Als Präsident werde ich umgehend Verhandlungen über einen SALT-III-Vertrag eröffnen. Mein Ziel ist ein Anfang bei den Rüstungsreduzierungen. Meine Energien werden sich darauf richten, destruktive Nuklearwaffen in der Welt abzubauen, und das in der Weise, daß die Sicherheitsbedürfnisse unserer Nation voll erfüllt werden.«

Percy bemerkte während des Hearings, daß Rostow eine Schlüsselrolle bei der Entscheidung darüber spielen werde, ob Reagan mit seiner Verpflichtung Fortschritte erzielte. Er fügte hinzu, der Zweck der Abrüstungsbehörde unter Rostow müsse darin bestehen, »ein Ausgleich für diejenigen zu sein, die einfach behaupten, der einzige Weg zum Frieden sei rüsten, rüsten und noch einmal rüsten. Dies wäre der Ausgleich: Er besagt, daß es eine alternative Politik gibt, die dieses Land haben kann und die die Welt haben kann. Viele in der Welt haben sich für die Rüstungskontrolle engagiert.«
Viele in der Welt mögen sich für die Rüstungskontrolle engagiert haben, aber Percy hätte wissen müssen, daß er keinen Grund für die Annahme hatte, daß Rostow, der schon lange ein Anwalt für das »rüsten, rüsten und noch einmal rüsten« war, jetzt seine Meinung ändern würde. Denn Rostows Auffassung war immer, daß das »Appeasement« – und nicht das Wettrüsten – der Weg zum Krieg sei, eine Ansicht, wie Senator Cranston be-

merkte, die Rostow eher für eine Stelle im Verteidigungsministerium empfehlen würde, denn für den Posten als Leiter der Abrüstungsbehörde. »Das größte Risiko, dem wir gegenüberstehen, ist nicht der Nuklearkrieg, sondern der politische Zwang, der auf einer glaubwürdigen Drohung mit dem nuklearen Krieg beruht und der die Überwältigung durch die Überlegenheit der sowjetischen Streitkräfte, sowohl der konventionellen als auch der nuklearen, impliziert.« Schon ein paar Monate früher hatte er diesen Standpunkt vertreten, als ich ihn damals interviewte:

SCHEER: »Wäre es fair, zu sagen, Sie fühlen, daß die Gefahren, die dem Wettrüsten innewohnen, die Gefahren eines zufälligen Krieges, die Gefahren, die dadurch herbeigeführt werden, daß man immer mehr Waffen anhäuft – daß diese Gefahren eine geringere Bedrohung für den Frieden darstellen als die Gefahr, die Sowjets nicht einzudämmen und die westliche Allianz zerbrechen zu lassen?«
ROSTOW: »Das ist absolut richtig. Kriege kommen nicht, wenn ein Gleichgewicht der Kräfte, sondern wenn ein Ungleichgewicht besteht. Wenn Sie sich die Kriege dieses Jahrhunderts anschauen oder die Kriege früherer Jahrhunderte, so entstanden sie, wenn die Leute darüber in Panik gerieten, ob ihre Verbündeten auch in jedem Fall hinter ihnen stehen würden. Unter nuklearen Voraussetzungen wird das doppelt gefährlich.«

Rostows Ernennung war ein Zeichen dafür, daß sich die Reagan-Regierung der Rüstungskontrolle nicht verpflichtet fühlte.
Wenn es daran noch irgendeinen Zweifel nach Rostows

Berufung gab, blieb keiner mehr übrig, als Reagan Paul Nitze ernannte, mit dem gemeinsam Rostow den »Ausschuß gegen die vorhandene Gefahr« gegründet hatte. Denn Nitze sollte der Unterhändler für die Gespräche über die eurostrategischen Waffen werden.
Im Mai 1981, einige Monate, bevor er ernannt wurde, war Nitze zum Lunch bei einer Konferenz im Livermore-Laboratorium. Anwesend waren Jerry Warburg, ein Assistent von Senator Alan Cranston, einige andere Konferenzteilnehmer und ich. Wir fragten Nitze über die Aussichten, die ernsthafte Rüstungskontrollverhandlungen haben würden, und er sagte: »Es könnte ernsthafte Verhandlungen geben, aber erst nachdem wir unsere Streitmacht aufgebaut haben.« Als er gefragt wurde, wie lange man denn dazu brauche, antwortete Nitze: »Zehn Jahre.«
Der 75jährige Nitze hat das Gefühl, es gebe keinen Grund zur Eile bei der Rüstungsbegrenzung. Denn wie Rostow geht er davon aus, daß die Risiken nicht im Wettrüsten selbst und in der Möglichkeit eines Mißverständnisses oder eine Unfalls liegen, sondern in der relativen Schwäche der Vereinigten Staaten gegenüber den Sowjets.
Nitze glaubt das, weil die USA die Sicherheit der Sowjetunion nicht bedroht hätten und weil sie während der bisherigen Rüstungsbegrenzungsverhandlungen mehr als großzügig gewesen seien. Deshalb könne es keine andere Erklärung für die unaufhörliche Aufrüstung der Sowjets geben als ihr Bestreben, die strategische Überlegenheit zu erlangen. Nitze schrieb 1980:

> »Gegenüber dem Kreml bestand jedoch eine zentrale Besorgnis und muß auch in den achtziger

Jahren weiter bestehen . . . [Sie hat ihren Grund] in der sowjetischen Fähigkeit, mit den Folgen einer direkten Konfrontation zwischen ihren militärischen Kräften und den militärischen Kräften der westlichen Allianz fertig zu werden. Die Kreml-Führer wollen keinen Krieg; aber sie wollen die Welt. Sie halten es jedoch für unwahrscheinlich, daß der Westen ihnen die Welt kampflos überläßt . . .

Seit einiger Zeit haben die Sowjets Anlaß zu der Annahme, daß ihre konventionellen Streitkräfte im Warschauer-Pakt-Bereich denjenigen überlegen sein könnten, die ihnen gegenüberstehen. Sie entwickeln und dislozieren konventionelle Waffen und nukleare Gefechtsfeldwaffen, die beträchtlich über jenen Bereich hinausreichen. Das wird das Ausmaß der Umstände, unter denen sie hoffen können, eine lokale militärische Überlegenheit zu erreichen, erheblich ausdehnen. Sie glauben, daß eine solche Fähigkeit die Aussicht auf eine direkte militärische Konfrontation mit dem Westen sehr verringert.

Sollte es trotzdem eine solche Konfrontation geben, glauben sie weiter, daß der Westen, wenn es um lebenswichtige Dinge geht, eher den Einsatz der nuklearen Waffen eskaliert, als seine Verluste einzustecken. Deshalb sind die Sowjets genötigt, sich in die bestmögliche Position zu manövrieren, um in einem solchen Krieg einen militärischen Sieg erringen zu können, während sie gleichzeitig das Überleben, die Fortdauer und die Erholung ihrer Parteikader und, soweit möglich, ihrer Machtbasis in der Sowjetunion sichern . . .«

Diese Vorstellung ist nicht neu. Nitze ist bereits über die strategische Überlegenheit der Sowjets alarmiert, seit diese 1949 ihren ersten nuklearen Sprengsatz zündeten. Damals ersetzte er George Kennan als Direktor des Politischen Planungsstabes im Außenministerium der Regierung Truman. Kennan ging zum Teil deshalb, weil er damals dachte – wie er es auch heute tut –, der Präsident überbetone den militärischen gegenüber dem politischen Teil des »Containment« in der globalen Auseinandersetzung mit der Sowjetunion.*

Der 30 Jahre alte Disput zwischen Nitze und Kennan dauert bis zum heutigen Tag, indem Kennan die Gefahren eines unkontrollierten Wettrüstens betont, während Nitze die Gefahren weiterhin nur darin sieht, daß die USA zurückfallen könnten. Wie Nitze in dem bereits zitierten Artikel schrieb:

> »Es gibt . . . die, die aus dem einen oder anderen Grunde die Vereinigten Staaten so darzustellen versuchen, als würden sie ein neues ›Wettrüsten‹ starten. Meinem Urteil zufolge widersprechen die Tatsachen einer solchen Behauptung in jeder Hinsicht. Es ist die Sowjetunion, die es versäumte, die Entspannungspolitik der Vereinigten Staaten in den siebziger Jahren zu erwidern und die statt dessen rücksichtslos vorwärtsschritt, um zunächst ihre militärische Macht auszubauen und dann das ganze Spektrum ihrer expansionistischen Aktivitäten auszuweiten, was in der Invasion in Afghanistan kulminierte. Was wir jetzt brauchen, ist eine

* Containment = Eindämmung. Schlüsselbegriff der amerikanischen Politik gegenüber der Sowjetunion seit dem Zweiten Weltkrieg, der 1947 von George Kennan »erfunden« wurde.

Wiederherstellung des Gleichgewichts, nicht zur Ausdehnung des amerikanischen Einfluß- oder Machtbereichs, sondern um weitere sowjetische Angriffe auf die nationale Unabhängigkeit einzelner Länder und auf die Sicherheit von Schlüsselregionen in dieser Welt zu verhindern ...«

Kennan stimmt damit nicht überein. Er schreibt:

»Wir sollten damit beginnen, die Richtigkeit von zwei grundsätzlichen Einsichten zu akzeptieren. Die erste ist, daß es in unseren Beziehungen zur Sowjetunion nichts gibt – keine Hoffnung, keine Furcht, nichts, wonach wir streben und nichts, was wir vermeiden wollen –, was tatsächlich einen Nuklearkrieg wert sein könnte. Und das zweite ist, daß nukleare Waffen in einem Kampf begreiflicherweise nicht so eingesetzt werden können, daß sie die Möglichkeit – und in der Tat die unerträglich hohe Wahrscheinlichkeit – einer Eskalation zu einem allgemeinen nuklearen Desaster nicht heraufbeschwören würden.«

In einem Bericht an die Truman-Regierung aus dem Jahre 1950, dem berühmten NSC-68-Dokument, befürwortete Nitze »einige Maßnahmen, verdeckt oder offen, gewaltsam oder nicht gewaltsam, die dem Zweck dienen, die Pläne des Kreml zu vereiteln ...«. Damals unter Stalin, später unter Chruschtschow und auch unter Breschnew bestanden die Kreml-Pläne immer, wie Nitze es sieht, in der Weltherrschaft, und es wäre nach seiner Meinung naiv, etwas anderes anzunehmen. Obwohl die Sowjets 1950 nur 10 bis 20 Atombomben besa-

ßen und Amerika ein Vielfaches davon, sah Nitze bereits damals die erste einer ganzen Serie von »Lücken« voraus, die zwischen den Vereinigten Staaten und den Russen auftreten würden, sofern die Amerikaner nicht ihre Verteidigungsausgaben gewaltig erhöhten. Damals glaubte er, daß 1954 der Zeitpunkt eintreten würde, zu dem die Russen die Vereinigten Staaten mit einem Erstschlag vernichtend treffen könnten.
Nitze dachte 1950 genauso verächtlich über die Aussichten von Rüstungsbegrenzungsverhandlungen wie jetzt. Einem Artikel der *Washington Post* zufolge nahm sein NSC-68-Bericht

> »einen zynischen Standpunkt zu Rüstungskontrollverhandlungen ein. Um die Unterstützung der Öffentlichkeit für die Aufrüstung zu erlangen, empfahl er, die Führer der USA sollten unentwegt vernünftig klingende Abrüstungvorschläge unterbreiten, von denen anzunehmen war, daß sie die Sowjets nicht akzeptierten. Und sollten die Russen unerwartete Flexibilität beweisen, ›hätten wir sehr genau zu prüfen, ob wir solche Übereinkünfte akzeptieren können‹.«

Nun, das Jahr 1954 kam und ging, und die Sowjets hatten ihre Erstschlagsdrohung nicht erhoben. Aber das bewahrte Nitze nicht davor, drei Jahre später im sogenannten Gaither-Bericht, den er während der Amtszeit Eisenhowers schreiben half, ähnlich Alarm zu schlagen. Der Gaither-Bericht sagte voraus, 1959 würde die Sowjetunion »eine bemerkenswerte Fähigkeit haben, interkontinentale Raketen mit Megatonnen-Gefechtsköpfen zu bauen . . . Die Vereinigten Staaten werden eine solche Fähigkeit wahrscheinlich bis dahin nicht erreichen . . .« Alan Tonelson, sonst mit Angelegenheiten der Rüstungskontrolle in der Zeitung der Vereinten Nationen befaßt, setzte sich damit in einem Artikel für die Zeitschrift *Foreign Policy* auseinander:

> »In den späten fünfziger Jahren bildete Nitze die Vorhut derjenigen, die eine neue Bedrohung der nuklearen Überlegenheit Amerikas entdeckten, die jedoch niemals Realität wurde. Gemeint ist die Möglichkeit einer sogenannten ›Raketenlücke‹, von welcher der Gaither-Bericht 1957 sprach. Unter dem förmlichen Titel *Abschreckung und Überleben im nuklearen Zeitalter* wurde dieser Bericht eine der einflußreichsten strategischen Abhandlungen der Nachkriegszeit. Insbesondere brachte die Behauptung, die Sowjets könnten das Rennen um die Entwicklung der Interkontinentalraketen gewinnen und gegen Ende des Jahrzehnts einen entscheidenden strategischen Vorsprung erreichen, eine erbitterte Kontroverse in Gang. Sie stattete Kennedy mit einem wichtigen Thema für seinen Wahlkampf des Jahres 1960 aus. Nitze war ein Spezialberater für das Projekt und hat bedeutenden Einfluß auf die Studie gehabt.«

Während der Gaither-Bericht einen Zeitplan für die Entwicklung der sowjetischen Raketentechnik aufstellte, der sich als falsch herausstellte, förderte er nach einer weitverbreiteten Auffassung den massiven Aufbau der amerikanischen Offensivkraft, der unter Kennedy begann. Zur Zeit der Kuba-Raketenkrise von 1962 hatten die Vereinigten Staaten die Sowjets bereits weit hinter sich gelassen – und danach ging auch die Raketenrüstung der Sowjets rasch vonstatten. Nitze bestreitet, daß er und die anderen Mitarbeiter am Gaither-Bericht dazu beitrugen, diese sich selbst erfüllende Prophezeiung in die Welt zu setzen, und er besteht darauf, die sowjetische Aufrüstung sei selbst dann unausweichlich gewesen, wenn sie nicht seinem Zeitplan folgte. Im *Wall Street Journal* vom 29. Juni 1979 stellte der Redakteur Kenneth H. Bacon fest:

> »Nach Nitzes Ansicht hat sich eine zentrale Tatsache nicht verändert: Die Sowjetunion strebt danach, die Welt zu beherrschen, und die Vereinigten Staaten müssen die militärische Überlegenheit behalten, um dieses Ziel zu vereiteln. Was sich geändert hat, so sagt er, ist, daß es die amerikanischen Regierungen, eine nach der anderen, versäumt haben, das Wachstum der sowjetischen Streitkräfte aufzufangen. Er räumt ein, in der Vergangenheit habe er raschere Verbesserungen der sowjetischen Bewaffnung vorhergesagt, als sie nachher eingetreten seien. Aber er denkt, ›mit dem US-Vorsprung ist es vorbei‹.«

Als Nitze gegen SALT II antrat, versuchte die Carter-Administration, ihn und andere Kritiker zu beschwichtigen, indem sie das MX-Raketensystem mit einem Pappenstiel von 40 bis 60 Milliarden Dollar guthieß. Doch der von seiner Idee besessene Nitze befand sich nicht in der Stimmung für einen Kompromiß, und trotz der extravaganten MX-Zugeständnisse endete er schließlich in der Opposition gegen SALT II. Dazu das *Wallstreet Journal* 1979:

»Als Außenseiter – er nennt sich selbst ›eigentlich einen Geschäftsmann‹, der seine ausgedehnten Geldanlagen betreut –, so hoffte Mr. Nitze, würde er auf die Sicherheitspolitik der Nation den größten Einfluß gewinnen. Er entwickelte sich zu einem der führenden Kritiker von Präsident Carters Vertrag über die Begrenzung strategischer Rüstungen mit der Sowjetunion, der soeben unterzeichnet wurde. In den letzten beiden Jahren bearbeitete der weißhaarige Mr. Nitze die Nation hinauf und herunter, um zu erreichen, daß sie sich dem Rüstungskontrollvertrag als einer Bedrohung der amerikanischen Sicherheit widersetzt.

›Ich glaube, SALT II verringert die Kriegsgefahr nicht; er kann sie sogar erhöhen‹, argumentierte Mr. Nitze. Er behauptet, der Vertrag werde die Vereinigten Staaten auf einer Position militärischer Unterlegenheit festnageln, während er den Sowjets das erlaube, was er den Marsch zur Weltherrschaft nennt. Der Vertrag, so argumentiert er, ›könnte sich in einer raschen Anpassung an die Sowjetunion auswirken‹, die zu einer ›Weltbedrohung‹ der Vereinigten Staaten führe.«

Aber in der Reagan-Administration ist Nitze nicht länger der Außenseiter, der befriedet werden muß. Die Ansichten, die er und Rostow in den vergangenen 35 Jahren geäußert haben, sind bis auf weiteres offizielle US-Politik.

Während es kaum bezweifelt werden kann, daß Rostow und Nitze wahrscheinlich keine ernsthaften Rüstungskontrollmaßnahmen billigen werden, hofften einige Beobachter vor dem Rücktritt von Außenminister Haig, daß dieser oder wichtige Beamte des Verteidigungsministeriums einen solchen Vertrag gegen alle Einwände verteidigen würden. Diese Vermutung verstärkte sich durch wiederholt an die Presse gelangende Indiskretionen über Spannungen zwischen Rostow und dem Unterstaatssekretär im Außenministerium Richard Burt, der Haigs wichtigster Mann in Sachen Rüstungskontrolle war. Burt und sein »guter Freund« Richard Perle, Unterstaatssekretär im Pentagon, waren die Vorsitzenden von Arbeitsgruppen der Regierung, die sich mit der Rüstungskontrolle beschäftigten. Burts Einfluß ließ stark nach, als Haig ging, und seitdem verschlechterte sich auch sein Verhältnis zu Perle. Welche bürokratischen Meinungsverschiedenheiten sie jedoch auch immer haben mögen, Burt und Perle haben niemals irgend etwas gesagt, was die Anwälte der Rüstungskontrolle ermutigt hätte. Sie waren beide gegen SALT II, und sie sind auf weitere Geschäfte dieser Art mit den Sowjets nicht gut zu sprechen.

Als ich Burt einen Monat, nachdem er Direktor des Büros für politische und militärische Angelegenheiten im Außenministerium geworden war, interviewte, gebärdete er sich noch härter als Rostow. Er offenbarte nicht nur seine Feindschaft gegen den SALT-II-Vertrag, über den er als Reporter der *New York Times* geschrieben hatte, bevor er in die Reagan-Administration aufgenommen wurde, sondern er war auch gegen die Vorstellung feindlich eingestellt, daß man mit den Sowjets über eine bilaterale Rüstungsbegrenzung verhandeln, geschweige denn, daß man mit ihnen darüber einen Vertrag abschließen könne. Seiner Meinung nach wurde der Feind allein schon durch die Tatsache legitimiert, daß man sich mit ihm an einen Tisch setzte, ganz egal, was bei den Gesprächen herauskam. In unserem Interview erzählte Burt, daß

> »SALT in gewisser Weise für die Russen eine Begünstigung darstellte, weil es ihnen zeigte, daß sie eine ebenbürtige Supermacht sind. Den größten Teil der Nachkriegszeit waren sie die Nummer zwei. Die Tatsache, daß wir uns mit ihnen zusammensetzten und daß die Zeitungsreporter der ganzen Welt sahen, wie Nixon und Breschnew mit Sekt anstießen, war für sie der Beweis, daß sie sich als ebenbürtige Supermacht durchgesetzt hatten. Diese Vorstellung wollen sie erhalten, so daß, politisch gesehen, der ganze SALT-Prozeß, der bilaterale Charakter von SALT, für die Sowjetunion ein Vorteil war.«

Charles Tyroler, Direktor des »Ausschusses gegen die vorhandene Gefahr«, erzählte mir, Burt habe treulich die Anti-SALT-Unterweisungen von Paul Nitze besucht, und er sei einer der wenigen Reporter gewesen, die an diesen Besprechungen mit Sympathie teilgenommen hätten. Bevor er zur *New York Times* ging, hatte Burt die meisten strategischen Studien gewissermaßen auf den Knien von Professor Scott Thompson kennengelernt, einem Schwiegersohn von Nitze. Im Rostow-Memorandum war jener Thompson als Organisator von Studentendemonstrationen gegen »Ground Zero« vorgesehen.
In seinen letzten Monaten bei der *New York Times* schrieb Burt einen Artikel für die Vierteljahresschrift *Daedalus,* der den gesamten Rüstungskontrollprozeß verdammte und wenig Hoffnung für dessen Zukunft

bereithielt. »Rüstungskontrolle«, schrieb Burt, »hat dieselbe sinnlose Bedeutung erhalten wie andere Aktivitäten der Regierung im großen Stil. Konzeptionelle Begriffe von begrenzter Haltbarkeit wie die Doktrin der gegenseitig gesicherten Vernichtung haben eine bürokratische Anhängerschaft gewonnen und wurden deshalb länger verfolgt, als es ihr Nutzen rechtfertigte.« Und er fügte hinzu: »Es gibt gute Gründe für die Überzeugung, daß die Rüstungskontrolle im kommenden Jahrzehnt wahrscheinlich nicht sehr von Nutzen sein wird.«

Wie kann man dann Burt als Befürworter des START-Vorschlags ernst nehmen? Folglich, wie kann man von Burts Standpunkt zur Rüstungskontrolle aus den START-Vorschlag ernst nehmen? START soll das bringen, was Reagan weitgehende Reduzierung der Waffen auf beiden Seiten zu nennen beliebt. Dennoch schrieb Burt 1981 in *Daedalus,* daß »unabhängig davon, ob der SALT-II-Vertrag ratifiziert wird, die Vereinigten Staaten in keiner der folgenden Verhandlungen irgendwelche ins Gewicht fallende Reduktionen quantitativer Art oder größere qualitative Einschränkungen anstreben sollten«.

Wenn irgend möglich, befürwortet Richard Perle, Burts Gegenstück im Pentagon, die nukleare Überlegenheit der Vereinigten Staaten noch stärker. In den zehn Jahren, die er dem demokratischen Senator Henry Jackson aus Washington als Berater in Angelegenheiten der nationalen Sicherheit diente, war Richard Perle ein schriller Kritiker von Kissingers Entspannungspolitik und des SALT-Prozesses. Perle verließ Jackson 1980, um mit John Lehman, dem gegenwärtigen Marineminister, eine Beratungsfirma aufzumachen. Lehmans Bruder Joseph, der Rostows Memorandum über die Unterminierung von »Ground Zero« verfaßte, war der dritte Partner dieses Unternehmens. Perle gehörte zu den aktiveren Mitgliedern des »Ausschusses gegen die vorhandene Gefahr« und genießt in Washington einen Ruf als »Falke der Falken«.

Ich interviewte Perle im Winter 1981 in seinem Haus, das in einem von Washingtons Vororten steht. Zu dieser Zeit hatte er dieselben Geheimdienstinformationen wie ich, die besagten, daß die europäische Massenbewegung gegen das Wettrüsten – eine Bewegung, bei der Millionen von Menschen für den Frieden demonstriert hatten – das Ergebnis dessen war, was er »protestantische Angst« nannte. Die Anti-Atom-Bewegung in Europa, so erklärte er, sei ein Komplott von europäischen Kirchenführern, die die Angst vor dem Nuklearkrieg ausbeuteten, um der Kirche mehr Mitglieder zuzutreiben.

»Es ist bemerkenswert«, sagte er zu mir, »daß die Kirchen in den Ländern, in denen die organisierte Religion während der letzten Jahre einen Abstieg erlebte, durch die Abrüstungsfrage und den Neutralismus wiederbelebt werden ... Ich habe einen holländischen Freund, der mir das gesagt hat.« Er fügte hinzu: »Wenn es so ist, daß man die jungen Leute in die Kirche bekommt, indem man Seminare über bodengestützte Cruise Missiles und Pershing II abhält, kann man die Geistlichen kaum dafür schelten, daß sie solche Seminare abhalten.«

Perle machte einen Unterschied zwischen dem »protestantischen Nordeuropa«, das Ort massiver Demonstrationen gegen die neuen Stationierungspläne der NATO war, und dem »katholischen Süden«, von dem er behauptete, er sei in derselben Zeit bereit für die Aufnahme dieser Waffen gewesen. ». . . Ich nenne es die protestantische Angst«, bemerkte er, »[weil], wenn Sie sich Portugal und Spanien und Italien ansehen, wenn Sie sich Griechenland und die Türkei ansehen – die nicht katholisch sind, aber eben auch nicht protestantisch –, Sie eine ganz andere Einstellung, ein bedeutend größeres Bewußtsein der Gefahr, die mit dem militärischen Ungleichgewicht verbunden ist, und eine größere Bereitschaft finden, für die Verteidigung Opfer zu bringen.«

Perle verzapfte mir diese Theorie, zwei Tage bevor der griechische Premierminister Andreas Papandreou die Absicht seiner Regierung verkündete, um den Abzug der US-Basen und der Nuklearwaffen der NATO aus seinem Land nachzusuchen, was ja nicht unerwartet kam. In unserem Interview erzählte mir Perle außerdem, daß es in den Vereinigten Staaten keine Demonstrationen vergleichbaren Umfangs geben werde, weil »wir in der glücklichen Lage sind, das bereits in der Vietnam-Ära überstanden zu haben, und weil wir uns davon ganz schön erholt haben«. Sechs Monate später fand in New York die größte Demonstration in der Geschichte der Nation statt, bei der sich schätzungsweise 750 000 Menschen friedlich versammelten, um gegen die nukleare Aufrüstung zu protestieren.

Perle sagte mir auch, die Sowjets steckten hinter der europäischen Friedensbewegung. »Es gibt ein Element sowjetischer Verstrickung, eine Beteiligung örtlicher Kommunisten, die nicht so gutwillig, die nicht einfach auf eine moralischere Welt aus sind . . . Es gibt ein Volksfront-Element in all dem, und es gibt einen hohen Grad an sowjetischer Verwicklung . . . Einige dieser

Demonstrationen wurden in Ostdeutschland geplant und organisiert.« Er führte diesen Punkt nicht weiter aus. Aber er wiederholte die Sache mit den Protestanten, indem er hinzufügte, eine der Wurzeln für die europäische Friedensbewegung sei ohne Frage »Angst, ein Gefühl der Furcht und der Ängstlichkeit. Leute, die beunruhigt sind, Regierungen, die beunruhigt sind, Koalitionen, die beunruhigt sind. Und es geschah und geschieht, und ich denke, es ist einfach ein Zustand, durch den sie hindurch müssen und durch den wir hindurch müssen, und dann können wir wieder Händchen halten.«

Perle glaubt, die Europäer seien schief gewickelt, wenn sie sich über das Wettrüsten entrüsteten. »Sehen Sie, sollte es ein Wettrüsten geben, dann sollte es selbst kein Grund für Befürchtungen sein«, sagte er wie ein Echo auf Rostows Ansichten. »Die Rüstungswettläufe, die in der Geschichte zu Kriegen führten, waren keine Rüstungswettläufe, bei denen die Parteien, die miteinander im Wettstreit lagen, ein vernünftiges Gleichgewicht bewahrten. Es waren Rüstungswettläufe, bei denen eine Partei einen Vorteil behielt, der ausreichte, sie davon zu überzeugen, daß sie etwas gewinnen konnte, wenn sie Krieg anfing.«

Diese Feststellungen waren, gerade weil sie von Perle kamen, nicht uninteressant. Perles Mitarbeiter, der Luftwaffenmajor Norman Byers, erklärte mir, als ich ihn fragte, welche Macht solche interministeriellen Arbeitsgruppen hätten, wie sie Burt und Perle leiteten: »Für die Formierung der Politik wird dort eine Menge getan. Dort werden die Arbeitspapiere geschrieben und koordiniert.« Diese Arbeitsgruppen, die Vertreter der CIA, des militärischen Geheimdienstes und aller anderen

Behörden umfassen, die sich mit Fragen der Rüstungskontrollpolitik beschäftigen, sind das Herz der politischen Meinungsbildung.
Die Untergebenen, die ich bis jetzt erwähnt habe, könnten einem Präsidenten das Leben ziemlich schwer machen, der Fortschritte im Bereich der Rüstungskontrolle anstrebt. Aber es ist auch wahr, daß der Präsident, wenn er nur wollte, die Opposition beiseite schieben könnte. Er wäre zum Beispiel in der Lage, sie zu entlassen. Aber es gibt keinen Grund anzunehmen, daß diese Leute mit Reagans eigenen Ansichten zur Rüstungskontrolle nicht übereinstimmen.
Die Rede, die der Präsident am 17. Juni 1982 vor der Abrüstungskonferenz der Vereinten Nationen hielt, war für einen amerikanischen Präsidenten wegen ihrer intensiven Kalten-Kriegs-Rhetorik beispiellos. Reagan erwähnte nicht ein einziges Mal den Ruf des sowjetischen Führers Breschnew nach einem Verbot des Ersteinsatzes von nuklearen Waffen, den dieser ein paar Tage vorher erhoben hatte, ein Vorschlag, dessen Verwirklichung nach Meinung vieler Rüstungskontrollexperten ein wichtiger Schritt in Richtung auf ein stabileres Klima in Europa sein würde. Zwei Monate davor hatten vier hohe Mitglieder früherer US-Administrationen einen Verzicht auf die Politik des angedrohten Ersteinsatzes von Nuklearwaffen verlangt. Sie argumentierten, auch wenn diese Politik in den fünfziger und frühen sechziger Jahren vielleicht einen gewissen Sinn gehabt habe, als die Vereinigten Staaten einen riesigen Vorsprung vor dem schwachen Nuklearpotential der Sowjets besaßen, so ergebe sie in einem Zeitalter der Parität keinen Sinn mehr. Diese vier waren McGeorge Bundy und Robert McNamara, Sicherheitsberater bzw.

Verteidigungsminister unter den Präsidenten Kennedy und Johnson, der frühere US-Botschafter in Moskau, George Kennan, und Gerard Smith, Leiter der US-Delegation bei den SALT-Verhandlungen von 1969 bis 1972.

Da sie die Aussage der vier früheren Regierungsbediensteten voraussah, wiederholte die Reagan-Administration durch eine Erklärung von Haig ihre Weigerung, auf den Ersteinsatz zu verzichten. Und in seiner Rede vor den Vereinten Nationen zwei Monate später erkannte Präsident Reagan weder diesen noch Breschnews Vorschlag an, auf den Ersteinsatz von Nuklearwaffen zu verzichten. Aber der Präsident brachte aufs neue seinen START-Vorschlag vor, der nur die sowjetischen Arsenale wesentlich verkleinern würde, nicht aber die amerikanischen.

In seiner Rede erklärte Reagan, die Vereinigten Staaten seien mit ihren Abrüstungvorschlägen stets führend gewesen – beginnend mit dem sogenannten Baruch-Plan* nach dem Zweiten Weltkrieg. Aber das war einfach nicht wahr. Entgegen Reagans Behauptung gab es nämlich eine Indifferenz gegenüber dem sowjetischen Interesse an einem Verbot des »MIRVens« von Raketen, d. h. der Ausstattung der einzelnen Raketen mit mehreren Gefechtsköpfen. Hätten die Vereinigten Staaten diese sowjetische Geste honoriert, wären Reagan und seine Leute jetzt unfähig zu behaupten, die Vereinigten Staaten seien gegenüber sowjetischen Raketen ungeschützt. Denn nachdem die Amerikaner den

* Baruch, Bernard (1870–1965), Finanzier und Berater von US-Präsident Franklin D. Roosevelt. Er entwarf 1948 einen Plan zur politischen Kontrolle der Nuklearenergie, der von den Vereinten Nationen als Arbeitsgrundlage übernommen, aber nie verwirklicht wurde.

Vorschlag eines solchen Verbots verworfen hatten, wurden die Minutemen mit drei Gefechtsköpfen ausgestattet, während die Sowjets ihre schwereren Trägerraketen mit je zehn Gefechtsköpfen bestückten. Herbert Scoville, einst Stellvertretender CIA-Direktor, sagte dazu:

> »Die Vereinigten Staaten hatten gegenüber den Sowjets in dieser Technologie einen Vorsprung von fünf Jahren gehabt. Und anstatt nun einen Stop für die MIRV-Ausstattung auszuhandeln, entschlossen sich die USA, ohne Begrenzungen auf und davon zu gehen. Kissinger hielt dieses Programm für nötig, um die Sowjets aus dem MIRV-Wettrennen hinauszuwerfen.
> Wie man hätte erwarten können, geschah das Gegenteil. Die Sowjets traten in unsere MIRV-Fußspuren, erst mit Tests, dann mit der Dislozierung einer ersten Generation von Waffentypen, schließlich mit komplizierten Lenksystemen. Heute halten wir das für eine bedeutende Bedrohung unserer Interkontinentalraketen. Präsident Reagan ist alarmiert über ein ›Fenster der Verwundbarkeit‹, das durch die MIRVs verursacht sei, schlägt Ausgaben von Hunderten von Millionen Dollars vor als Antwort auf diese Bedrohung und sagt nun, wir könnten unsere Nuklearprogramme nicht einfrieren, bis die eingebildete sowjetische Überlegenheit nicht beseitigt sei.«

In seiner Rede vor den Vereinten Nationen verkündete Reagan auch, jedes Rüstungskontrollabkommen sei wertlos, solange man es nicht überprüfen könne. »Las-

paar Jahren ein Buch mit dem Titel *Die Vertragsfalle.* Es war das Ergebnis jahrelanger Recherchen, und es legt dar, daß keine Nation, die ihr Vertrauen auf Pergament oder Papier setzte, während sie gleichzeitig ihre Waffen aus der Hand legte, jemals lange genug existierte, um viele Blätter im Buch der Geschichte zu schreiben.«

Der Präsident bat die Kadetten dann um Aufmerksamkeit für ein »die Gedanken herausforderndes« neues Buch von Mr. Beilenson. Sein Titel lautet *Überleben und Frieden im Nuklearzeitalter,* und es bestätigt, daß »der Mensch alle Waffen benutzte, die er jemals erfand . . . Man braucht kein Wahrsager zu sein, um zu erkennen, daß ein Nuklearkrieg früher oder später wahrscheinlich ist.«

Unmittelbar nachdem ich den Text der Präsidentenrede gelesen hatte, interviewte ich Beilenson in seinem Haus in Los Angeles. Ich war neugierig darauf, einen Mann kennenzulernen, den der Präsident der Vereinigten Staaten wegen seiner Vorstellungen von Rüstungskontrolle so hoch schätzte. Versteckt in den engen Windungen der Hollywood-Hügel lebt dieser freundliche 82jährige Mann, seit er sich vor 20 Jahren als Anwalt zur Ruhe setzte, sehr zurückgezogen. Seitdem durchkämmte er die Bibliothek der Universität von Kalifornien nach Beispielen für sowjetische Schikanen, so wie zahllose andere alte Herren öffentliche Büchereien aufsuchen, um ihre Theorien über die Übel der Welt zu prüfen. Viele von diesen komischen Käuzen können sich kaum vorstellen, daß sie höheren Orts Freunde und Feinde haben, die ihre hausgemachten Theorien unterstützen oder verwerfen. Aber als Beilenson redete, muß-

te ich mich selbst daran erinnern, daß dieser überschwengliche Sonderling wirklich einen direkten Draht zum Präsidenten hat. So hörte ich respektvoll zu, als er sagte:
»Wir sollten versuchen, jede kommunistische Regierung zu stürzen. Ich gehe so weit. Und ich schließe Jugoslawien ein. Ich denke, Bündnisse sind für uns in einem Nuklearkrieg keinen Pfifferling wert.« Dann schob er noch einen weiteren Gedanken nach: »Ich würde auch die chinesische Regierung stürzen . . ., denn wenn sie eine nichtkommunistische Regierung hätten, würden sie uns nicht bedrohen.«
Als ich Beilenson fragte, ob der Präsident, der ihn alle paar Monate anruft oder mit ihm korrespondiert, mit seinem extremen Standpunkt übereinstimme, antwortete er: »In meiner Einschätzung der Sowjetunion und Chinas ja. Philosophisch gesprochen, würde er zustimmen. Ob er bereit wäre, so weit zu gehen und zu verkünden, daß wir den revolutionären Kräften in jedem kommunistischen Land helfen müßten, das weiß ich nicht.«
Die Übereinstimmung von Reagan und Beilenson in der sowjetischen Frage geht auf die Jahre kurz nach dem Zweiten Weltkrieg zurück, Jahre, in denen Reagan der Präsident der Filmschauspielergewerkschaft und Beilenson sein offizieller Berater war. Beilenson erzählte mir, es sei Ronald Reagan gewesen, »der mir meine goldene Mitgliedskarte auf Lebenszeit überreichte. Wir sind seit Jahren gute Freunde.«
Beide Männer kämpften gegen die »Hollywood-Kommunisten« um die Herrschaft über die Gewerkschaft. Und von daher kam es, daß ihre Ansichten über die kommunistische Doppelzüngigkeit und Wühlarbeit hart wie Stein wurden. Wie Beilenson sagte: ». . . der

Reagan, wie ich ihn damals kannte, hatte keinen Zweifel am Bösen des Kommunismus. Er hatte ihn ja in der Schauspielergilde schön am Werk gesehen. Er hatte erlebt, wie sie alles andere ihren kommunistischen Prinzipien unterwarfen.«

Beilenson erinnert sich, daß er »die Gemeinheit der Kommunisten in der Filmschauspielergewerkschaft erlebte«. Reagan hatte sich ebenso daran erinnert, als ich ihn während des Vorwahlkampfes interviewte, und er erklärte mir, die Kommunisten seien »Monster«. Aber ganz gleich, wie ekelhaft die »Hollywood-Kommunisten« während der vierziger Jahre gewesen sein mögen, diese weitentfernten Auseinandersetzungen geben wohl kaum eine angemessene Grundlage für das Ringen mit der Sowjetunion von heute her.

Trotzdem ist genau dies die Grundlage für Beilensons heutige Ablehnung von Rüstungskontrollverträgen mit den Sowjets und für die Theorie, die Reagan den Kadetten von West Point verzapfte. Beilenson denkt, daß er vielleicht allein die Bedeutung dessen voll versteht, was er Leninismus nennt. Seiner Meinung nach ist es die leninistische Komponente des Kommunismus, die sich nie verändert und die den ständigen Drang der Sowjets zur Weltherrschaft erhält. Deshalb glaubt Beilenson nicht an einen chinesisch-sowjetischen Streit und erzählte mir, daß »sie irgendwann wieder zusammenkommen. Die Chinesen werden uns benutzen, so lange sie können. Aber sie sind stets Kommunisten.«

Wegen seiner Vorstellung von den unveränderlichen imperialen Ambitionen des Kommunismus glaubt Beilenson »an das, was ich ›Entwicklungshilfe für die Freiheit‹ nenne, was Sie auch Unterwanderung nennen mögen – es ist dasselbe. Es bedeutet sehr einfach, daß

man offen jedermann Geld anbietet, der eine kommunistische Regierung in Schwierigkeiten bringen will.«
Nicht, daß Beilenson den Krieg mag. Er glaubt nur nicht daran, daß die Diplomatie oder andere Formen der Verhandlung viel dazu beitragen, ihn zu verhindern. Wie er mir sagte:

> »Wo ich mich nicht von der Union besorgter Wissenschaftler und den Harvard-Doktoren und den Predigern des Nuklearkrieges unterscheide – ich fürchte mich genauso vor ihm wie sie. Ich weiß nur, daß es nichts bringt, wenn man sagt: ›Laßt uns miteinander reden.‹ Nehmen Sie die Diplomatie. Diplomatie gibt es, seit es Kriege gibt . . . Diplomatie und Verträge haben über alle Zeitalter hinweg glücklich mit dem Krieg koexistiert. Wenn sie Kriege verhindern können – warum taten sie es nicht?«

Beilenson unterscheidet sich auch von T. K. Jones' Ansichten über den Zivilschutz. Weil er nicht glaubt, daß es genug Zeit für die Evakuierung der amerikanischen Städte geben würde, befürwortet er »unterirdische Wolkenkratzer«. Er sagte dazu: »Als die Atombombe erfunden wurde, hätten wir unsere Bevölkerung verteilen sollen. Wir hätten unter die Erde gehen sollen. Wir sollten ein Stockwerk über und zwölf unter der Erdoberfläche haben.«
Ich fragte Beilenson, wieviel Kontakt er mit dem Präsidenten in diesen Fragen habe. Er sagte: »Oh, wir haben darüber jahrelang gesprochen. Er hat alle meine Bücher gelesen.« Beilenson fügte hinzu, er habe Reagan häufig beraten, als dieser gegen den neuen Panamakanal-

Vertrag* aktiv war. »Während des Kampfes um den Panamakanal sprachen wir einige Zeit jeden Tag miteinander, manchmal zwei-, dreimal pro Tag«, sagte Beilenson. Der Präsident verließ sich damals für seine Beweisführung, daß der Kanalvertrag nicht halten werde, weitgehend auf Beilensons Buch *Die Vertragsfalle.* Beilenson fügte hinzu: »Wir sprachen eine Menge am Telefon miteinander«, und als ich ihn fragte, wann sie das letzte Mal miteinander gesprochen hätten, erklärte er, es sei vor wenigen Wochen gewesen. Reagan habe von seiner Ranch** aus angerufen, »als er seinen letzten Ausflug dahin gemacht hat. Er sagte: ›Larry, hier ist Ron.‹ Ich sagte: ›Hallo, Ron – entschuldige – Herr Präsident.‹ Und Reagan erzählte mir, er sei auf der Suche nach einer Möglichkeit gewesen, wie er mein Buch erwähnen könne, und daß er im Begriff sei, dies in seiner Rede in West Point zu tun.«

Da ich mit ihrer privaten Beziehung nicht vertraut bin, kann ich den genauen Einfluß von Beilensons Werk auf Reagans Gedankenwelt nicht ermessen. Aber als ich einen der obersten Reagan-Mitarbeiter danach fragte, sagte er mir: »Der Präsident und Larry sind enge Freunde – sie stimmen in einer Menge von Dingen überein. Wie vielen Leuten gelingt es schon, ihr Buch in einer Präsidentenrede unterzubringen?«

In fast allen Überzeugungen Reagans kann man Beilensons Spuren als Anekdoten und Schlagwörter entdek-

* Der 1903 zwischen den Vereinigten Staaten und dem mittelamerikanischen Panama geschlossene Vertrag sicherte Washington die Ausübung sämtlicher Souveränitätsrechte über die strategisch wichtige Kanalzone. Seit dem 1. April 1982 steht die Kanalzone wieder unter der Hoheitsgewalt Panamas, doch wird der Kanal selbst erst 1999 zurückgegeben.

** Reagans Privatranch, auf der er manchmal seine Ferien verbringt, liegt in der Nähe von Santa Barbara/Kalifornien.

ken, die die Ansichten des Präsidenten formten und zu denen er mehr oder weniger impulsiv in seinen Reden greift. Er wird zu diesen Anekdoten noch für Jahrzehnte zurückkehren, sei es, daß er über Sozialpolitik, über den Bundeshaushalt oder über Rüstungskontrollverträge spricht. In allen diesen Fällen gibt es gewöhnlich eine Schlüsselfigur, die ihn prägte und zu der er aus einem intellektuellen Selbsterhaltungstrieb heraus zurückkehrt. Im Fall der Rüstungskontrollverträge brauchen wir nicht lange zu fragen, um wen es sich handelt. Denn Reagan empfahl den Kadetten die Bücher von Beilenson und nicht die von Henry Kissinger oder George Kennan.

Beilenson ist ein Amateur in Sachen Außenpolitik, und seine vier Bücher wurden nur von kleinen rechten Verlagen veröffentlicht. Aber seine Ansichten, die man sonst als das abtun würde, was der Soziologe C. Wright Mills als »Knallbonbon-Realismus« bezeichnet, sind jetzt – so merkwürdig das auch anmuten mag – die Philosophie der neuen Administration geworden.

Während des ersten Amtsjahres von Reagan hofften die Befürworter der Rüstungskontrolle noch, daß einige der gemäßigteren Beamten den Kurs der Regierung auf diesem Gebiet bestimmen würden. Aber spätestens im Sommer 1982, als Haig zurücktrat, wurden solche Hoffnungen zunichte. Haigs Rücktritt folgten die Demissionen von Admiral Bobby Ray Inman als Stellvertretender CIA-Direktor und von General David C. Jones als Vorsitzender der Vereinigten Stabschefs.

Leslie H. Gelb, früher ein wichtiger Beamter der Carter-Regierung und jetzt einer der Korrespondenten der *New York Times* in Washington, schrieb dazu am 24. Juli 1982:

»In den letzten Wochen verließen drei Amtsträger die Regierung, die im allgemeinen als die gemäßigtsten Mitglieder des Nationalen Sicherheitsrates angesehen wurden, jeder mit einer eindrucksvollen militärischen Laufbahn.
Ihr Abschied ist ein gewichtiges Beispiel dafür, wie sehr sich das politische Gravitationszentrum seit der Carter-Administration verlagert hat ...
[Haig, Inman und Jones] galten während der Amtszeit Carters als Konservative. In der Reagan-Administration galten sie als Gemäßigte ...
Was sich tatsächlich veränderte, war nicht die Ansicht dieser drei Männer, sondern das politische Klima Washingtons.
Im inneren Kreis der Reagan-Administration waren diese drei Männer die Hauptbefürworter von Rüstungskontrollgesprächen mit der Sowjetunion, einer weniger dämonischen Theorie über das Selbstverständnis der Sowjets, von mehr Toleranz im Umgang mit der Welt, so wie sie tatsächlich ist. Im Ergebnis gerieten sie und die Institutionen, die sie vertraten, häufig aus dem Gleichschritt mit der harten Linie des Weißen Hauses.«

Und es sollte nicht vergessen werden, daß der härteste Mann im Weißen Haus Reagans, obwohl gelegentlich durch ein liebenswürdiges Gesicht maskiert, der Präsident selbst ist.

8. Zivilschutz

Es war im Präsidentschaftswahlkampf von 1980. Das Flugzeug befand sich auf dem Weg von Orlando in Florida nach Columbia in South Carolina. Reagan machte eine kleine Pause und starrte aus dem Fenster, bevor er mir von etwas Wichtigem erzählte, das er erfahren hatte, als er das amerikanische Frühwarnzentrum NORAD* besuchte.

> »NORAD ist ein erstaunlicher Ort – wissen Sie, das ist im tiefsten Colorado, unter einem Berg. Die überwachen dort tatsächlich einige tausend Objekte im Weltraum, das sind die Satelliten von uns und von allen anderen, und sie tun das mit einer Genauigkeit, daß sie den verlorenen Handschuh eines Astronauten verfolgen, der da oben noch immer die Erde umkreist. Ich denke, was mich am meisten verblüffte, war die Ironie, daß wir hier mit unserer enormen Technologie dies alles können und daß wir dennoch nicht eine von den Waffen zu stoppen vermögen, die auf uns zukommen. Ich glaube nicht, daß es in der Geschichte einen Zeitraum gab, in dem es keinerlei Verteidigung gegen irgendeine Art von Bedrohung gab, selbst nicht in den altmodischen Zeiten, als unsere brave Küstenartillerie den Befehl hatte, jedes angreifende Schiff aufzuhalten, das sich näherte.«

* NORAD = North American Air Defence. Mit der Abkürzung wird meistens das Befehlszentrum der amerikanischen Luftabwehr in den Bergen von Colorado bezeichnet.

Diese Bemerkungen kamen mir bedeutsam vor, weil sich die Leute, wenn sie über unsere fortgeschrittene Technologie und über die Kriegsgefahr nachdenken, häufig auf die »tragische Unfähigkeit« des sonst so eindrucksvollen menschlichen Geistes berufen, das Kämpfen zu vermeiden. »Die Spaltung des Atoms«, bemerkte Albert Einstein einmal, »hat alles geändert bis auf unsere Art zu denken, und so treiben wir einer Katastrophe ohne Beispiel entgegen.«

Aber hier war der Kandidat Reagan, der sich nicht nach einem Weg zur Beendigung aller Kriege sehnte, sondern nach Mitteln und Wegen, wie man Krieg führen kann, als lebten wir noch in der Zeit vor der Atomspaltung. Was seine Bemerkung zum Ausdruck brachte, war das Verlangen nach der letzten aller antiballistischen Raketen. Sein sehnsüchtiger Wunsch nach der relativen Einfachheit vergangener Zeiten und sein Glaube an die Fähigkeit der modernen Technologie, jedes Problem zu lösen, charakterisiert im allgemeinen Reagans Philosophie. Aber in seinem Plädoyer für den Zivilschutz als Mittel gegen den Nuklearkrieg entfernten sich diese Illusionen, wie ich entdecken sollte, am meisten von der Wirklichkeit. Vielleicht weil er so dringend daran zu glauben wünschte, daß seine harte Haltung gegenüber den Sowjets tatsächlich die Gefahren weltweiter Vernichtung verringern würde, war Reagan zu der Überzeugung gekommen, die ihm seine Berater eingeredet hatten, daß nämlich der Zivilschutz die tödlichen Auswirkungen des nuklearen Gleichgewichts verändern könne.

Das kam heraus, als ich Reagan fragte, nachdem er sich über die amerikanische Unfähigkeit beklagt hatte, anfliegende Raketen aufzuhalten, ob er glaube, daß die

Sowjets »eine Verteidigung gegen unsere Angriffe haben«. Der Präsident in spe antwortete: »Ja, sie haben sich in ziemlich großem Stil auf ein bedeutendes Zivilschutzprogramm geworfen, indem sie Schutzräume bereitstellen. Ein Teil ihrer Industrie ist unterirdisch angelegt, und das alles ist in einem Maße ›gehärtet‹, daß es einer Nuklearexplosion widerstehen kann.« Letzteres mag nur ein Beispiel für Reagans bekannte Gewohnheit sein, alles von anekdotischen Informationen abzuleiten, von denen er lebt. Selbst solche Enthusiasten wie T. K. Jones, Richard Pipes, Laurence Beilenson und Leon Gouré, Autor des Buches *Das Überleben im Krieg in der sowjetischen Strategie,* gehen nicht weiter als zu sagen, daß ein gewisser Teil der sowjetischen Industrie geschützt wäre, aber auch nur gegen die indirekten Wirkungen einer Bombenexplosion. Die CIA-Studie vom September 1978 über das sowjetische Zivilschutzprogramm – die einzige erschöpfende Untersuchung dieses Gegenstandes – vermochte tatsächlich so gut wie keine Anzeichen dafür zu entdecken, daß die Sowjets ihre Industrie ›gehärtet‹ hätten. In dieser Studie hieß es: »Programme zum Schutz der Industrie durch geographische Umverteilung wurden in keinem nennenswerten Umfang entwickelt, und es gibt nur wenige Beweise für die ›Härtung‹ von wirtschaftlichen Einrichtungen . . .«

Aber solche Einzelheiten beeindrucken den Präsidenten nicht und sollten auch uns nicht beeindrucken. Denn es geht weniger darum, ob die Zivilschützer glauben, sondern darum, daß der Präsident meint, wie er in dem Interview mit mir klarmachte, daß eine Nation einen Nuklearkrieg überleben und gewinnen kann, wenn sie nur ausreichend darauf vorbereitet ist. Außerdem deutete er in unserem Interview an, daß der wirksame Einsatz des Zivilschutzes durch die Sowjets den Abschreckungseffekt unseres massiven nuklearen Arsenals aufhebt – die gegenseitig gesicherte Vernichtung, die Robert McNamara in den sechziger Jahren verkündete, als er Verteidigungsminister unter Lyndon B. Johnson war.

Am ernstesten ist vielleicht, daß Reagan glaubt, wir sollten dem nacheifern, was er für die realistischere Auffassung der Sowjets vom Nuklearkrieg hält. Das wird aus dem Teil unseres Interviews ersichtlich, der weiter unten in der weitschweifigen Art folgt, in der Reagan sprach. Ich verwende diese bisher unveröffentlichte Version nicht, um Reagans zusammenhangloses Denken zu betonen, weil ich nämlich nach den vielen Interviews, die ich mit Persönlichkeiten des öffentlichen Lebens machte, gelernt habe, daß sich nicht alle intelligenten und gut informierten Leute auch gut ausdrücken können. Ich habe mich der wörtlichen Tonbandabschrift bedient, wie sie mir von einer berufsmäßigen Phonotypistin ausgehändigt wurde, ohne redaktionelle Zusätze zur Klärung, weil ich mir nicht ganz sicher war, was Reagan eigentlich meinte.

Ich hatte ihn gefragt, ob sich die Vereinigten Staaten um ein Zivilschutzprogramm kümmern sollten, das uns gegen anfliegende Raketen schützen könnte, und Reagan antwortete:

> »Ich denke, wir sollten mit einem Zivilschutzprogramm beginnen. Ich denke – hören Sie, die anderen verletzten und wir hielten uns an das Versprechen, das McNamara in der ursprünglichen Absprache, die darauf hinauslief, daß wir uns von

unserem Anti-Raketen-Raketensystem trennten zu einem Zeitpunkt, als wir in dieser Frage technologisch vor ihnen lagen. Die Vorstellung war der Plan der gegenseitig gesicherten Vernichtung – MAD, die MAD-Politik* wurde sie genannt –, und was diese Politik besagte, war, daß, wenn keines der beiden Länder seine Bevölkerung verteidigte, es sich keines der beiden Länder leisten könne, auf den Knopf zu drücken, weil sie wissen würden, daß bei einem militärischen Schlagabtausch die Bevölkerung beider Länder dezimiert werden würde. Und sie hielten das nicht ein – und einige Jahre lang war das ein Interpretationsfehler unserer Geheimdienste, der Geheimdienstanalysen, die wir bekamen. Wir widmeten der Tatsache keine Aufmerksamkeit, daß die Sowjetunion einen hochgestellten General, der im Politbüro saß, ein hohes Kommando hatte, mit dem Zivilschutz beauftragte. Und sie waren zu dem Schluß gekommen, daß es einen Nuklearkrieg geben könnte und daß er gewinnbar sein könnte – durch sie. Und so, zusätzlich zu ihrer großen Aufrüstung, haben sie das praktiziert, sie praktizierten die Evakuierungen, als wir schließlich dahinterkamen, wir erfuhren das in einem einzigen Sommer, sie holten 20 Millionen junge Leute aus den Städten aufs Land, nur um ihnen ein Überlebenstraining auf dem Lande zu geben.«

Es ist unbekannt, woher Reagan das hatte. Die CIA sagt, es gebe keine Beweise dafür, daß die Russen jemals die

* MAD = Mutual Assured Destruction. MAD kann natürlich auch als »mad« (= verrückt, wahnsinnig) gelesen werden.

Evakuierung ihrer Städte durchgeführt hätten. Reagans Bezug auf die »Interpretationsfehler unserer Geheimdienste« ist vermutlich eine Wiederaufnahme der Kritik, die Team B an der Arbeit der CIA geübt hatte. Selbst nach dem Bericht von Team B fuhr die CIA, wie wir noch sehen werden, damit fort, die Wichtigkeit des sowjetischen Zivilschutzes für die strategische Balance herunterzuspielen. Dennoch, was immer die CIA denken mochte, man ging in Anbetracht dessen, was Reagan in diesem Interview gesagt hatte, nicht fehl in der Annahme, daß er das schlafende Zivilschutzprogramm Amerikas zu neuem Leben erwecken wollte. Schließlich legte die Regierung Reagan dem Kongreß im Frühjahr 1982 ein Zivilschutzprogramm vor, demzufolge in einem Zeitraum von sieben Jahren 4,3 Milliarden Dollar ausgegeben werden sollen. Die Förderer des Programms behaupteten, es würde bei einem totalen Nuklearkrieg mit der Sowjetunion 80 Prozent der amerikanischen Bevölkerung retten. Von Anfang an rief das Programm ungläubigen Widerspruch hervor. Zum Beispiel erklärte die Direktorin des kalifornischen Gesundheitswesens, Beverlee A. Myers, in einem Hearing, es sei »unethisch«, an einem Plan mitzuwirken, der »die ... Illusion schafft, das öffentliche Gesundheitswesen könne den Städten Kaliforniens irgendwelche Zusicherungen in bezug auf die Gesundheitsvorsorge im Fall einer Detonation von nuklearen Gefechtsköpfen geben«. Sie fügte hinzu, »man würde dem Volk von Kalifornien keinen Dienst erweisen, wenn man für so eine Fopperei plante«. Der Stadtrat von New York stimmte gegen den Krisenplan, und New Yorks Bürgermeister Ed Koch erklärte, es sei »unmöglich, New York beizeiten in einer annehmbaren Weise zu räumen«. Hunderte von kommunalen Behörden in ganz Amerika lehnten es ab, sich an dem neuen, vom Bund geförderten Zivilschutzprogramm zu beteiligen, noch bevor die Haushaltsmittel dafür bereitgestellt waren.

Die *New York Times* antwortete am 3. April 1982 mit einem vernichtenden Leitartikel, der über das Zivilschutzprogramm hinausging, um die Annahme einer nuklearen Kriegführung anzugreifen, die indirekt in dem Vorschlag der Regierung enthalten war. »Die Förderer dieses Projekts«, schrieb das Blatt,

> »geben vor, die Sowjetunion habe ein ausführliches Programm für die Evakuierung und für Schutzräume, mit dem man gleichziehen müsse. In einer Krise, so argumentieren sie, könnte der Kreml einem nuklearen Ultimatum dadurch Nachdruck verleihen, daß er plötzlich seine Leute evakuiert und die Amerikaner ohne eine glaubwürdige Antwort sitzenläßt.«

»Die meisten Experten, die die sowjetische Gesellschaft untersuchen«, hieß es weiter in dem Leitartikel,

> »halten das für eine maßlose Übertreibung. Sie glauben, die bekanntesten Handbücher der Sowjets, die Kennzeichnung der Luftschutzräume und die Zivilschutzübungen seien bescheidene Maßnahmen; es gibt keinen Beweis, daß die Russen jemals eine Stadt evakuiert hätten. Das würde eine wunderbare Wandlung des sowjetischen Transport- und Versorgungssystems erfordern. Und es wäre fruchtlos. Durch ein paar Anrufe, so sagte der frühere Verteidigungsminister Brown

einmal, könnten die nuklearen Waffen Amerikas auf neue Ziele gerichtet werden und die Sammelstellen für die Evakuierten eindecken.«

Die *New York Times* kam zu dem Schluß:

»Das Unheil in dieser Art von Planung übersteigt die Geldverschwendung. Die Stabilität der Abschreckung, die den Frieden zwischen der Sowjetunion und den Vereinigten Staaten erhalten hat, basierte auf der Annahme, daß keine Seite in der Lage sei, einen Nuklearschlag auszuführen, ohne einen unerträglichen Vergeltungsschlag einstekken zu müssen. Die Waffen und die Verteidigung müssen auf jeder Seite so beschaffen sein, daß sie diese Bedingung erhalten. Trotz einiger Ungewißheiten, verursacht durch bestimmte Raketen der Sowjetunion, besteht das Gleichgewicht des Schreckens noch immer.
Diejenigen, die es darauf abgesehen haben, es umzuwerfen, ermutigen die Vorstellung, die Führung eines allgemeinen Nuklearkrieges sei machbar und ›überlebbar‹. Diese Vorstellung ist nicht nur einfach unverantwortlich, sie ist verrückt.«

Der Leitartikler der *New York Times* fragte: »Welches Supergehirn glaubt, daß dies je funktionieren könnte? Und wer entschloß sich, es gerade in dem Moment vorzuschlagen, als der Präsident endlich versuchte, die Angst der Öffentlichkeit vor den Nuklearwaffen zu beschwichtigen? Beide sollten gefeuert werden.«
Aber das würde nicht ganz leicht sein, denn das »Supergehirn« war nicht, wie man denken könnte, T. K. Jones

oder gar Richard Pipes, die zu jener Zeit wegen der Schwierigkeiten, die sie mit ihren empörenden Bemerkungen bereits verursacht hatten, ziemlich abgemeldet waren. Das »Supergehirn«, das auf der Verpflichtung zum Zivilschutz bestand, der Mann, den die *New York Times* »verrückt« nannte und reif für die Entlassung hielt, war niemand anderes als Ronald Reagan selbst.
Während er das Programm vorantrieb, intervenierte Reagan persönlich, um nicht nur sein eigenes Büro für Management und Haushalt, sondern auch Luftwaffengeneral David C. Jones, den Vorsitzenden der Vereinigten Stabschefs, zu überspielen, wie mir zwei wichtige Mitarbeiter des Präsidenten anvertrauten. Beamte des Büros für Management und Haushalt sagten, das Programm sei hastig geplant worden und könne in den nächsten fünf Jahren gut und gerne 10 Milliarden Dollar kosten. General Jones war davon überzeugt, man könne das Geld für andere Verteidigungszwecke besser ausgeben.
Dieses neue Zivilschutzprogramm, das in seiner ersten Phase die Planung für die Evakuierung der städtischen Bevölkerung auf das Land und für primitive Strahlenschutzräume beinhaltet, wurde von der Bundesnotstandsbehörde ausgearbeitet, die sich mit der Bewältigung natürlicher und von Menschen verursachter Katastrophen befaßt – von einer Flut bis hin zum Nuklearkrieg.
Der Plan der Behörde wurde zunächst von Einwänden des Büros für Management und Haushalt sowie durch die voraussehbare Opposition des Kongresses aufgehalten. Aber der Behördenleiter Louis Giuffrida nahm Verbindung mit Edwin Meese III. auf, dem Berater des Präsidenten, der die Unterstützung durch Reagan si-

cherstellte. Meese und Giuffrida sind alte Freunde seit der Zeit, da Meese für den Gouverneur Reagan arbeitete und Giuffrida eine Anti-Terroristen-Schule in Kalifornien betrieb, in der er Geschäftsleuten beibrachte, wie sie sich gegen politische Radikalinskis schützen können. Ich weiß nicht, was Giuffrida zu Meese sagte, als sie sich unterhielten, aber die beiden Beamten des Büros für Management und Haushalt, mit denen ich sprach, brachten ihre Bestürzung zum Ausdruck, als sie mir von dem leistungsfähigen Kanal erzählten, den Giuffrida zum Weißen Haus hat.

Reagan reagierte auf Meeses Ansuchen am 3. Dezember 1981 auf einer Sitzung des Nationalen Sicherheitsrates, indem er die Administration erstmals seit zwei Jahrzehnten auf die Vermehrung der finanziellen Ausstattung für den Zivilschutz verpflichtete. Einer der Sitzungsteilnehmer versorgte mich mit den Einzelheiten dieses Vorganges. Der Präsident sprach zugunsten des Bedarfs, den die Bundesnotstandsbehörde angemeldet hatte, nachdem Meese diesen Bedarf einen unverzichtbaren Teil der strategischen Ziele genannt hatte, die diese Regierung politisch verfolge.

Später sagte Meese gegenüber ABC: »Wir müssen darauf achten, daß nicht nur unsere Leute geschützt sind, sondern daß sich die Industriebasis unseres Landes in einer Position befindet, von der aus sie auch expandieren kann unter dem Schirm, den ihr nur ein Zivilschutzprogramm verschaffen kann.«

Während der Präsident »im Prinzip« den Antrag der Bundesnotstandsbehörde unterstützte, wurden die Einzelheiten den folgenden Haushaltsberatungen der Regierungsgremien überlassen, denen Meese und der Leiter des Büros für Management und Haushalt, David

A. Stockmann, angehörten. Es war in diesem Stadium, im Dezember 1981 und Januar 1982, daß die Kritiker aus diesem Büro die Vorstellungen der Bundesnotstandsbehörde als unrealistisch angriffen. Insbesondere hatte die Behörde nicht die langfristigen Auswirkungen der Inflation auf ihr Programm in Rechnung gestellt. Desgleichen hatte sie nicht die künftigen Kosten für Schlüsselpositionen wie Grundstücke für Schutzräume oder ›gehärtete‹ Stahlbetonbauten unter der Erde einberechnet, die den Auswirkungen einer Bombe widerstehen konnten.

»Sie waren drauf und dran, Schutzräume gegen den Explosionsdruck in Manhattan vorzusehen«, spottete ein Kritiker aus dem Büro für Management und Haushalt, der davon irritiert war, daß die Bundesnotstandsbehörde die hohen Grundstückskosten auf dieser Insel nicht einkalkuliert hatte. »Sie nahmen einfach an, die Bodenpreise seien unbedeutend.«

Einer meiner Informanten, der viel mit den haushaltspolitischen Beratungen zu tun hat, sagte voraus, die Endkosten des Programms »könnten sich leicht auf mehr als 10 Milliarden Dollar belaufen«.

Was das Haushaltsjahr 1983 angeht, betraf die Mittelzuweisung nur einen Teil des Antrags, den die Behörde gestellt hatte, jenen Teil nämlich, der die Evakuierung amerikanischer Groß- und Kleinstädte vor einem Nuklearangriff vorsieht. Dieses Teilprogramm verkörperte eine alte Initiative, die man während der Carter-Jahre entwickelt, aber noch nicht ausgeführt hatte. Nun zog man es aus der Schublade, weil sich Reagan für den Zivilschutz interessierte. Kostspieligere Bestandteile des Antrags wie die Konstruktion städtischer Schutzräume gegen die Druckwelle, um »Arbeiter der Schlüsselindustrien« in Sicherheit zu bringen, oder die »Härtung« von Industrieanlagen gegen die Einwirkung von nuklearen Explosionen, wurden auf das Haushaltsjahr 1984 verschoben.

Folgt man der Behörde, wird ihr Evakuierungsprogramm, das die Kommunalbehörden bereits kreuz und quer im Land zurückgewiesen haben, die Zahl der Opfer in den Vereinigten Staaten auf 20 Prozent der Gesamtbevölkerung senken – das sind fast 42 Millionen Menschen –, wenn es zu einem totalen Nuklearkrieg kommen sollte. So führte der Vorschlag aus: »Verwirklicht man das Programm in einem großen Stil, könnten ungefähr 80 Prozent der US-Bevölkerung einen Angriff Mitte der achtziger Jahre überleben, wenn die Masse der Bevölkerung vor dem Angriff aus den Risikozonen in die Aufnahmezonen evakuiert, wenn Schutzvorkehrungen gegen radioaktiven Niederschlag entwickelt und wenn andere Maßnahmen gegen die Krise getroffen wurden.«

Die Vorstellung, daß dieses Ziel erreicht werden könne, führt zum Kern der Differenzen zwischen jenen in der Reagan-Administration, die an die Überlebbarkeit bei einem Nuklearkrieg glauben, und ihren Kritikern, die überwiegend nicht der Administration angehören und die der Ansicht sind, daß ein Nuklearkrieg nur zum gegenseitigen Selbstmord der Supermächte führen würde.

Zivilschutz ist der Talisman derjenigen, die glauben, daß der Nuklearkrieg überlebbar sei und – mehr noch – daß man mit seinen Auswirkungen strategisch, moralisch und politisch genauso fertig werden könne wie mit einem konventionellen Krieg. Leute wie Rostow, Nitze und natürlich Reagan selbst, die den Unterschied zwischen einem konventionellen und einem nuklearen Krieg verwischen, machen geltend, daß wir uns durch das eine oder andere technologische Mittel gegen seine Verwüstungen schützen können.

Diese Gläubigen vergleichen häufig die Verluste von Hiroshima mit denen, die durch nichtnukleare Bombardements auf Dresden und andere Großstädte der Welt verursacht wurden. Zum Beispiel fragte ich Charles Kupperman, früher Verteidigungsspezialist des »Ausschusses gegen die vorhandene Gefahr«, der zum Direktor des Allgemeinen Beratungsausschusses bei der Abrüstungsbehörde ernannt wurde, welche Art von Leben wir nach einem Nuklearangriff denn zu erwarten hätten. Er antwortete:

> »Es bedeutet, daß – wissen Sie, es wäre hart. Wir würden dann einen Kampf um den Wiederaufbau der Gesellschaft bekommen. Es würde sicherlich nicht dieselbe Gesellschaft wie vor dem Schlagabtausch sein, keine Frage. Aber wenn man danach geht, ob wir nach einem Krieg eine organisierte Nation oder genügend Mittel haben, um sie wiederherzustellen, dann glaube ich, daß dies ganz und gar möglich sein wird. Es mag 15 Jahre dauern, aber bitte, sehen Sie, wie lange man brauchte, um nach dem Zweiten Weltkrieg Europa wiederaufzubauen.«

Einen anderen Vergleich zog Autor Laurence Beilenson, Intimfreund und Berater des Präsidenten, der, obwohl er den Horror der Nuklearwaffen anerkannte, bemerkte, »daß wir in Tokio mit konventionellen Waffen mehr Leute töteten als in Hiroshima und Nagasaki mit nuklearen. Wir zerstörten auch mehr Häuser und machten mehr Leute obdachlos als mit nuklearen Waffen.«

Es besteht die Vorstellung, daß Nuklearwaffen zwar größer sein mögen, daß sie aber nichtsdestotrotz genauso beschaffen sind wie andere Waffen. Auf jeden Fall – so wird uns suggeriert – sollten wir nicht deshalb vor unserem Heiligen Krieg gegen die Sowjets zurückzukken, weil wir uns unangebrachte Sorgen um das Überleben der Zivilisation machen.

»Wissen Sie, es gibt eine enorme, gigantische Explosion«, erzählte mir William Chipman, Leiter der Zivilschutzabteilung in der Bundesnotstandsbehörde, als er mir die Wirkungen einer Bombe auf Washington beschrieb, die hundertmal soviel Sprengkraft hat wie diejenige, die über Hiroshima abgeworfen wurde. Er fuhr fort: »Aber es bleibt eine Explosion, und genau wie bei einer Granate, die auf eine Straße niedergeht, sollten Sie sich lieber hinlegen als aufstehen, und noch besser wäre es, wenn Sie sich in einem Fuchsloch verkriechen würden. So ist es.«

Eine Veröffentlichung, die die Bundesnotstandsbehörde im Dezember 1980 herausbrachte und an die anderen Notstandsbehörden verteilte, stellt fest: »Mit vernünftigen Schutzmaßnahmen könnten die Vereinigten Staaten einen Nuklearangriff überleben und sich innerhalb relativ weniger Jahre wieder erholen.«

In Handzetteln, die Zeitungsartikeln gleichen und die die Behörde für die Veröffentlichung in Lokalzeitungen vorbereitet hat, argumentiert sie damit, daß die »Amerikaner nicht hilflos wären – und daß sie allen Anforderungen ihrer Umgebung nach einem Angriff gewachsen sind und sie überstehen können«, indem sie Maßnahmen wie die Vorbereitung auf die Evakuierung der städtischen Bevölkerung, das Überlebenstraining und den Bau einfacher Schutzräume treffen.

Chipman verglich das, was seine Behörde »Erholung nach einem Angriff« nennt, mit den Problemen, auf die man bei anderen Desastern der Geschichte stieß, die ebenfalls überlebbar waren. Er räumte mir gegenüber in diesem Interview ein, daß »es eine Abfolge von Problemen, eine Abfolge von Hürden geben würde, die man überwinden muß«. Dann aber deutete er auf ein Diagramm der zu erwartenden Opfer. Es zeigte bestimmte Entfernungen zu einem Explosionsort und die Anzahl der Menschen an, die innerhalb der jeweiligen Entfernung getötet werden würden. Das Diagramm zeigte, daß man die meisten Menschen durchbringen könnte. »Wenn man die Zahl der Opfer aufzeigt, dann geschieht das unter der Voraussetzung einer medizinischen Versorgung, wie sie zur Zeit des Krim-Krieges üblich war, nämlich gar nicht«, bemerkte er, als er die Methoden erklärte, die dem Diagramm zugrunde lagen. »Und dennoch, wenn ich nicht irre, die Leute, die die sogenannten Hospitäler auf der Krim erreichten – es waren eher Hütten –, ich glaube, 85 Prozent von ihnen überlebten schließlich, im wesentlichen unversorgt, und dies vor dem Eintreffen von Fräulein Nightingale.« *

Mit diesen Bemerkungen zog Chipman die Aussagen einer großen Anzahl von Doktoren in Zweifel, die sich in Gruppen wie den »Ärzten für soziale Verantwortung« organisiert hatten, um die allgemeine Aufmerksamkeit

* Florence Nightingale (1820–1910), englische Krankenpflegerin, die durch ihren selbstlosen Einsatz im Krim-Krieg (1853–1856) zwischen Rußland einerseits, England, Frankreich und der Türkei andererseits berühmt wurde.

auf die Folgen des Nuklearkrieges zu lenken. Chipman nahm insbesondere an einer Zeugenaussage von Dr. Howard Hiatt Anstoß, Dekan der Medizinischen Hochschule in Harvard, der vor einem Senatsausschuß im Juni 1980 sagte: »Äußerungen, die kürzlich von Persönlichkeiten des öffentlichen Lebens über die Gewinnbarkeit oder gar Überlebbarkeit eines Nuklearkrieges gemacht wurden, spiegeln eine weitverbreitete Unfähigkeit wider, eine medizinische Realität zu begreifen: Jeder Nuklearkrieg würde unausweichlich Tod, Krankheit und Leiden von epidemischen Ausmaßen erzeugen, und ein Eingreifen der Medizin in einem angemessenen Umfang wäre unmöglich.«

Hiatt gab in seiner Aussage vor dem Senat zu Protokoll, daß nach der Bombardierung von Hiroshima am 6. August 1945 die meisten Ärzte getötet oder schwer verletzt waren und daß nur sechs Ärzte die 10 000 verwundeten Menschen versorgen konnten, die ihren Weg zum 600-Betten-Krankenhaus des Roten Kreuzes in Hiroshima fanden.

Schließlich gab es außerhalb von Hiroshima Hilfe für die Verletzten. Aber das, so sagte Hiatt, würde es bei einem totalen Nuklearangriff auf die Vereinigten Staaten nicht geben. Und außerdem würden die herniedergehenden Bomben einige hundertmal größer sein als die Hiroshima-Bombe.

Hiatt zitierte eine Studie der Abrüstungsbehörde, die von einem Angriff mit einer 1-Megatonnen-Bombe auf Washington ausging. Das Ergebnis würde bei einer Einwohnerzahl von 2,5 Millionen aus mehr als 600 000 Toten und 800 000 Verwundeten bestehen. Hiatt bezweifelte, daß es eine Vorwarnzeit von einer Woche für die Evakuierung der Leute geben würde, auf die Chipman und andere Zivilschutzbeamte ihre Berechnungen stützen. Und da die medizinischen Versorgungseinrichtungen und die Medikamente in den städtischen Regionen konzentriert sind, könnte die überlebende Bevölkerung nicht behandelt werden.

Hiatt sagte es so: »Kann der Schwerverwundete im George-Washington-Hospital behandelt werden? Es besteht nicht mehr. Georgetown-Hospital? Es ist auch zerstört. Die Howard-Universitätsklink, das Capitol-Krankenhaus und verschiedene andere liegen ebenfalls in Trümmern ...«

Die Bundesnotstandsbehörde gibt in einem ihrer vorbereiteten Handzettel zu, daß

> »ein großangelegter Nuklearangriff auf die Vereinigten Staaten eine große Anzahl von Opfern verursachen würde, und es würde weniger Ärzte, Schwestern und Krankenhäuser geben, die für sie sorgen könnten. Selbst in Gegenden, in denen keine Nuklearwaffen explodierten, würde der radioaktive Niederschlag Ärzte und Schwestern davon abhalten, die verletzten oder kranken Personen innerhalb einer angemessenen Zeit zu erreichen.«

Die Antwort besteht, dem Handzettel der Behörde zufolge, darin, daß »sich die Leute während des Notstandes gegenseitig zu helfen hätten«, wobei sie von ihrer Kenntnis der Ersten Hilfe abhängen. Die Behörde drängt außerdem darauf, daß »sich sowohl Erwachsene als auch Jugendliche diese wertvollen Fähigkeiten aneignen, indem sie an kostenlosen Kursen teilnehmen, die, wie etwa die Kurse des Roten Kreuzes, in vielen

Gemeinden angeboten werden.« Weitere Einzelheiten verrät die Behörde in einer anderen Veröffentlichung, die zum Beispiel einen Sieben-Punkte-Plan enthält, wie man mit einem verbrannten Menschen umgeht. Hauptsächlich schlägt sie vor, daß man dem Patienten Wasser zu trinken gibt und seine Wunden mit trockener Gaze bedeckt. Weil die Opfer mit Verbrennungen zahlreich wären und weil Hiatt das Handbuch der Behörde als unzureichend betrachtet, ging er ein wenig ins Detail der medizinischen Methoden, die er für nötig hält.

In einem Leitartikel des *Journal of the American Medical Association* schrieb Dr. Hiatt:

> »Kürzlich wurde ein zwanzigjähriger Mann in die Spezialabteilung des Bostoner Lehrkrankenhauses für Verbrennungsopfer eingeliefert nach einem Autounfall, bei dem der Benzintank explodiert war, was Verbrennungen dritten Grades zur Folge hatte. Während seines Krankenhausaufenthaltes erhielt er unter anderem 281 Einheiten frischgekühlten Plasmas und 36 Eiweißeinheiten. Er mußte sich sechs Operationen unterziehen, bei denen die Wunden, die 85 Prozent seiner Körperfläche ausmachten, durch verschiedene Arten von Hauttransplantationen geschlossen wurden. Der Patient brauchte eine künstliche Beatmung, seine Venen und Arterien mußten überwacht werden. Trotz dieses heroischen Einsatzes, der die Ressourcen eines der besten Krankenhäuser unseres Landes beanspruchte, starb er an seinem 33. Tag im Krankenhaus. Seine Verletzungen wurden von dem Personal, das ihn pflegte, mit denen der Atombombenopfer von Hiroshima verglichen.«

Hiatt zitierte den Leiter der Abteilung für Verbrennungsopfer, der sagte: »Es nimmt uns schon stark in Anspruch, einen solchen Patienten am Leben zu erhalten.« Hiatt fügte hinzu: »Keine Vorbereitung, welchen Umfang sie auch immer haben würde, könnte die menschlichen und materiellen Kräfte bereitstellen, die man in jedem Krankenhaus dieses Landes benötigte, um auch nur einige dieser Patienten gleichzeitig zu versorgen. Dennoch muß man annehmen, daß wenigstens Zehntausende solcher Opfer in jeder hauptstädtischen Gegend anfallen würden, die von einer Nuklearwaffe getroffen wird.«

Der Massentod würde auch für die Überlebenden Gefahren mit sich bringen. Ärzte sagen, daß zum Beispiel die Pest ein Problem wäre, selbst wenn zig Millionen die ersten Auswirkungen einer Explosion überlebt haben sollten, außerdem das Feuer und die Strahlung. Im April 1982 legte Dr. Herbert L. Abrams von der Medizinischen Hochschule der Harvard-Universität in einem Bericht dar, daß »Insekten, von denen viele eine unerwartete Widerstandskraft gegen Strahlung haben, sich auf die nichtbeerdigten Leichen setzen und daß sie die überlebenden Tiere und schließlich die überlebenden Menschen verseuchen würden«.

Abrams sagte die Wiederkehr solcher Seuchen wie Pest, Cholera, Pocken und Typhus voraus, ganz zu schweigen von einem enormen Ansteigen der Erkältungskrankheiten, der Lungenentzündungen, der Hirnhautentzündungen und der Hepatitis.

Die Bundesnotstandsbehörde nimmt genau den entgegengesetzten Standpunkt ein. Ein Flugblatt Chipmans vom 10. Mai 1979 versichert seinen Lesern, daß »das Gespenst der Pest und anderer Seuchen nach einem

Nuklearkrieg das Land beschleichen würde – das Gespenst, nicht eine Realität. Sie muß nicht und wird wahrscheinlich nicht eintreten.«

Die Behörde steht auf dem Standpunkt, daß diese Geißeln der Menschheit ein für allemal ausgerottet sind und nicht wiederkehren können. Weil das Gesundheitsbewußtsein und das Impfwesen weit verbreitet sind, nimmt die Behörde an, daß sich die Überlebenden dieser Kenntnisse zu ihrem eigenen Besten bedienen würden.

»Selbst unter den übelsten Umständen, die man sich vorstellen kann«, bemerkt ein Flugblatt mit dem Titel *Gesundung von einem Nuklearangriff,* »gibt es keine Gefahr einer Wiederholung der Beulenpest, die Europa Mitte des 14. Jahrhunderts verwüstete, oder anderer katastrophaler Epidemien.«

Die Beulenpest ist die Quelle eines beachtlichen Optimismus für Chipman, der im Interview mit mir sagte: »Damals war es entsetzlich, und dennoch, sechs oder acht Jahre später hatte sich die englische Gesellschaft nicht nur wieder erholt . . . sondern, weiß Gott, diese Leute schickten ein Heer nach Frankreich.«

Chipmans Optimismus ist typisch für die Art von Literatur, welche die Zivilschutzbehörde über all die Jahre produzierte. »Müßten die Überlebenden eines Nuklearangriffs die Toten beneiden? . . . Die Experten sagen: Nein!« Die Frage und diese Antwort bildeten die Schlagzeile über einem der 15 »kopierfertigen Zeitungsartikel«, welche die Behörde gegenwärtig an die örtlichen »Notstandsmanager« zur Veröffentlichung in den Zeitungen verteilt. Die meisten dieser Artikel handeln von solchen Einzelheiten wie der Konstruktion eines »vorgefertigten Schutzes für Imbißstände (Plan D)«

in unseren Kellern. Manche der Beiträge wollen bei alltäglichen Notständen behilflich sein; zum Beispiel wird beschrieben, wie man Arme oder Beine abbindet. Es beruhigt natürlich sehr, wenn man liest: »Sollte es die Lage erfordern, daß man einen Menschen vor dem Ausbluten bewahren muß (zum Beispiel wenn er eine Hand oder einen Fuß verloren hat), muß man die Gliedmaßen zwischen der Wunde und dem Herzen abbinden.«
Düster merkt Chipman an, daß es niemand anderes als der Sowjetführer Nikita Chruschtschow gewesen sei, der als erster aussprach, daß die Lebenden die Toten beneiden würden. Die Behörde ist gegen einen solchen Pessimismus. Wie ihre Veröffentlichung zu diesem Thema besagt:

> »Angesichts der schrecklichen Kraft der Nuklearwaffen lautet die gefühlsmäßige Antwort [auf die Frage, ob die Lebenden die Toten beneiden müßten] oft ›ja‹. Aber Daten und Schlußfolgerungen, die aus komplexen und kenntnisreichen Untersuchungen stammen, unterstützen diese Ansicht nicht.
> ... Bei näherem Hinsehen zeigen die Tatsachen mit ziemlicher Sicherheit, daß die Vereinigten Staaten bei vernünftigen Schutzmaßnahmen einen Nuklearangriff überleben und dann binnen weniger Jahre zum Wiederaufbau übergehen könnten.«

Diesem Befund fügt der Zivilschutzdirektor Chipman eine persönliche Voraussage hinzu:

»In einem bestimmten Sinne wäre es sehr deprimierend und erschreckend, aber wenn es wirklich schlechter als schlecht kommen sollte, dann, so denke ich wirklich, würden die Leute . . . zwar unglücklich sein, aber sie würden sich aller Wahrscheinlichkeit nach der Lage gewachsen zeigen und . . . irgendeine Art von Land wiederherstellen, das man sozusagen als die Vereinigten Staaten der Nachnuklearkriegszeit bezeichnen könnte. Niemand würde jemals vergessen, was geschah, und ich hoffe zu Gott, daß, sollte es eines Tages geschehen, es nie wieder geschieht.«

Ich fragte Chipman, ob er denke, daß die Demokratie und andere amerikanische Institutionen überleben würden. Er antwortete: »Im Zweifel, ja. Wie ich zu sagen pflege: Die Ameisen bauen sich schließlich einen neuen Ameisenhaufen . . .«

Die Bundesnotstandsbehörde und die anderen Befürworter eines größeren Zivilschutzprogramms weisen auf etwas hin, von dem sie behaupten, es seien jährliche Ausgaben der Sowjets in Höhe von 2 Milliarden Dollar für den Zivilschutz, damit die Reagan-Administration, die nach dem gegenwärtigen Plan jährlich einige hundert Millionen ausgibt, nicht aus dem Rahmen fällt.

Aber der 1978 verfaßte CIA-Bericht über die sowjetische Zivilverteidigung korrigiert diese allgemein geltende Einschätzung. In Wirklichkeit, so hielt dieser Bericht fest, geben die Sowjets nicht annähernd soviel aus, weil diese Zahl ein Gebräu von Schätzungen ist, was es die Vereinigten Staaten kosten würde, ein solches Programm zu kopieren. 75 Prozent dieser angeblichen 2 Milliarden sind Lohnkosten, wobei man davon ausging, daß die Sowjets ihre Leute entsprechend dem amerikanischen Lohnniveau bezahlen würden – was sie natürlich nicht tun.

Marshall Shulman, der frühere Sowjet-Experte der Regierung Carter, sagte mir: »Alles, was ich an Studien gesehen habe, sowohl in bezug auf die Anfangswirkung der Explosion als auch in bezug auf die folgende Strahlenwirkung, zeigt an, daß nichts von dem, was gegenwärtig unsere Gesellschaft und unsere Lebensweise auszeichnet, überleben würde. Besonders die langfristigen Strahlenwirkungen würden es für lange Zeit schwierig machen, mit dem Wiederaufbau zu beginnen. Das gilt auch für die sowjetische Gesellschaft, trotz des eher begrenzten Zivilschutzprogramms, das sie besitzt.«

Shulman, zur Zeit Direktor des Russischen Instituts an der Columbia-Universität, fügte hinzu: »Ich sehe nichts in der sowjetischen Literatur, das mich zu dem Schluß bringt, die sowjetische Führung glaube, daß ein nuklearer Schlagabtausch weniger sei als eine totale Katastrophe. Das Zivilschutzprogramm hat nicht diese Gewichtigkeit. Es ist keineswegs so beschaffen, daß es der sowjetischen Führung die Zuversicht gibt, sie könnte die Anzahl der kurz- und langfristigen Opfer wesentlich reduzieren. Um das anzunehmen, müßte sie von Sinnen sein.«

Walter Slocombe, Stellvertretender Unterstaatssekretär für Verteidigung in der Carter-Administration, zuständig für politische Planung, der sich im letzten Jahr in vier langen Sitzungen für Kongreßabgeordnete mit dem Stellvertretenden Unterstaatssekretär für Verteidigung unter Reagan, T. K. Jones, auseinandersetzte, beurteilt

die Behauptungen, die es über das sowjetische Zivilschutzprogramm gibt, ebenfalls skeptisch.
Er und andere sagten mir, es würde dank der größeren Anzahl von Autos, der besseren Qualität des Fernstraßennetzes, der Wochenendhäuser und der Motels auf dem Lande sehr viel leichter sein, die amerikanische Bevölkerung zu evakuieren und ihr auf dem Lande eine angemessene Umgebung zu verschaffen, ganz zu schweigen von der weitaus besseren Nahrungsmittelversorgung. Es stimmt auch, daß die sowjetische Industrie enger mit den größeren Bevölkerungszentren zusammenhängt und daß die sowjetischen Städte einen sehr viel größeren Anteil an Holzhäusern und anderen Bauten aufweisen, die für den von einer Nuklearexplosion ausgelösten Feuersturm anfällig sind.
»Ich glaube nicht, daß das sowjetische System sehr gut funktioniert«, sagte Slocombe zu mir. Und weiter: »Die Vorstellung, man könnte die sowjetische Verwundbarkeit gegenüber einem Nuklearangriff irgendwie fundamental reduzieren . . . wenn sich dieser Angriff gegen die Städte und Industrien richtet, indem man die Städte evakuiert – und das besagt ja der Plan, wenn man mal von den Einzelheiten absieht –, ist einfach phantastisch.«
Seiner Meinung nach würden die sowjetischen Befürworter eines Zivilschutzsystems ihrer eigenen Einschätzung zufolge, ebenso wie die amerikanischen Befürworter wie T. K. Jones, mindestens drei Tage bis eine Woche brauchen, um die Städte zu evakuieren. Die Vereinigten Staaten könnten in dieser Zeit, falls sie es darauf abgesehen hätten, so viele Opfer wie möglich unter der Zivilbevölkerung zu verursachen, ihre Raketen einfach auf die evakuierte Bevölkerung sowie auf

deren Wasser-, Energie- und Nahrungsmittelvorräte richten. In jedem Fall orientiere sich der amerikanische Plan jedoch nicht daran, eine wachsende Anzahl von Zivilisten zu töten, sondern daran, industrielle und militärische Ziele zu zerstören.

Jones räumt ein, daß die industriellen Ziele für den Wiederaufbau jeder Gesellschaft lebenswichtig sind, wenn sie einem thermonuklearen Angriff ausgesetzt war. Aber seine Untersuchungen lassen angeblich darauf schließen, daß die Sowjets ein wirksames Programm für den Schutz des industriellen Schlüsselpersonals sowie Schutzeinrichtungen für die Rettung ihrer industriellen Ausrüstung haben, indem sie die Maschinen in der Erde vergraben.

Als er noch bei Boeing war, versuchte Jones den Anweisungen zu folgen, die er in den sowjetischen Zivilschutzhandbüchern fand. Er bedeckte Maschinen mit Erde und ließ in ihrer Nähe TNT* explodieren. Jones kam bekanntlich zu dem Ergebnis, daß die sowjetischen Pläne für die Evakuierung ihrer städtischen Bevölkerung, für das Einbuddeln ihres Fabrikinventars und für den Bau einfacher Schutzräume durch das Graben von Löchern, die man mit Türen und Dreck bedeckt, äußerst wirksam seien. Slocombe entgegnete:

> »Mir fällt es schwer genug, an Evakuierungs-Szenarios zu glauben, aber das Eingraben und das Umgeben der Maschinen mit Sandsäcken kommt mir sogar noch phantastischer vor. Es ist eine Sache, zu sagen, die Leute werden, wenn sie glau-

* TNT = Trinitrotoluol. Hochwirksamer Sprengstoff, dessen Detonationskraft als Bemessungsgrundlage für die Sprengkraft von Nuklearwaffen übernommen wurde.

ben, daß ein Nuklearkrieg kommt, und wenn man sie irgendwie davon überzeugen kann, daß es hilft, in beiden Ländern aus ihren Städten strömen, was immer ihre Regierungen auch von ihnen wollen. Und glauben Sie mir, die Amerikaner würden mindestens ebensosehr aus den Städten strömen und mindestens ebensoweit und in eine wesentlich attraktivere Umgebung als die Russen. Aber die Vorstellung, die Leute würden, bevor sie sich aus dem Staube machen, ihre Industrien in irgendeiner nützlichen Weise eingraben – und dafür gibt es ja keinerlei Vorbereitungen, es gibt einen gewissen Lärm, aber es gibt nicht das mindeste Anzeichen dafür, daß man diese Vorhaben ernsthaft vorbereitet – diese Vorstellung ist einfach phantastisch. Ich glaube, Sie könnten noch über die Folgerungen hinausgehen, die die CIA hier zieht.«

Bei der CIA-Studie, die Slocombe hier anführte, handelte es sich um jenen Bericht, der die 2 Milliarden Dollar erklärte, welche die Sowjets jährlich in ihr Zivilschutzprogamm stecken. Diese Untersuchung stellte fest, daß das sowjetische Zivilschutzsystem tatsächlich weniger effektiv funktioniert, als man nach der Lektüre der einschlägigen Handbücher annehmen könnte:

»Bürokratische Schwierigkeiten und die Apathie eines großen Teils der Bevölkerung«, so heißt es in der Studie, »haben die Durchführung in der Vergangenheit verzögert, obwohl solche Probleme während eines Krieges wahrscheinlich kleiner werden. Statt dessen bemühte man sich darum,

> für die Führerschaft und für wichtige Leute Schutzmöglichkeiten gegen die Explosion zu schaffen. Programme für den Schutz der Industrie durch geographische Umverteilung wurden jedoch in keinem bemerkenswerten Ausmaß in Angriff genommen, und es gibt wenige Anzeichen dafür, daß man wirtschaftliche Einrichtungen ›härtet‹.«

Was die Behauptung von Jones und anderen angeht, die Sowjets würden ihre Industrie über das ganze Land verstreuen, um die Wirkungen eines Bombardements herunterzuschrauben, schloß der CIA-Bericht: »Sowjetische Maßnahmen zum Schutz der Wirtschaft könnten massive Beschädigungen der Industrie nicht verhindern. Das sowjetische Programm für eine Zerstreuung der Industrie scheint von einer gegenläufigen Tendenz aufgehoben worden zu sein, neue Anlagen innerhalb oder nahe bei bereits existierenden Einrichtungen zu schaffen . . .«
Insbesondere stellte der CIA-Bericht in Abrede, daß ihr Zivilschutzprogramm den Sowjets die Zuversicht gebe, den Erstschlag in einem Nuklearkrieg mit der Aussicht auf Sieg auszuteilen, wie Reagan, Bush und andere Mitglieder der Administration argumentiert haben. »Sie [die Sowjets] können jedoch die Zuversicht nicht in dem Maße haben, wie sie ihnen durch ihren Zivilschutz gegeben wird, wenn man die vielen Ungewißheiten einkalkuliert, die mit einem nuklearen Schlagabtausch verbunden sind«, führte der Bericht aus. »Wir glauben nicht, daß sich die Sowjets durch ihr gegenwärtiges Zivilschutzprogramm ermutigt fühlen, die UdSSR in bezug auf einen nuklearen Angriff einem höheren Risiko auszusetzen.«

Desgleichen glaubt die CIA nicht, daß sich diese Ungewißheiten in »absehbarer Zukunft« verringern könnten.
Was die Sowjets äußerstenfalls erwarten könnte, deutete kürzlich ein Bericht des Instituts für Strategische Studien in London an, der die Möglichkeit abstritt, daß man die Führung eines Nuklearkrieges begrenzen oder unter Kontrolle halten könne. Der Verfasser des Berichts, Desmond Ball, eine Autorität auf dem Gebiet der Zielplanung, schrieb, daß selbst dann, wenn die Vereinigten Staaten nur der gegenwärtig gültigen Zielplanung folgten, die sich gegen militärische und industrielle Ziele richtet und die Zivilbevölkerung auszusparen versucht, die Verheerungen unter der Bevölkerung unabwendbar groß wären.

> »Allein dank der Nachbarschaft von industriellen und militärischen Zielen umfassen die Kriegspläne der Vereinigten Staaten 80 Prozent der 886 sowjetischen Städte mit mehr als 25000 Einwohnern. Auf viele dieser Städte würden mehr als zehn Gefechtsköpfe niedergehen. An die 60 Gefechtsköpfe würden auf dem Stadtgebiet Moskaus detonieren; die Spitzenwerte der Druckwellen im Zentrum Moskaus wären so hoch . . ., daß kein Haus und kein Baum stehenbleiben würde.«

Ball fügte hinzu, daß es bei einem solchen Angriff bis zu 100 Millionen Tote und 30 Millionen Verwundete geben würde. Hinzu käme die Zerstörung von 70 bis 90 Prozent der sowjetischen Produktionskapazität.
Selbst solche Einschätzungen von den Verwüstungen eines Nuklearkrieges, so warnte Ball, »sind fast mit

Gewißheit eine Unterschätzung der Opfer, die es tatsächlich geben würde«, weil die »Einschätzungen der Wirkungen eines Nuklearkrieges notwendigerweise auf den Variablen beruhen (wie Druck und Radioaktivität), die man relativ einfach berechnen kann, und weil sie im allgemeinen andere Auswirkungen ignorieren, die mit Sicherheit eintreten, deren Größenordnung sich aber der Berechnung entzieht«. Zu diesen Auswirkungen zählen das Feuer, das durch die Explosion hervorgerufen wird, die Todesfälle, die durch einen Mangel an medizinischer Versorgung verursacht werden, die langfristigen Todesfälle und diejenigen Todesfälle, die durch eine Zerstörung der Ernten und der Lebensbasis entstehen. Ball schätzt, daß, wenn man die eben genannten Faktoren zusammen mit dem synergetischen Effekt alles dessen in Rechnung stellt , was in einem einzigen Augenblick geschieht – zum Beispiel macht die Zerstörung des menschlichen Blutes durch Strahlung anfälliger für Blutverluste und Infektionen –, daß dann die Anzahl der Opfer doppelt so hoch sein könnte wie die vielen Millionen, die man gemeinhin anführt. Die Einschätzungen von Slocombe und Ball wurden von dem früheren CIA-Analytiker der sowjetischen Strategieprogramme unterstützt – jenem Mann, der mir von den Vögeln erzählte, die von einer nuklearen Explosion erfaßt wurden. Indem er sich auf eine CIA-Untersuchung bezog, die er über den Zivilschutz in einem Nuklearkrieg ausgearbeitet hatte, sagte er:

> »Wir haben die Wirkungen der Explosion und der ersten Radioaktivität betrachtet. Was wir getan haben, ist nur ein Teil von dem, was man benötigt, um zu ermessen, wie groß die Gesamtauswirkun-

gen auf die Bevölkerung wären. Diese Untersuchung haben wir noch nicht abgeschlossen, weil ich nicht weiß, wie ich's anstellen soll. Wir haben lange und gründlich darüber nachgedacht, wie man es machen könnte, aber wir wissen es nicht. Es gibt zu viele Unwägbarkeiten. Man kann es nicht in ein Modell hineinpacken.«

Dann machte er eine Pause und bekannte, daß er wegen dieser trostlosen Unwägbarkeiten »der Sache nach einer gewissen Zeit müde wurde«. Und dann sagte er:

»Was würde passieren? Ihnen [den verbrannten und den anderen Opfern] wäre nicht zu helfen. Es würde Tausende von Menschen geben, die sofortige Hilfe brauchen, aber sie bekämen sie nicht. Und sie würden entweder sterben oder eine lange Zeit dahinsiechen. Der sonst übliche Aktivitätsgrad einer Gesellschaft würde beträchtlich absinken, auf das bloße Existenzminimum. Man würde sich darauf beschränken, seinen Freunden und Verwandten dabei zu helfen, irgendwie das Leben zu fristen. Niemand würde sich daran machen, die Gesellschaft wieder aufzubauen ... Man würde sich ans Sterben machen.«

9. Nachwort

Ich habe Bezug genommen auf einige der Männer, die jetzt als Neo-Falken die amerikanische Außenpolitik machen, weil sie ideologisch fundierter und besser informiert sind bei der Vertretung einer harten und militaristischen Linie als die alte »Bombt-sie-tot!«-Garde. Diese Männer wurden nicht wegen ihrer Liebe zum Schlachtenlärm, zu den Kriegslisten oder gar wegen ihres Glaubens an den handfesten Säuberungseffekt, den eine rauhe körperliche Berührung haben mag, zu Militaristen. Es sind Intellektuelle, die in ihrem persönlichen Verhalten kaum an Hektor und Achill erinnern, die aber statt dessen einen aufgeregten, polemischen und haarspalterischen Stil haben, der nur verbal gewalttätig wird.

Eugene Rostow, Paul Nitze, Richard Perle, Richard Pipes, die die Politik der Reagan-Regierung initiieren, die die Positionspapiere schreiben und die politischen Optionen entwerfen, die dann den Amtsweg gehen und die Parameter für die bedeutenden Entscheidungen festlegen – die meisten dieser Männer sind Akademiker oder kommen aus der akademischen Welt. So wie ich sie kennenlernte, war ich erschlagen von dieser merkwürdigen Lücke zwischen ihrer blutigen Rhetorik und der offenkundigen Abwesenheit jeglicher Fähigkeit, sich die physischen Konsequenzen dessen auszumalen, was sie da befürworten.

Ich vertrete hier nur den Standpunkt, daß Diskussionen über die Gewalt auf der Welt in absurder – um nicht zu sagen scheußlicher – Weise abstrakt werden, wenn diese Theoretiker die Aussichten der Massenvernichtung in einer Art diskutieren, die davon absieht, daß Metall tatsächlich menschliches Fleisch zerschneidet, daß Menschen bis zur Unkenntlichkeit verstrahlt und Millionen und Abermillionen entweder durch einen grellen Blitz oder nach einer unvorstellbar langen Agonie sterben würden.

Solche Gedanken wurden mir eines Abends bewußt, als mich Richard Perle, Unterstaatssekretär im Verteidigungsministerium und dort zuständig für internationale Sicherheitsfragen, auf ein paar Drinks und für ein Interview über die Nuklearstrategie der Regierung zu sich nach Hause eingeladen hatte. Wir saßen in seinem Wohnraum, genossen eine Reihe von Whisky-Sodas und plauderten über Abschreckung und solche Dinge wie die Frage, ob die sowjetische Aufrüstung die Vereinigten Staaten um die Option gebracht habe, die – wie Perle es ausdrückte – »Eskalationsleiter hinaufzumarschieren«, womit er unsere Fähigkeit meinte, mit dem Nuklearkrieg zu drohen, sollten die Sowjets uns mit einer konventionellen Niederlage in Europa oder im Nahen Osten bedrohen. Der besondere Fall, auf den es ihm ankam, war Israel, und er argumentierte, die Sowjets könnten sich auf den früheren Außenminister Henry Kissinger berufen, der die Israelis während des Jom-Kippur-Krieges von 1973 bedrängte, die ägyptische Armee nicht zu zerschlagen, weil die Vereinigten Staaten keinen nuklearen Vorsprung mehr hatten.

Es war eine nette und etwas blutleere Diskussion, die genausogut von Schach oder Fußball hätte handeln können – bis Perles zweijähriger Sohn seinem Vater auf den Schoß krabbelte, und, wie es Zweijährige so von

Zeit zu Zeit an sich haben, ihm ordentlich eines ins Gesicht patschte. Perles Drink ergoß sich über seine Hose, er sprang auf, der Kleine fiel herunter und der Vater war wütend über das plötzliche Eindringen von Gewalt in die Ruhe unseres Gesprächs. Meine eigene Rolle bestand darin – weil ich selbst ein zweijähriges Kind habe und weiß, was Benjamin Spock* meinte, als er vom »schrecklichen zweiten Jahr« sprach – Perles Gefühle zu beschwichtigen, die deshalb verletzt waren, weil er sich von seinem kleinen Jungen derartig hatte aufbringen lassen.

Es geht hier nicht darum, daß es in Perles Beziehung zu seinem Kind irgend etwas Ungewöhnliches oder Unliebsames gäbe, weil eigentlich eher das Umgekehrte zutrifft. Aber diese kleine Episode gewöhnlicher Alberei zertrümmerte die gefühlsarme, um nicht zu sagen anämische Zivilisiertheit unserer Betrachtung der ungezählten Millionen, die ein weitaus größeres Leid zu ertragen hätten, als es eine kleine Faust in einem Gesicht ist.

Ich sage dies, weil ich nicht den Eindruck aufkommen lassen will, die Neo-Falken wären voller Begeisterung für den Nuklearkrieg. Es sind keine Geisteskranken, die die Welt zerstören wollen. Sie sind weder dumm noch unsensibel, und sie wissen, was ein Nuklearkrieg für die Leute bedeutet, für die sie zu sorgen haben. Das Problem ist nur, daß sie die Gefangenen ihrer eigenen Rhetorik geworden sind, die Gefangenen ihres zwanghaften polemischen Zugangs zu den Ereignissen, Gefangene ihrer Verranntheit in die Vorstellung von einer sowjetischen Bedrohung.

* Benjamin Spock, geboren 1903, führender Kinderarzt und Pädagoge der USA.

Sie sind nicht mehr hinter dem nuklearen Krieg her als ich. Aber sie sind genauso eifrig für eine Konfrontation, wie sie gegen eine Verständigung mit der Sowjetunion sind. Und in diesem Geist der Konfrontation – oder der »Breitseite«, wie es Reagans strategischer Plan nennt, den diese Neo-Falken entwarfen – wollen sie den nuklearen Vorsprung wiederherstellen, den die Vereinigten Staaten einst hatten, so daß unsere Seite, wie mir Perle gerade erklärte, als sein Sohn uns unterbrach, wieder mit dem Aufstieg auf der Eskalationsleiter drohen kann.

Das letzte politische Ziel, das diese Nuklear-Falken verfolgen, besteht darin, die Sowjetunion durch die Drohung mit dem Nuklearkrieg einzuschüchtern, aufzubrechen und schließlich grundlegend umzuwandeln. Was diese Strategie gewaltig unterschätzt, ist die sehr große Wahrscheinlichkeit, daß sie zu einer realen Katastrophe führen kann, oder wie Desmond Ball richtigerweise fürchtet, zu einer Konfrontation, in der unsere einzige Wahl Kapitulation oder Krieg wäre. Wie jedermann weiß, der verfolgte, wie der Vietnamkrieg unerbittlich der Zwangsvorstellung einer monolithischen und expansiven Weltverschwörung der Kommunisten entwuchs, können solche fixe Ideen zu großem Blutvergießen führen.

Der amerikanische Vorsprung war echt, als die Sowjets keine Nuklearwaffen hatten, als sie wenige und wir viele besaßen. Das letzte Mal, daß wir einen solchen Vorsprung sowohl bei den konventionellen als auch bei den nuklearen Waffen hatten, war während der Kubakrise, als wir die Sowjets zum »Blinzeln« brachten, um die Insidersprache der damaligen Kennedy-Administration zu benutzen, und dann schließlich zum Rückzug.

Der damalige Verteidigungsminister Robert McNamara wirkte an der Kodifizierung dieser Reaktion als Politik mit, als er den »Atomschild« und die »flexible Antwort« befürwortete, die den Ersteinsatz von Nuklearwaffen durch die USA beinhalten könnte.* Inzwischen ist McNamara ein Gegner dieser Politik geworden, weil sie nicht mehr realistisch sei, da die Sowjets jetzt ebenfalls so viele Nuklearwaffen besäßen wie die Amerikaner. Man kann sogar bezweifeln, daß die bedrohliche Nuklearüberlegenheit der USA während der kubanischen Raketenkrise wirksam war. McGeorge Bundy, Sicherheitsberater von Kennedy, erinnert sich:

> »Ich für meinen Teil würde sagen, daß das, was die Sowjets in der kubanischen Raketenkrise zum ›Blinzeln‹ brachte, die für sie ungünstigen konventionellen Stärkeverhältnisse waren. Die Bemerkung über das ›Blinzeln‹ hatte [der damalige Außenminister] Dean Rusk als Antwort auf Nachrichten gemacht, ein sowjetisches Schiff, das sich Kuba nähere, habe an der Blockadelinie gestoppt. Das war eine kluge Haltung in Anbetracht der bedeutenden konventionellen Überlegenheit [der USA] an dieser Stelle.«**

Darüber, ob sich die nukleare Überlegenheit der USA 1962 auswirkte, kann man streiten. Aber in der gegen-

* Die »flexible Antwort« ist der Schlüsselbegriff der zur Zeit im Westen gültigen Verteidigungsdoktrin. Er sieht eine Anpassung der militärischen Maßnahmen an jede mögliche Form der militärischen Bedrohung vor.

** Während der Kubakrise hatten die Vereinigten Staaten rund um die Zuckerinsel eine Blockadelinie gezogen. Hätten die sowjetischen Schiffe diese Linie überquert, wären sie von den amerikanischen Luft- und Seestreitkräften als »Blockadebrecher« angegriffen worden.

wärtigen Situation, da sich beide Seiten im Besitz so massiver Nuklear-Arsenale befinden, sind neue Waffensysteme einfach überflüssig.

Die Neo-Falken weigern sich, diese Realität anzuerkennen. Sie wollen mit dem Einsatz von Nuklearwaffen zu einer Zeit der nuklearen Parität drohen, in der so eine Drohung nicht nur den Feind, sondern auch die eigenen Mitbürger gefährdet. Denn das Wesentliche an der Parität besteht darin, daß beide Seiten zerstört werden, wenn sie die Eskalationsleiter hoch genug hinaufsteigen. Um diese Leiter zu besteigen, wie es Perle zum Beispiel gern tun würde, bedarf es eines fundamentalen Wandels der allgemeinen Ansicht über den Nuklearkrieg – daß er nämlich ein unaussprechliches Desaster ist, der beide Seiten zu Asche machen und die Zivilisation für eine längere Zeit zerstören würde, als wir uns das vorzustellen wagen, vielleicht sogar für immer.

Diese treuen Gläubigen der nuklearen Kriegführung, den Präsidenten der Vereinigten Staaten und die meisten seiner Schlüsselberater eingeschlossen, reden sich gegenseitig das ein, was sie hören wollen: daß ein nukleares Lotteriespiel mit den Sowjets nicht so gefährlich sei, wie es scheinen mag, da selbst im schlimmsten Fall – selbst wenn die Sowjets nicht klein beigeben, wenn sie sich nicht einmal dem nuklearen Druck der USA unterwerfen würden – der dann einsetzende Krieg gar nicht so schlimm wäre. Sie glauben, dieser Krieg könne begrenzt werden und die Zivilisation würde sich früher oder später wieder erholen.

Aber es ist eine Sache, sich selbst einzureden, daß das nukleare Wettrüsten und das Spiel mit der Eskalationsdrohung nicht so gefährlich seien, und es ist eine andere Sache, den einfachen Wähler davon zu überzeugen, daß er sich mit dieser Verrücktheit abzufinden habe. Aus diesem Grund greifen die Falken unter unseren Führern in einer Zeit der nuklearen Parität zu dem unschuldig klingenden Vokabular von der Verwundbarkeit und der Abschreckung, statt daß sie die brutale Sprache von Tod und Verderben benutzen.

Anstatt zu den Leuten zu gehen und ihnen zu sagen: »Hört zu, wir wollen die guten alten Zeiten unserer nuklearen Überlegenheit wiederhaben«, geben sie vor, die USA seien tatsächlich zurückgefallen, und sie seien deshalb zum Aufholen einfach gezwungen. Anstatt offen über die nukleare Kriegführung zu sprechen, wie sie es im ersten Amtsjahr der Regierung Reagan taten – bevor ihnen die Demoskopen rieten, ihre Rhetorik zu mildern –, betonen sie jetzt den Bedarf an einer glaubwürdigen Abschreckung der sowjetischen Nuklearkrieger. Aber die Neo-Falken haben schon zuviel gesagt und geschrieben, als daß sie ihre wahren Intentionen noch verbergen könnten.

Wäre dieser Täuschungsversuch nur eine Angelegenheit einer einzelnen Interessengruppe in irgendeinem relativ unwichtigen Bereich des nationalen Lebens der Vereinigten Staaten, könnte man mit den Schultern zucken und sagen: »Was ist schon neu an dieser politischen Bauernfängerei!« Aber die Gefahr besteht darin, daß diese Leute mit mehr als nur mit Gemeinplätzen hantieren, obwohl ihre Gewalttätigkeit bis jetzt überwiegend verbal gewesen ist. Wegen ihrer Stellung in einer Administration, in welcher der Präsident selbst in einem erheblichen Maße mit ihrem Standpunkt sympathisiert, sind sie selbst schon viel zu tief ergriffen von der Verpflichtung auf neue Waffensysteme – Systeme, die die Welt weitaus gefährlicher machen werden –, wäh-

rend sie gleichzeitig die Möglichkeit der Rüstungskontrolle fallengelassen haben, ganz egal wie lange die USA noch mit den Sowjets verhandeln werden.
Die Gefahr besteht darin, daß die Sowjetunion selbst nicht knapp an eigenen Perles und Nitzes ist, die darauf brennen, dasselbe gefährliche Spiel zu spielen. Im großen und ganzen hat dies das nukleare Wettrüsten in diesem Jahrzehnt in Gang gehalten. Dieses Rennen hat jetzt eine eigene Dynamik entwickelt, ganz unabhängig von den möglichen Exzessen der Menschen, die mit ihm umgehen. Man denke sich folgendes mögliche Szenario: Die Sowjets stationieren ihre SS-20 in Europa als Antwort auf das, was sie ihre eigene Verwundbarkeit nennen. Daraufhin stellen die Amerikaner ihre Pershing-II-Raketen in Westeuropa auf, die die Sowjetunion innerhalb von fünf Minuten erreichen können. So müssen die Russen Gewehr bei Fuß stehen – auch auf die Gefahr hin, daß die Raketen losfliegen, weil zufällig gerade ein paar Vögel den Radarstrahl kreuzen. Erst vor kurzem geschah so etwas in Alaska, als das Radar einen Schwarm Gänse erfaßte und die Computer entschieden, es seien Raketen. Glücklicherweise hatte der Computer diemal noch soviel Zeit, seinen Irrtum zu korrigieren.
Als Antwort auf die technologischen Errungenschaften der USA werden die Sowjets unausweichlich selbst noch bedrohlichere Waffen entwickeln, und die Amerikaner werden zum Beispiel mit der D-5 der Kriegsmarine kontern, einer sehr starken und genau treffenden Rakete, und so weiter und so fort, bis die ideologischen Wahnvorstellungen, die zu diesem Chaos geführt haben, dort enden, wo es niemand wollte, nicht einmal Paul Nitze oder Richard Pipes.
Im ersten Kapitel dieses Buches beschrieb ich einen

früheren CIA-Analytiker, der niemals die Vögel vergaß, die sich in Schlacken verwandelten, als er sie während einer nuklearen Explosion vor vielen Jahren beobachtete. Wie Richard Perle hat auch dieser Mann einen Sohn. Und wenn er an ihn denkt, dann denkt er das:

> »Sie wissen, mein Sohn ist jetzt bei der Marineinfanterie. Ich weiß nicht, warum. Er ging einfach weg und schloß sich der Marineinfanterie an. Und ich denke über ihn nach. Er ist sehr enthusiastisch. Verdammt noch mal, er ist voller Leben und Energie. Und er möchte wirklich ein Marineinfanterist sein. Er möchte ein guter Marineinfanterist sein. Er nimmt die Sache wirklich ernst. Er ist als Schütze ein Experte. Er macht Hunderte von Liegestützen, läuft ganze Meilen in wenigen Minuten herunter. Und ich denke, was mit ihm geschehen würde, wenn wir einen Nuklearkrieg hätten. Ich versuche mir an Hand dieser Person vorzustellen, was das in Anbetracht unserer Berechnung bedeuten würde. Ich denke an meinen Sohn, wie er sich in einem Schützenloch verkriecht, und was er erlebt, wenn diese Nuklearwaffe losgeht. Und ich vergleiche das, was er erlebt, mit dem, was ich gesehen habe. Nur ist er ganz nah dran – nicht so weit weg wie ich [auf einem Schiff], geschützt durch ein Kühlsystem. Er ist genau dort, an der Front. Und ich sage zu mir, er ist in ernsten Schwierigkeiten. Ich sehe, daß ihm einiges geschehen wird, entweder gleich oder erst später, was nicht angenehm ist. Und dann versenke ich mich wieder in diesen theoretischen strategischen Kram und berechne Megatonnen. Aber mein Sohn ist verbraten.«

Interview des Autors mit Ronald Reagan

Ich führte mit Ronald Reagan 1980, während der Kampagne zu den Vorwahlen, bei denen es um die Nominierung des republikanischen Präsidentschaftskandidaten ging, ein in Etappen über mehrere Tage fortgesetztes Interview, das ein breites Spektrum von Themen berührte. Nachstehend sind Passagen aus diesem Interview wiedergegeben, die sich auf außenpolitische Fragen beziehen.

Boston – Atlanta

SCHEER: Bei der Diskussion am Samstagabend äußerten Sie sich zu einem Bericht, der davon handelt, wie viele Bomber im Falle eines sowjetischen Angriffs die amerikanische Luftverteidigung durchbrechen könnten.

REAGAN: Ja, je nachdem, welchen Weg sie nehmen würden, wären es zwischen 87 Prozent und 96 Prozent von ihnen, die durchkämen. Ich fühle mich verpflichtet, meinen Gewährsmann geheimzuhalten, weil es sich bei ihm um einen noch im aktiven Dienst stehenden Soldaten handelt, einen sehr hochrangigen – äußerst hochrangigen – Offizier der Air Force.

SCHEER: Beruht das auf einer Untersuchung, die die Air Force durchgeführt hat, oder ist das eine persönliche Einschätzung Ihres Gewährsmannes?

REAGAN: Das beruht auf Kenntnissen, die bei [dem amerikanischen Frühwarnzentrum] NORAD vorliegen. Wir können nämlich die Flugkörper, gesetzt den Fall, sie würden abgefeuert, in ihrer Bahn verfolgen, vom Moment des Abfeuerns an, so daß wir ihre Ankunftszeit und ihre Zielpunkte ausrechnen könnten, und doch hätten wir kein Mittel, sie aufzuhalten. NORAD ist ein erstaunlicher Ort – wissen Sie, das ist im tiefsten Colorado, unter einem Berg. Die überwachen dort tatsächlich einige tausend Objekte im Weltraum, das sind die Satelliten von uns und von allen anderen, und sie tun das mit einer Genauigkeit, daß sie den verlorenen Handschuh eines Astronauten verfolgen, der da oben noch immer die Erde umkreist. Ich denke, was mich am meisten verblüffte, war die Ironie, daß wir hier mit unserer enormen Technologie dies alles können und daß wir dennoch nicht eine von den Waffen zu stoppen vermögen, die auf uns zukommen. Ich glaube nicht, daß es in der Geschichte einen Zeitraum gab, in dem es keinerlei Verteidigung gegen irgendeine Art von Bedrohung gab, selbst nicht in den altmodischen Zeiten, als unsere brave Küstenartillerie den Befehl hatte, jedes angreifende Schiff aufzuhalten, das sich näherte.

SCHEER: Und gibt es für die Gegenseite einen Schutz bei einem Angriff von uns?

REAGAN: Ja, sie haben sich in ziemlich großem Stil auf ein bedeutendes Zivilschutzprogramm geworfen, indem sie Schutzräume bereitstellen. Ein Teil ihrer Industrie ist unterirdisch angelegt, und das alles ist in einem Maße »gehärtet«, daß es einer Nuklearexplosion widerstehen kann.
SCHEER: Sie glauben demnach, daß auch wir dies tun sollten?
REAGAN: Ich denke, wir sollten mit einem Zivilschutzprogramm beginnen. Ich denke – hören Sie, die anderen verletzten und wir hielten uns an das Versprechen, das McNamara in der ursprünglichen Absprache, die darauf hinauslief, daß wir uns von unserem Anti-Raketen-Raketensystem trennten zu einem Zeitpunkt, als wir in dieser Frage technologisch vor ihnen lagen. Die Vorstellung war der Plan der gegenseitig gesicherten Vernichtung – MAD, die MAD-Politik wurde sie genannt –, und was diese Politik besagte, war, daß, wenn keines der beiden Länder seine Bevölkerung verteidigte, es sich keines der beiden Länder leisten könne, auf den Knopf zu drücken, weil sie wissen würden, daß bei einem militärischen Schlagabtausch die Bevölkerungen beider Länder dezimiert werden würden. Und sie hielten das nicht ein – und einige Jahre lang war das ein Interpretationsfehler unserer Geheimdienste, der Geheimdienstanalysen, die wir bekamen. Wir widmeten der Tatsache keine Aufmerksamkeit, daß die Sowjetunion einen hochgestellten General, der im Politbüro saß, ein hohes Kommando hatte, mit dem Zivilschutz beauftragte. Und sie waren zu dem Schluß gekommen, daß es einen Nuklearkrieg geben könnte und daß er gewinnbar sein könnte – durch sie. Und so, zusätzlich zu ihrer großen Aufrüstung, haben sie das praktiziert, sie praktizierten die Evakuierungen, als wir schließlich dahinterkamen, wir erfuhren das in einem einzigen Sommer, sie holten 20 Millionen junge Leute aus den Städten aufs Land, nur um ihnen ein Überlebenstraining auf dem Lande zu geben.
SCHEER: Glauben Sie, daß auch wir Dinge dieser Art tun sollten – ich meine, unterirdische Schutzräume bauen, unsere Industrie in den Untergrund verlegen, Überlebenstraining für die Jungen?
REAGAN: Ich weiß nicht, ob wir die gleichen Dinge in dieser Art machen sollten, aber wovon ich überzeugt bin, ist, daß es an der Zeit wäre, das, was wir auf diesem Gebiet an Wissen und Können besitzen – nicht allein ich meine das –, daß wir es nutzbar machen für das, was wir brauchen im Hinblick auf eine Verteidigung gegen ihre Waffen und um unsere Bevölkerung zu schützen, weil wir nicht einfach ruhig dasitzen können – das könnte sich nämlich im Fall eines Ultimatums als unser verwundbarer Punkt erweisen.
SCHEER: Aber, konkret gesprochen, glauben Sie, daß wir die Dinge machen sollten, die wir in den fünfziger Jahren gemacht haben, wie etwa die unterirdischen Luftschutzräume, und daß die Leute sich hinter dem Haus so etwas bauen sollten, und dergleichen mehr?
REAGAN: Ich weiß nicht, ob bei der heutigen Technik der Schutzraum hinterm Haus noch aktuell ist oder nicht, aber wie gesagt, eines der ersten Dinge, die ich täte, wäre, mich an diejenigen zu wenden, die

sich in militärischen Dingen auskennen, die sich mit den Waffen auskennen, die auf uns zukämen und so weiter, um festzustellen, was wir tun könnten. Es könnte dann ja auch so sein, daß es vielleicht einen anderen Schutz gibt, vielleicht gibt es einen Schutz dadurch, daß man überlegene Offensivmittel hat, mit denen man sie davon abhalten kann, das zu tun. Sehen Sie, worauf sie ihre nukleare Stärke aufgebaut haben – sie beruht auf der Fähigkeit, unsere Raketen in den Silos auszuschalten und danach noch genügend nukleare Zerstörungskraft übrig zu haben, um in dem Fall, daß wir, sagen wir, mit einigen verbliebenen Unterseebooten oder dergleichen ihre Großstädte angreifen, um dann noch unsere Bevölkerung, unsere Industrie und unsere Großstädte auslöschen zu können.

SCHEER: Aber sie können doch unseren Unterseebooten und unseren Bombern und diesen ganzen Waffen nichts anhaben, oder doch?

REAGAN: Doch, das können sie. Die einzigen Bomber, die wir haben, sind die veraltenden B-52er und ...

SCHEER: Und wie steht's mit den atomraketenbestückten U-Booten und so weiter?

REAGAN: Na schön, davon haben wir einige, aber wir können es mit ihnen weder an Zahl noch an Geschwindigkeit, Tauchtiefe und Reichweite der Raketen aufnehmen.

SCHEER: Was ist da also die Perspektive, daß Sie eine drastische Erhöhung der Ausgaben für – was? – den Zivilschutz, die militärische Rüstung und ...

REAGAN: Wir müssen unsere Verteidigungsfähigkeit verbessern. Es geht ...

SCHEER: Alle sagen, daß sie das anstreben. Der Unterschied wäre, daß Sie das alles wesentlich stärker forcieren würden als die anderen?

REAGAN: Nun ja, ich weiß, daß einer von ihnen – selbst Carter sagt es in seinen Wahlreden, und er ist schließlich derjenige, der die militärische Aufrüstung gestoppt hat, so daß ich seine Aufrichtigkeit bezweifle und ob er in seinen Reden ... ich würde gerne Taten sehen, und er hat in seinen Reden anklingen lassen, daß wir die Rüstungsausgaben um 3 bis 5 Prozent erhöhen werden. So redet man nicht. Es gehört sich, daß man sagt, wir werden im Bereich der Rüstung dieses, dieses und dieses Projekt in Angriff nehmen, und daß man – eine der ersten Verteidigungsmaßnahmen, die ergriffen werden müssen, und die von ihm auf die Hälfte zusammengestrichen wurde, ist das Flottenbauprogramm. Die sowjetische Marine hat heute zum erstenmal in ihrer Geschichte eine Hochseeflotte, und sie ist viel mehr als eine Zwei-Meeres-Flotte. Sie ist darauf ausgerichtet, die rund 16 maritimen »Luftröhren« abzuschnüren, die es auf der Welt gibt – damit sind solche engen Durchfahrten gemeint wie die Straße von Gibraltar, die wichtigen Kanäle, die Malakka-Straße und so weiter, und das Japanische Meer, wo eine Hauptschlagader des Welthandels abgebunden werden kann. Unsere Marine wurde einst dafür geschaffen, diese Seewege offenzuhalten; das war ihre Aufgabe.

SCHEER: Die Frage ist, konnte Carter all dies in nur drei Jahren soweit bringen, oder war das nicht auch die Politik von Ford, Kissinger – sie traten für Entspannung ein, für SALT I, sie setzten diesen Kurs.

REAGAN: Aber in der Amtszeit von Ford hatten wir mit der Entwicklung der B-1 und des Neutronen-Sprengkopfs begonnen, mit dem Marschflugkörper [Cruise Missile] ging es vorwärts, und das waren die Dinge, gegen die die Russen wütend Sturm liefen, weil wir ihnen damals in der Technologie der Marschflugkörper voraus waren, was wir jetzt nicht mehr sind. Und wir hatten ein Schiffbauprogramm beschlossen, das den Bau von, soviel ich weiß, 17 Schiffen pro Jahr vorsah, und all dies wurde auf die Hälfte zusammengestrichen, einschließlich der Tatsache, daß wir die Ersatzbeschaffung für Flugzeuge reduzierten. Wir verlieren durch Veraltung und Absturz im Jahr mehr Flugzeuge, als wir neu bauen. Unsere Air Force ist dabei – unsere Kampfkraft in der Luft ist dabei, zu schrumpfen. Und es stimmt auch, daß der Kongreß, der von den Demokraten beherrschte Kongreß, während dieser Jahre jedesmal, wenn er für irgendeine soziale Reform Geld wollte, den Verteidigungshaushalt beschnitten hat, um es sich zu beschaffen. Aber die Regierung Ford hatte, bevor jener Kongreß abgewählt wurde, damit begonnen ...

SCHEER: Würden Sie also hier die Prioritäten vertauschen? Glauben Sie, daß wir uns zu sehr auf diese sozialen Reformen konzentriert haben und – Sie verstehen, wir sind im Wahlkampf, und jemand sollte einmal damit anfangen, zu sagen, was er wirklich will und glaubt. Wären Sie dafür, militärisch aufzurüsten und dafür einige dieser Sozialprogramme zu kürzen?

REAGAN: Tja, ich glaube, daß manche Sozialreformen sich als kolossale Fehlschläge erwiesen haben.

SCHEER: Welche?

REAGAN: Da sind so viele. Wir reden hier von mehr als 400 Programmen.

SCHEER: ... Sie erwähnten einen Air-Force-Bericht über die Anzahl der sowjetischen Bomber, die die amerikanische Luftabwehr durchbrechen würden. Handelt es sich dabei um einen Bericht, den auch wir Normalbürger einsehen können? Oder ist es ein geheimer Bericht?

REAGAN: Nein, es war überhaupt kein schriftlicher Bericht.

SCHEER: War es die Einschätzung von jemandem, der Zugang zu geheimen Daten hat?

REAGAN: Es war ein hochrangiger Offizier, der mir klipp und klar erklärt hat, wie die Dinge liegen.

SCHEER: Bezog er sich dabei auf geheime Daten, zu denen ein Reporter oder ein anderer Bürger keinen Zugang hätte?

REAGAN: Ich bin ziemlich sicher, daß diese Dinge zugänglich sind für jeden, der – es geht doch darum, daß die Medien an diesen Dingen einfach kein Interesse zeigen. Erst kürzlich habe ich etwas gelesen, wo eine Gruppe, die sich mit diesen Dingen beschäftigt – eine nationale Gruppe hier –, während der letzten zwei Jahre die Nachrichtensendungen einer der größten Fernsehanstalten verfolgt und festgestellt hat, daß sie in einem Zeitraum von zwei Jahren alles in allem ganze zwei Minuten, in zwei Jahren, der sowjetischen Aufrüstung gewidmet haben.

SCHEER: Aber das waren keine Geheiminformationen? Das war etwas, das die Russen wissen können, das wir wissen können?

REAGAN: Sicher wissen sie es ...

SCHEER: In Ihren Wahlreden geißeln sie immer wieder diesen gottlosen Kommunismus, mit dem wir konfrontiert sind. Meinen Sie, daß dies auch für den Iran gilt, wo der Ayatollah ja, zumindest seinem eigenen Anspruch nach, ein höchst religiöser Moslem ist?

REAGAN: Nein, ich bin nicht – ich habe mit gottloser kommunistischer Tyrannei in meiner Rede, glaube ich, auf Afghanistan gezielt, aber das bezog sich auf die dortige Invasion.

SCHEER: Ist der Iran nicht vielmehr ein Fall von gottesfürchtiger Tyrannei?

REAGAN: Tatsache ist, daß der Iran von den Schiiten, einer Sekte innerhalb der islamischen Religion, beherrscht wird, eine Sekte, die eine sehr kleine Minderheit darstellt, nur etwa 9000 bis 10000 ...

SCHEER: Diese Leute stellen sich selbst als sehr religiös dar ...

REAGAN: Und sie sind äußerst konservativ oder starr in ihren Doktrinen, viel augeprägter als die Mehrzahl der anderen Moslems. Sie sind diejenigen, die tatsächlich soweit gehen, zu glauben, daß Frauen keine Schulbildung bekommen sollten. Denken Sie an den kürzlichen Fall der Hinrichtung eines 18jährigen Mädchens, das schwanger war – sie wurde hingerichtet, und der Mann, der sie geschwängert hatte, bekam nur 100 Hiebe.

SCHEER: Es gibt also auch eine Tyrannei, die gottesfürchtig ist? Das ist hier der einzige Punkt, auf den es mir ankommt, weil Sie immer in bezug auf den Kommunismus das Element der Gottlosigkeit hervorheben. Sie sagten in der Diskussion am Samstag, wir sollten uns nie wieder auf einen Krieg einlassen, den wir dann nicht gewinnen. War der Koreakrieg ein Beispiel in diesem Sinn – hätten wir die chinesischen Kommunisten in Korea besiegen müssen?

REAGAN: Ja, MacArthur hatte absolut recht, und eine erstaunliche, ganz erstaunliche Sache, etwas, das nur die wenigsten von MacArthur wissen – ich habe nie begriffen, was für ein tiefer Kenner Asiens er war, und ich wußte es seinerzeit nicht, bis ich zurückblätterte und entdeckte, daß er, als er seinen Widerstand gegen den »Krieg, der nicht gewonnen werden durfte«, artikulierte, daß er da erklärte: »Wir werden dies nachholen müssen«, und er konkretisierte das und sagte: »In Vietnam.« Zu jener Zeit wußte ich nicht einmal, was das Wort Vietnam bedeutet. Wovon ich gehört hatte, das war Französisch-Indochina. Ein Land namens Vietnam kannte ich nicht einmal.

REAGAN: Sind wir dadurch schwächer geworden, daß wir sie nicht besiegt haben?

REAGAN: Nun ja, die Sache mit der Niederlage und was sie bedeutet hätte, insbesondere nachdem man so viele junge Männer in die Pflicht genommen hatte, für diese Aufgabe zu sterben, und das nicht einmal

für unser Land – Sie erinnern sich, wir führten diesen Krieg unter der Flagge der Vereinten Nationen. Aber wenn man einen Krieg führt, den man nicht gewinnen darf, und es keine Bestrafung für einen Angreifer gibt, wie es in diesem Falle eben keine gab, und man den Krieg schließlich beendet, genau wieder mit einem geteilten Korea und genau wieder dort, wo die gegenwärtige – der 38. Breitengrad war ja auch die Grenzlinie bei der sowjetischen Besetzung des unter japanischer Verwaltung stehenden Korea, während wir den südlichen Teil besetzten. Jetzt hat man zwei Nationen daraus gemacht.
SCHEER: Heute sind die Nordkoreaner aber ausgesprochen antirussisch, sie haben mit den Russen gebrochen, die Chinesen haben mit den Russen gebrochen, und so war es vielleicht gar nicht so schlecht, daß wir verloren haben, wo doch diese Leute sich jetzt als äußerst antirussisch erweisen.
REAGAN: Ich meine, es wäre weit besser gewesen, wenn wir den Krieg gewonnen hätten und es ein vereintes Korea, ein demokratisches Korea gegeben hätte, in dem die Menschen allesamt einer einheitlichen Rasse und Volksgruppe angehören und in einem Land zusammenleben würden.

Detroit – New Hampshire
SCHEER: In Ihrer Rede gestern abend, auf Ihrer Pressekonferenz, sagten Sie, der Schah von Persien sei einer unserer allerbesten Freunde, und daß Sie bei einem Tribunal als Entlastungszeuge für ihn auftreten würden, und Sie beriefen sich dabei auf Ihre Beobachtungen im Iran. Wie lange waren Sie im Iran?
REAGAN: Wir waren mehrere Tage dort.
SCHEER: Das war vor zwei Jahren?
REAGAN: Vor ungefähr eineinhalb Jahren. Einen Augenblick mal, stellen wir doch noch etwas anderes in den Zusammenhang, ich habe nämlich die Zeitungsmeldung hierüber auch gelesen. Ein Reporter fragte mich, ob ich aussagen würde. Ich erklärte, ich sei nicht der Meinung, daß irgend etwas, das ich zu sagen hätte, so gewichtig wäre, daß man mich als Zeugen bestellen würde. Als er dann weiterbohrte und fragte: »Aber wenn man Sie bestellen würde, würden sie dann sagen: ›Nein, ich werde die Vorladung ablehnen‹?« Darauf sagte ich: »Nein, ablehnen nicht.« Und was ich dann aussagen würde? Ich würde aussagen, was ich gesehen habe, mehr könnte ich nicht tun, und was ich sonst noch über den Schah weiß. Wenn ich von ihm spreche, dann als von einem Verbündeten der Vereinigten Staaten.
SCHEER: Da Sie sagten, daß Sie über die Wohnungen, die er für die Armen gebaut hat, die Bauernhöfe für die Armen, die Wiederaufforstung aussagen würden, würden Sie auch aussagen – haben Sie irgend etwas von der Geheimpolizei, der SAVAK, bemerkt?
REAGAN: Nein, ich bin aber ganz sicher, daß es Verletzungen dessen gegeben hat, was wir als Menschenrechte und Dinge dieser Art betrachten würden; ich bin aber auch ganz sicher, daß sie nicht annähernd so gravierend sind wie das, was in Rußland und ähnlichen

Ländern vor sich geht, mit denen wir eine Entspannung aufrechterhalten wollen. Ich glaube, daß die gegenwärtige Regierung hier eine ganz heuchlerische Politik betreibt. Sie predigt Menschenrechte, hat aber deren Verletzung immer nur bei den eigenen Freunden beklagt.

SCHEER: Ja, aber es wird den Ayatollah oder das Volk des Iran kaum beglücken, über Rußland zu sprechen. Die haben selbst einiges an Rußland auszusetzen. Was sie uns vorwerfen, ist, daß wir in ihrem Land den SAVAK ausgebildet haben, diese Geheimpolizei dort, und daß die amerikanischen Medien und die Regierung davor die Augen verschlossen haben. Ich war nur neugierig wegen Ihrer Reise dorthin, ob Sie davon nichts bemerkt haben?

REAGAN: Nein, nichts. Aber ich habe ja auch keine Gefängnisse besucht. Und auf der anderen Seite: Gerade der Ayatollah sollte nicht mit Steinen werfen; er hat vor kurzem ein 18jähriges schwangeres Mädchen wegen Prostitution hinrichten lassen. Der Mann, der das Mädchen geschwängert hatte, kam mit einer Prügelstrafe davon.

SCHEER: Wir wissen um die Verbrechen des Ayatollah, die Medien haben sich ihrer ausführlich angenommen, ebenso auch die Regierung. Was zu bedenken gegeben wurde, ist, daß wir, als der Schah an der Macht war, seine Taten ignorierten und daß eine der Ursachen dafür, daß dies jetzt für uns zu einem solchen Problem geworden ist, eben darin liegt, daß er im Grunde deswegen gestürzt wurde. Wenn er wirklich so beliebt gewesen wäre, wie Besucher wie Sie den Eindruck hatten, wenn er so viel getan hätte, dann wäre er nicht so leicht zu stürzen gewesen.

REAGAN: Er wurde gestürzt aus einer Reihe von Gründen, die, wie ich meine, nicht das geringste mit einer öffentlichen Unzufriedenheit zu tun hatten. Der Anstoß zu seinem Sturz ging teilweise von einer Rundfunkstation auf russischem Boden aus, die in Farsi, der iranischen Landessprache, sendete, pausenlos gegen die Vereinigten Staaten hetzte und gegen die ganze enge Zusammenarbeit mit diesem Land. Aber ...

SCHEER: Sie glauben also nicht, daß es einen allgemeinen Abscheu gegen den Schah und seinen Iran gegeben hat?

REAGAN: Nein, im Grunde nicht. Ein Teil davon könnte wohl daran gelegen haben. Seine Landreform. Die ersten Landflächen, die zur Aufteilung unter die Bauern hingegeben wurden, stammten aus dem eigenen persönlichen Grundbesitz des Schahs. Beim zweiten Mal waren es dann Ländereien, die in den Händen der Mullahs, der Ayatollahs, der Priester der verschiedenen Religionen waren. Und dieses Land nahm er ihnen. Könnte es nicht sein, daß sie deswegen so schlecht auf ihn zu sprechen sind? Denken Sie auch daran ...

SCHEER: Aber Ihr Eindruck war im wesentlichen, daß der Schah im Iran eine populäre Figur war und geblieben ist?

REAGAN: Tja, ich würde sagen, diese jungen Frauen, die ich kennengelernt habe und die an der Universität studierten, um Ärztinnen und Juristinnen zu werden, daß sie westliche Lebensweisen übernommen haben, und jetzt müssen sie erfahren, daß man ihnen eine Ausbildung verwehrt, weil sie unter den Richtlinien dieses gegenwärtigen Regimes ins 15. Jahrhundert zurückversetzt werden. Frauen sollen nicht mehr ...

SCHEER: Aber gerade Sie sprechen doch immer, Sie halten Reden gegen den gottlosen Kommunismus und sprechen über Religion. Und diese Leute dort sind nun der Überzeugung, daß sie nur ihre Religion praktizieren. Unterstellen Sie, daß diese Religion irgendwie weniger wert ist als das Christentum?

REAGAN: Das ist so: In religiösen Bewegungen hat es immer auch Extremisten gegeben. Und einige der großen Verbrechen sind im Namen der Religion begangen worden, aber ...

SCHEER: In ihrer Religion ist den Frauen eindeutig eine andere und untergeordnete Rolle zugewiesen. Sie behaupten, es sei nicht ... sie sagen, es sei in ihrer Religion so festgelegt. Wollen Sie zum Ausdruck bringen, daß sie diese Religion nicht praktizieren sollten?

REAGAN: Dies ist nur eine Sekte innerhalb der islamischen Religion, eine Minderheitensekte von neun Prozent ...

SCHEER: Aber es ist nun eben so, daß diese Sekte das Land beherrscht, und wollen wir nun diesen Leuten vorschreiben, an welchen Gott sie glauben sollen?

REAGAN: Die Bevölkerung schien sich früher wohl zu fühlen. Die Mehrheit der Bevölkerung fuhr Auto, ging ins Kino, und der Schah tat noch etwas anderes, worin wir ebenfalls einen Teil der Menschenrechte sehen. Und das wollten sie nicht. Er gab ihnen religiöse Freiheit. Er schützte die religiösen Minderheiten in diesem Land.

SCHEER: Das ist ein stichhaltiges Argument. Noch eine letzte Frage im Zusammenhang mit dem Schah. Sie gehörten zu den Gegnern der Abtretung des Panamakanals. Waren Sie überrascht, daß Panama, dieses Land, das Sie für einen potentiellen Feind hielten, bereit war, uns aus der Patsche zu helfen und dem Schah Asyl zu gewähren?

REAGAN: Nun, ich glaube nicht, daß sie das taten, um uns aus der Patsche zu helfen, und ich hoffe, der Schah ist dort sicher.* Aber ich habe kein sehr großes Zutrauen zu der autoritären Regierung Panamas. Sie hat ausgiebig bewiesen, daß sie auf einer Linie liegt, die dem Kuba Fidel Castros viel näher ist. Sie hat sich von den Sandinisten und den anderen mittelamerikanischen Rebellen benutzen lassen, und meiner Meinung nach wird der Tag kommen, an dem wir bedauern, daß wir ihnen den Kanal überlassen haben.

SCHEER: Waren Sie überrascht, daß sie bereit waren, dem Schah Asyl zu gewähren, wogegen Mexiko nicht dazu bereit war und Kuba ganz gewiß erst recht nicht – diesem Mann, von dem Sie sagen, daß er ein bedeutender Verbündeter und Freund der Vereinigten Staaten war?

REAGAN: Nein, das hat mich nicht überrascht. Er war ein sehr reicher Mann, und was immer ihre Gründe gewesen sein mögen ..., aber ich

* Das Interview wurde zu einem Zeitpunkt geführt, als der Schah noch nicht gestorben war.

würde nicht wollen, daß mein Leben von der fortdauernden Gunst dieser Regierung abhinge.

Birmingham – Orlando

SCHEER: Bei unserem letzten Gespräch sagten Sie, kein Präsident der Vereinigten Staaten solle die Möglichkeit eines nuklearen Präemptivschlags ausschließen. Wenn jetzt von einer vor uns liegenden Konfrontation die Rede ist – würde das auch die Möglichkeit eines nuklearen Präventivschlags von seiten der Vereinigten Staaten einschließen?

REAGAN: Was ich damit sagen wollte, ist, daß die Vereinigten Staaten sich nie in eine Lage bringen sollten, wie sie es viele Male getan haben, in der sie einem Gegner oder einem potentiellen Gegner verbindlich zusagen, was sie nicht tun werden. Zum Beispiel ...

SCHEER: Einen nuklearen Präventivschlag eingeschlossen ...

REAGAN: Zum Beispiel als Präsident Johnson im Vietnamkrieg immer wieder verbindlich erklärte, nein, nein, nein, wir werden in Vietnam niemals Nuklearwaffen einsetzen – ich glaube nicht, daß man in Vietnam Nuklearwaffen hätte einsetzen sollen, ich glaube nicht, daß sie nötig gewesen wären, aber wenn Sie es dort draußen mit jemandem zu tun haben, der Ihre jungen Männer tötet, dann sollten Sie den Gegner nicht von vornherein der Sorge darüber entheben, was Sie vielleicht tun könnten. Man kann in seinem Innern dieser Überzeugung sein, aber man teilt es dem Gegner nicht lauthals mit.

SCHEER: Aber hat es nicht auch sein Gutes, wenn wir uns so verhalten, daß in der Welt ein Gefühl der – daß wir auf keinen Fall Nuklearwaffen einsetzen und daß keine Nation, unter welchen Umständen auch immer, das Gefühl haben sollte, sie könne sie einsetzen ...

REAGAN: Ich stimme Ihnen zu, daß keine Nation dies tun sollte, aber eine alle Nationen umfassende Sperre kriegen Sie nicht ...

SCHEER: Aber wenn unser Präsident sich die Option freihält, daß wir unter Umständen Nuklearwaffen einsetzen, läßt das nicht einer anderen Nation die Möglichkeit, ihrerseits einen nuklearen Präemptivschlag zu rechtfertigen? Haben Nuklearwaffen nicht etwas Undenkbares an sich und sollte ihr Gebrauch nicht grundsätzlich ausgeschlossen werden?

REAGAN: Ich glaube, es gibt, und Dwight Eisenhower machte der Welt das Angebot, sie zu über-, sie zu internationalisieren, sie an die Vereinten Nationen zu übergeben, und niemand hätte dann Nuklearwaffen, und wer lehnte es ab? Die Sowjetunion.

SCHEER: Keine Frage. Was ich aber von Ihnen wissen möchte, würden Sie nicht als Präsident damit einer anderen Nation einen Vorwand liefern, Nuklearwaffen einzusetzen – und in Zukunft werden viele Staaten über solche Waffen verfügen –, liefern sie nicht anderen Nationen einen Vorwand, sie präemptiv einzusetzen, wenn Sie sich weigern, sie kategorisch zu ächten?

REAGAN: Liefert man sich nicht im Gegenteil viel eher einem überraschenden nuklearen Angriff aus, wenn man der übrigen Welt versichert, daß man unter keinen Umständen als erster diese Bomben abfeuern wird?

SCHEER: Nein, wir sprachen ja von einem Präemptivschlag. Eine Vergeltung wäre natürlich ...

REAGAN: Stellen Sie sich vor, Sie wären Präsident, und Sie erfahren aus hundertprozentig sicherer Quelle, daß der Feind zu einer bestimmten Uhrzeit diese Raketen auf Ihr Land abfeuern wird; wollen Sie mir etwa weismachen, der Präsident sollte in so einem Fall die Hände in den Schoß legen und den Dingen ihren Lauf lassen, ohne zu dem anderen Staat zu sagen: Ich habe herausgefunden, was ihr vorhabt, und ich werde ...

SCHEER: Das fiele in die Kategorie Vergeltungsschlag. Eine letzte Frage hierzu – glauben Sie, daß es vorstellbar ist, daß man einen Atomkrieg überlebt, glauben Sie an die Möglichkeit des Überlebens?

REAGAN: Die Sowjetunion glaubt daran.

SCHEER: Und Sie, glauben Sie daran?

REAGAN: Die Sowjets gehen offensichtlich davon aus, auf der Basis dessen, was sie zu tun gewillt sind.

SCHEER: Sie meinen, weil sie Strahlenschutzbunker haben. Wir hatten auch einmal Strahlenschutzbunker – bedeutet das, daß wir einen Nuklearkrieg für überlebbar hielten?

REAGAN: Sie haben dort einen sehr weit entwickelten Zivilschutzplan.

SCHEER: Aber glauben Sie, daß wir einen Nuklearkrieg überleben könnten?

REAGAN: Nein, weil wir zugelassen haben, daß die Russen so stark geworden sind und daß sie die Vereinbarung gebrochen haben.

SCHEER: Aber einmal angenommen, wir würden wieder stärker als sie. Glauben Sie, daß wir einen Atomkrieg überleben könnten, wenn wir über geeignete unterirdische Schutzräume, über geeignete Verteidigungssysteme verfügen würden, könnten wir dann einen solchen Krieg überleben?

REAGAN: Man müßte davon ausgehen, daß ein Teil der Bevölkerung und ein Teil der Einrichtungen überleben würde, so daß man neu anfangen könnte. Es wäre nichts, das man, glaube ich, in unserer Gesellschaft als einen akzeptablen Preis betrachten würde, aber wir messen dem menschlichen Leben schließlich auch einen anderen Wert bei, als diese Monster es tun.

SCHEER: Sie nennen sie Monster, und Sie haben auch immer wieder die Chinesen, die Rotchinesen so bezeichnet, als ... Monster, die in Korea unsere Gegner waren, die zeitweise auch hinter den Vietnamesen standen. Heute unterhalten wir normale Beziehungen, oder wir sind dabei, normale Beziehungen zu den Chinesen zu entwickeln. Wir sehen in ihnen ein Bollwerk gegen Rußland. Sind sie jetzt auf einmal keine Monster mehr – die chinesischen Kommunisten?

REAGAN: Ich kann mich nicht erinnern, ob ich sie jemals als Monster bezeichnet habe oder nicht, aber meiner Überzeugung nach war es ungeheuerlich – wenn Sie dies von mir hören wollen –, so viele Millionen von Menschen abzuschlachten, wie sie es getan haben, um ihrem Volk diese Tyrannei aufzuzwingen.

SCHEER: Ist das so zu verstehen, daß Sie damals in den fünfziger oder sechziger Jahren die chinesischen Kommunisten für weniger schlimm hielten als die Russen – zur Zeit des Koreakrieges?

REAGAN: Nein, sie waren miteinander verbündet, und der einzige Streitpunkt, über den sie sich entzweiten, war ihre Uneinigkeit darüber, wie wir am besten zu vernichten waren. Das war nicht geeignet, in mir die Zuversicht zu wecken, daß wir nun, nachdem sie sich entzweit hatten, unverzüglich mit offenen Armen auf die Chinesen zurennen und ihnen Vertrauen schenken müßten. Und auch heute noch, wo ich es zwar erfreulich finde, daß wir versuchen, einen Kontakt anzubahnen, sollten wir dabei doch die Augen offenhalten, sollten uns dabei eine Hintertür offenhalten, weil ...

SCHEER: Aber wie kommt es, daß sie jetzt keine Monster mehr sind? Ich meine, was Gemeinheit und ungeheuerliche Untaten betrifft, so waren sie den Russen doch mindestens ebenbürtig – sie sollen 20 Millionen ihrer Landsleute umgebracht haben ...

REAGAN: 50 Millionen.

SCHEER: Na gut, 50 Millionen – ich glaube nicht, daß die Russen 50 Millionen ihrer eigenen Landsleute umgebracht haben. Von welchem Zeitpunkt an waren die Chinesen also keine Monster mehr?

REAGAN: Ich bin nicht sicher, ob sie keine mehr sind.

SCHEER: Und doch ist bei uns die Rede von einem Bündnis mit ihnen.

REAGAN: Weil wir hoffen, daß sie mit der Zeit und aufgrund ihrer Gegnerschaft und ihrer Angst vor der Sowjetunion, daß sie vielleicht in ihrer Art uns ähnlicher werden. Es gibt heute Anzeichen – Leute, die dort gewesen sind, sagen, es gäbe Anzeichen – dafür, daß sie die Situation zu bessern versuchen und daß sie ihren Leuten mehr Menschenrechte zugestehen. Im Augenblick glaube ich aber nicht, daß sie auch nur annähernd den Maßstäben ...

SCHEER: Die Chinesen, die in Korea unsere Kriegsgegner waren und die bei uns in der Vergangenheit mit sehr drastischen und feindseligen Ausdrücken belegt worden sind, konnten sich in so verhältnismäßig kurzer Zeit wandeln – warum, glauben Sie, wäre das bei den Russen nicht möglich, warum sehen Sie keine Zukunft in der Entspannung, in Verhandlungen mit ihnen und so weiter, und daß die Russen sich in ebenso kurzer Zeit wie die chinesischen Kommunisten aus Monstern in akzeptable Verhandlungspartner verwandeln könnten?

REAGAN: Die Situation ist doch einfach eine ganz andere. Die Sowjetunion hat die Phase der Entspannung dazu benutzt, die größte Militärmacht aufzubauen, die die Welt je gesehen hat.

SCHEER: Ich spreche vom Wesen ihres Kommunismus, vom Wesen ihres Systems. Unterscheidet es sich grundlegend vom chinesischen Kommunismus, und weshalb sollte es unmöglich sein, daß die Sowjetunion sich ebenso wandelt, wie die Chinesen sich gewandelt haben?

REAGAN: Haben die Chinesen sich gewandelt? Ich weiß es nicht. Das chinesische Volk muß noch immer unter einem tyrannischen Regime leben. Haben Sie den Artikel von Solschenizyn über die beiden Länder in der Zeitschrift *Time* gelesen, und daß er sagt, man sollte nicht von den Russen sprechen, sondern von den Sowjets, weil die Russen den Sowjet überhaupt nicht mögen?

SCHEER: Gut, aber wenn das zutrifft und die Chinesen nach wie vor auf demselben Dampfer sind, wie können Sie dann eine Normalisierung unserer Beziehungen zu ihnen rechtfertigen – oder sogar eine Politik der zwei Chinas, für die Sie eintreten –, wie können Sie sagen, es geht in Ordnung, daß wir jetzt die ersten Schritte im Hinblick auf eine Art Bündnis tun, wie Sie erklärt haben ...

REAGAN: Ich denke, es liegt in unserem höchsten praktischen Interesse, aus dem einfachen Grund, daß, falls diese Feindschaft zwischen ihnen und der Sowjetunion real ist, es für die Sowjetunion dann einen abschreckenden Grund mehr gibt, sich nicht auf ein Kriegsabenteuer gegen uns einzulassen, weil sie eine sehr lange Grenze mit den ihnen feindlich gesinnten Chinesen im Rücken haben. Ich kann darin nichts Falsches entdecken. Wir tun ja in dieser Allianz, die wir haben, nichts, was dem chinesischen Volk schaden würde, und wenn diese Allianz die Zwietracht zwischen China und der Sowjetunion bestehen läßt, dann haben wir damit die freie Welt sicherer gemacht.

SCHEER: Aber Sie würden ihnen, wenn die Situation es erfordern sollte, sogar hochentwickelte Waffensysteme anvertrauen?

REAGAN: Nein, denn ebenso, wie die Sowjets ihre Zusagen gebrochen haben – oder wie Hitler seine Vereinbarung mit den Sowjets brach –, könnte es sein, daß sie es sich anders überlegen und übermorgen feststellen, daß sie mit den Sowjets mehr gemeinsame Interessen haben als mit uns.

SCHEER: Da wir von geopolitischen Machtkonstellationen sprechen – damals in den vierziger und fünfziger Jahren hieß es bei uns, wenn wir China an Rußland verlieren würden, büßten wir Macht ein. Jetzt haben wir China zurückgewonnen, zugleich aber heißt es, Rußland sei heute mächtiger denn je. Wie kommt es, daß dieser Gesichtspunkt in das geopolitische Kalkül nicht einbezogen wurde? Die andere, damit zusammenhängende Frage ist: Sie waren gegen den Panamakanal-Vertrag. Ihr Argument dabei war, daß Panama für uns eine latente Bedrohung darstelle. Jetzt haben wir eine Situation, in der sich herausstellte, daß Panama, wie zuvor andere Länder, uns nicht verlorengegangen ist; vielmehr haben sie dem Schah Asyl gewährt, scheinen also für uns keine schlechten Verbündeten zu sein.

REAGAN: Nein, ich sagte, daß es ein Fehler war, den Panamakanal aufzubauen, ihn einem diktatorischen Land auszuhändigen, einem Diktator, der nie gewählt worden ist, einem Diktator, der gezeigt hat ...

SCHEER: Der Schah ist auch nie gewählt worden und war ein Diktator, und Sie haben ihn als einen unserer besten Verbündeten bezeichnet.
REAGAN: Aber dieser andere Verbündete hat allem Anschein nach eine stärkere Neigung gezeigt, sich mit Castro in Kuba zusammenzutun.
SCHEER: Aber er hat dem Schah Asyl gewährt, und das war doch Ihrer Meinung nach eine gute Sache.
REAGAN: Ich möchte erst einmal sehen, was aus dieser Sache noch wird. Ich weiß nicht, worauf Sie in diesem Augenblick hinaus wollen, wie Sie das interpretieren wollen, was ich darzulegen versuche. Ich bin doch auch derjenige, der gesagt hat, ich hielte es für eine vielleicht nutzbringende Sache, sich mit allen lateinamerikanischen Staaten zusammenzusetzen, mit all denjenigen amerikanischen Staaten, die diesen Kanal nutzen und auf ihn angewiesen sind, und darüber zu sprechen, ob man ihn vielleicht unter internationale Verwaltung stellen kann. Wogegen ich mich wandte, war, daß wir uns, indem wir den Kanal weggaben, einer Androhung von Gewalt seitens eines so mickrigen Diktators gebeugt haben, dessen Bruttosozialprodukt nicht einmal so groß ist wie das von Cincinnati. Wir schenkten ihm etwas, das eindeutig uns gehörte, das nicht die Beute eines Imperialismus war, das wirtschaftlich der größte Aktivposten war, den die Leute dort jemals besessen haben und der ihnen den höchsten Lebensstandard aller mittelamerikanischen Länder beschert hat. Ich meine, statt den Kanal unter Zwang und Drohung wegzugeben, hätten wir von dem Augenblick an, wo ihr Diktator dort drunten uns sagte, wir müßten den Kanal hergeben, oder es würde Schwierigkeiten geben – er würde dafür sorgen, daß wir in Schwierigkeiten kämen –, da hätten wir ihm sagen müssen: »Paß auf, Freundchen, du nimmst diese Drohung zurück, oder es ist aus mit den Verhandlungen, mit dem Zusammen-am-Tisch-Sitzen, weil wir nicht bereit sind, vor den Augen der Welt hier einer Gewaltandrohung nachzugeben.«
SCHEER: Worauf ich hinaus wollte, gibt es da irgend etwas, das Sie überrascht hat? Die Weltlage hat sich gewandelt, ich selbst hätte niemals prophezeit, daß Panama dem Schah Asyl gewähren würde, ich hätte niemals prophezeit, daß China und Rußland heute so schlecht aufeinander zu sprechen sind. Ich will hier gar keine großen prophetischen Fähigkeiten für mich in Anspruch nehmen und Ihnen auch nicht vorwerfen, daß Sie keine besitzen. Mich interessiert nur die Frage, wie wir alle auf eine sich verändernde Weltlage reagieren, und ich meinte lediglich, daß das, was in Panama vor sich ging, Sie vielleicht überrascht hätte. Mich hat es überrascht. Das war nicht als Vorwurf ...
REAGAN: Vielleicht hatte es etwas mit dem Reichtum des Schahs zu tun, weil ich nämlich zufällig der Meinung bin, daß es dort unten in Panama eine ziemlich geldgierige Clique gibt, und viele von ihnen sind, weil sie Regierungsämter innehaben, viel reicher geworden, als sie es ihrem Gehalt nach eigentlich hätten werden dürfen.

SCHEER: ... In einem Interview mit Carl Greenberg von der *Los Angeles Times* sagten Sie 1967 mit Bezug auf den chinesisch-sowjetischen Konflikt: »Was den Streit zwischen Rußland und Rotchina betrifft, so geht es dabei nur darum, auf welche Weise sie uns am besten vernichten können.« Denken Sie über China auch heute noch so – daß sie darauf aus sind, uns und Rußland zu vernichten?
REAGAN: Nein, ich meine, hier hat sich etwas geändert, aber zu der Zeit, als ich das sagte, da gab es diese schweren Konflikte zwischen Rußland und China. Wenn Sie sich erinnern, die Chinesen nannten die Sowjets Revisionisten, weil diese nicht bereit waren, sich mit ihnen zusammenzutun und gemeinsam gegen die kapitalistische Welt loszugehen und sie zu besiegen. Ich glaube also, daß ich zu der Zeit absolut richtig lag. Inzwischen haben sich in China einige personelle Veränderungen auf der Führungsebene vollzogen. Ich glaube, daß die Öffnung Chinas, wie Richard Nixon sie bewerkstelligt hat, ein bewußt kalkulierter Versuch war, die Kluft zwischen diesen beiden Ländern, so gut es ging, zu verbreitern, in der Hoffnung, daß die Rotchinesen eines Tages ihre Ideologie überprüfen und feststellen würden, daß ihnen der ursprüngliche Marxismus, der Kommunismus, doch nicht so sehr liegt. Ich möchte aber einstweilen folgendes sagen: Ich meine, wir sollten realistisch sein und uns eine Hintertür offenhalten, bis wir uns über die Richtung, in die sie sich bewegen, vollständig im klaren sind.
SCHEER: Liegt darin, daß wir hochentwickelte Ausrüstung an die Rotchinesen verkaufen, irgendeine Gefahr?
REAGAN: Ja, vorläufig schon noch, meiner Meinung nach. Ich weiß noch nicht so viel über Rotchina, wie ich gerne wüßte, ich meine Informationen der Art, wie sie einem wahrscheinlich nur zugänglich sind, wenn man Präsident ist, aber ich wäre in dieser Beziehung sehr vorsichtig. Ich glaube, zur Zeit wäre eine Politik, die das noch nicht täte, die richtige.
SCHEER: Glauben Sie, daß die Sowjetunion – und das geopolitische Gleichgewicht in der Welt hat sich zugunsten der Sowjetunion verschoben –, daß sie im Vergleich zu den Vereinigten Staaten heute in der stärkeren Position ist?
REAGAN: Aber lieber Gott, Sie brauchen doch nur einen Blick auf die Landkarte zu werfen, um das zu erkennen. Sie brauchen nur die Tatsache zu bedenken, daß sie in ihren Streitkräften 4800000 Soldaten haben; wir haben 775000. Aber auch bei der Bewaffnung hat die Sowjetunion etwas geschafft, womit wir überhaupt nicht gerechnet hatten – sie hat uns rüstungstechnisch in vieler Hinsicht überholt, was wir ihr in absehbarer Zukunft ganz bestimmt nicht zugetraut hatten. Sie hinken uns noch weit hinterher in der Konsumgütertechnologie, in der zivilen Technologie, aber militärisch sind sie, wie ich glaube, auf einen Kurs eingeschwenkt, der die Diskrepanz zwischen uns und ihnen vergrößert. Und ich glaube, daß wir nur, wenn wir unseren eigenen Kurs sofort ändern und das Aufbauprogramm, das wir hatten,

bevor Carter Präsident wurde – wo er praktisch jedes Waffensystem, das wir in der Entwicklung hatten, stornierte –, wenn wir diese Dinge wieder aufbauen, wieder weiterlaufen lassen, dann glaube ich, daß es möglich sein wird, zu verhindern, daß die Sowjets einen Vorsprung bekommen, der sie uns gegenüber militärisch übermütig werden ließe.

SCHEER: Sie sagten, man brauche nur einen Blick auf die Karte zu werfen, um zu sehen, daß die Sowjets stärker geworden sind, aber wenn man sich die Karte ansieht – lediglich eine große Landfläche. Wir sprachen eben davon: China, mit gewaltigen Streitkräften, einem riesigen Arbeitskräfteheer, mit einer Bevölkerung von einer Milliarde, ist den Sowjets verlorengegangen und bewegt sich, so scheint es jedenfalls, eher auf uns als auf die Russen zu. Ein anderes konkretes Beispiel ist Ägypten, wo die Sowjets enormen Einfluß hatten, den sie jetzt verloren haben, und man könnte noch weitere Beispiele anführen – Ghana, Guinea in Afrika, in Lateinamerika hat Kuba sich ihrem Einfluß ein Stück weit entzogen, also wo in der Welt haben sie ihre Position gestärkt?

REAGAN: Inwiefern hat Kuba sich ihrem Einfluß entzogen? Auf Kuba sind nuklearwaffenfähige Kampfbomber stationiert, es sind mit nuklearen Raketen bestückte U-Boote der Sowjetunion dort, und wir wissen heute, daß es dort eine Kampfbrigade gibt, ausgerüstet mit erstklassigen Waffen, was mich zu der neulich getroffenen Feststellung veranlaßt hat, daß hier möglicherweise ein Zusammenhang mit dem weiteren russischen Vordringen drüben am Persischen Golf besteht. Wenn das eine Übungsbrigade ist, wie sie behaupten, ist es dann nicht ein seltsamer Zufall, daß die exakten Gegenstücke zu der jetzt in Kuba von dieser Übungsbrigade benutzten Ausrüstung im Südjemen auf Lager genommen werden? Und Sie haben vergessen, daß es, wenn die Russen hier auch nicht direkt, sondern nur durch ihre Stellvertreter gehandelt haben, daß es Äthiopien gibt, daß es den Südjemen gibt, daß es Angola, daß es Mozambique gibt, sie haben sich vorgearbeitet und ihre Position gestärkt, und dies durchweg in Gebieten – und in der Karibik sehen wir, wie es über Kuba und den Export der Revolution läuft bis hin zu dem Punkt, wo unsere Seewege für die grundlegenden Dinge, die wir brauchen, insbesondere was Mineralien und Energie angeht, heute sehr in Gefahr gerieten, wenn die Sowjets sich entscheiden sollten, einen entsprechenden Kurs einzuschlagen.

SCHEER: Aber was ist mit den Ländern, wo sie an Boden verloren haben – ich meine, in den späten vierziger und frühen fünfziger Jahren haben die Republikaner die Demokraten wegen des Verlusts von China attackiert. Sie selbst haben gleichermaßen die Vereinten Nationen und die Demokraten attackiert, weil sie Tschiang Kai-schek nicht unterstützt hatten. Jetzt, zwanzig Jahre später, stellt sich heraus, daß wir China gewonnen und die Sowjets es verloren haben, aber Sie nehmen das in Ihre weltpolitische Machtgleichung trotzdem nicht auf.

REAGAN: Das liegt daran, weil wir nicht wissen, wie weit dieses Bündnis mit uns – ob es nun ein Bündnis ist oder nicht –, sie sind jedenfalls niemals auch nur einen Schritt von ihrer marxistischen Philosophie abgerückt, und insofern sollten wir uns an den Zweiten Weltkrieg zurückerinnern und an eine Zeit denken, als die Sowjetunion ein Bündnis mit Hitler-Deutschland hatte, wenn man es mit autoritären Mächten zu tun hat. Man hat ja gesehen, wozu sie fähig waren. Hitler-Deutschland entschloß sich, diese Vereinbarung zu brechen, indem es mit vorgehaltener Waffe nach Rußland einmarschierte. Das meine ich eben, wenn ich sage, man muß sich, was Rotchina betrifft, eine Hintertür offenhalten. Daß der weltweite Vormarsch der Sowjets – zu behaupten, daß sie in Lateinamerika an Boden verloren hätten, heißt, glaube ich, die wirklichen Verhältnisse dort zu übersehen. Kolumbien, Bogotá erlebt gerade jetzt eine starke Infiltration durch Kräfte derselben Art, die auch den Niedergang anderer Länder in Mittelamerika verursacht haben, das Vordringen in Afrika, Afghanistan, Iran – einmal wird der große Sperriegel zwischen der Sowjetunion und ihrem Vormarsch südwärts zum Indischen Ozean zertrümmert und weggefegt sein.
SCHEER: Um noch eine Minute bei dem Thema China zu bleiben: Ich meine, das war in unserer Geschichte ein einschneidendes Ereignis, China zu verlieren. Ist es denkbar, daß der Leopard seine Flecken wechselt – daß eine kommunistische Regierung zum Bündnispartner der Vereinigten Staaten und zu einer zutiefst antirussischen Kraft wird?
REAGAN: Ja, das war es doch, was ich hier zu sagen versucht habe, daß wir, als wir China verloren, es wirklich verloren haben. Es gab ja eine totale kommunistische Machtübernahme in China, und das kommunistische China hatte offensichtlich eine ideologische Verwandtschaft mit der Sowjetunion. Dann, wie gesagt, kam es zum Zerwürfnis, aber nicht etwa wegen irgendwelcher offensichtlicher Diskrepanzen in ihrem Glauben an den Kommunismus oder an die Welteroberungsmission des Kommunismus, sondern das Zerwürfnis beruhte in Wirklichkeit darauf, daß die chinesischen Führer jener Jahre ungeduldig waren und glaubten, die Sowjets gingen nicht schnell genug voran. Über diese Frage kam es also zur Abkühlung, und Richard Nixon machte sich dies zunutze, und ich denke, wir müssen ihm das hoch anrechnen, daß er dorthin gefahren ist, um die Lage zu erkunden. Heute hoffen wir ja, daß wir im Laufe der Zeit die Chinesen dazu bringen können, daß sie die kommunistische Lehre vollständig aufgeben, und zwar auch ganz formell; aber ob sie von dieser Philosophie einer letztlich anzustrebenden Weltherrschaft abgehen, und ob sie sich in ehrlicher Überzeugung der freien Welt anschließen wollen, das wird sich erst noch zeigen müssen. Vorderhand sollten wir, so glaube ich, nicht naiv sein und einfach sagen, ach wie schön, wir haben einen großartigen, wichtigen neuen Freund.
SCHEER: Aber waren Sie nicht überrascht angesichts dessen, was Sie früher über Rotchina dachten, daß es jetzt so gekommen ist, daß wir in

einem gewissen Sinn Verbündete geworden sind und daß die Chinesen den Russen eine, wie es scheint, unversöhnlichere Abneigung entgegenbringen als selbst wir? Überrascht Sie denn das nicht?
REAGAN: Nun ja, ich meine, wir haben ein paar Jahre Zeit gehabt, um uns daran zu gewöhnen. Ich glaube, wir haben, wir alle oder viele von uns haben eine Phase der Verwunderung durchgemacht, wo wir uns fragten, ob dies Teil einer zwischen den beiden Ländern vereinbarten Strategie zur Einlullung der westlichen Welt war. Inzwischen haben wir uns weiter vorgetastet, und das einzige, was ich an dem, was sich bis heute in unseren Beziehungen zu Rotchina getan hat, auszusetzen habe, ist, daß ich meine, es wäre nicht nötig gewesen, einen alten Freund und Verbündeten fallenzulassen, Taiwan über Bord zu werfen, wie Carter es getan hat, um das Verhältnis zu Rotchina zu bekommen, wie wir es jetzt haben. Ich glaube, wir hätten alles bekommen können, was wir gegenwärtig haben, ohne dafür Taiwan – also ohne unsere Ehre zu verlieren.
SCHEER: Glauben Sie auch heute noch an die Möglichkeit, daß hier ein Täuschungsmanöver im Spiel sein könnte und daß die Chinesen – ich meine, schließlich bezeichnen sie sich selbst immer noch als marxistisch-leninistische Kommunisten – uns vielleicht einlullen wollen, und wenn wir ihnen jetzt strategische Waffen in die Hand geben, setzen wir uns da nicht ...
REAGAN: Das ist es, wir haben ihnen noch keine strategischen Waffen gegeben, und ich glaube, das gehört zu dem, was ich vorhin als das Offenlassen einer Hintertür bezeichnet habe, auf jeden Fall sicherzustellen, daß uns nicht das gleiche passiert, was wir mit der Sowjetunion erleben mußten – Mehrfachsprengköpfe auf ihren nuklearen Raketen, wie sie sie nicht, mindestens nicht so früh, hätten haben können, wenn wir ihnen nicht die Technologie und die technisch hochwertigen Geräte geliefert hätten, mit deren Hilfe sie sie bauen konnten. Wir sprachen von Afghanistan. Die Sowjetunion hatte uns ein feierliches Versprechen gegeben. Wir steckten mehr als 350 Millionen Dollar in dieses ... Lastwagenwerk für sie. Sie hätten es nicht bauen und hätten es nicht betreiben können ohne unsere Technologie, unsere Computer, und sie sagten uns feierlich zu, daß die Motoren und die Lastwagen nicht für militärische Zwecke eingesetzt würden. Aber dann fuhren die russischen Invasionstruppen genau auf diesem Material nach Afghanistan.
SCHEER: Wenn wir auf eine frühere Phase zurückblicken, so dachte man damals allgemein, der Kommunismus sei weltweit eine monolithische Kraft – jetzt erleben wir, daß diese kommunistischen Regime sich untereinander an die Gurgel gehen. Sie selbst haben sich für Finanzhilfen für das kommunistische Jugoslawien ausgesprochen. Die Chinesen sind, wie es aussieht, ein sehr starkes Bollwerk gegen den russischen Expansionismus – und so weiter. Kommt dieses Aufsplittern des Kommunismus und das Aufkommen nationalistischer Komponenten für Sie überraschend?
REAGAN: Ich glaube, daß es dabei doch so etwas wie eine Veränderung

gegeben hat, insofern als die Sowjetunion in dem Maß, wie sie sich ausdehnte, und wie diese anderen Länder – so wie die menschliche Natur nun einmal ist –, kann es eben kaum ausbleiben, daß in anderen Ländern Führer hochkommen, die ein bißchen mehr zu sagen haben wollen und am Konferenztisch etwas näher an der Stelle sitzen wollen, wo die Karten gemischt werden. Es stimmt, daß der Kommunismus einst in sich monolithisch war, mit der Sowjetunion als Führungskraft, als Zentrum. Wir wissen, daß selbst für die Kommunistische Partei Amerikas seinerzeit, als sie versuchten, Hollywood in den Griff zu bekommen, daß für sie die Sowjetunion die wichtigste Loyalitätsinstanz war. Ich weiß nicht, wo sie heute stehen, man hat in letzter Zeit wenig von ihnen gehört, aber sie dürften noch immer – ich habe nicht einmal von Tito je gehört, daß er angedeutet hätte, Jugoslawien würde, falls es zu einem Krieg zwischen dem Westen und der Sowjetunion käme, auf der Seite des Westens stehen. Tatsächlich hat er ausdrücklich das Gegenteil erklärt. Was uns jetzt Sorgen bereitet und weshalb wir dem kommunistischen Jugoslawien Hilfe anbieten, das ist nicht deswegen, weil es kommunistisch ist, sondern deswegen, weil, falls die Sowjetunion heute – ob Tito in Jugoslawien so sehr der starke Mann ist, daß sein Abtreten die Sowjets veranlassen würde, hier hineinzugehen, das wäre, glaube ich, für die westliche Welt sehr beunruhigend.

SCHEER: Aber wenn der Kommunismus Titos und der chinesische Kommunismus nationalistisch und antisowjetisch geworden sind, oder es zumindest den Anschein hat, als wäre dies so, ist es dann nicht denkbar, daß man zum Beispiel Kuba ermuntern könnte, ebenfalls diesen Weg einzuschlagen, daß eine Normalisierung unserer Beziehungen zu Kuba es diesem Land ermöglichen würde, sich von der Sowjetunion abzukoppeln und herauszufinden, daß es eigenständige, von denen der Sowjets abweichende Interessen hat?

REAGAN: Ja, aber glauben Sie nicht auch, daß die Kubaner zunächst einmal einige Signale setzen sollten, daß sie diese Art von Selbständigkeit anstreben, und solche Signale haben sie bislang nicht gesetzt. Man braucht ja nur das Protokoll zu lesen über Castros Äußerungen auf der jüngsten Dritte-Welt-Konferenz in Havanna, um zu erkennen, daß Castro ein so loyaler Gefolgsmann der sowjetischen Sache ist, wie sie sich ihn nur wünschen können.

SCHEER: Aber wie Sie selbst sagten: Noch ganz kurz vor Nixons erstem Besuch in China wurde dort eine sehr heftige Agitation betrieben, man warf den Russen vor, nicht revolutionär und nicht entschlossen genug zu sein – und schließlich haben wir in Korea gegen die Chinesen Krieg geführt, und jetzt hat sogar Korea – Nordkorea – die Russen wegen Afghanistan verurteilt. Sind das nicht Anzeichen dafür, daß man mit diesen kommunistischen Regimen vielleicht ebenso auch zusammenarbeiten kann, anstatt sie nur zu bekämpfen?

REAGAN: Ja, und ich meine, das ist etwas, das wir alle auch versuchen sollten. Aber wie schon gesagt, man sollte dabei die Augen offenhalten, sollte realistisch genug sein, um zu wissen, daß sie zwar möglicherweise nationalistisch sind und daß es innerhalb ihres eigenen Blocks Streitigkeiten darüber geben mag, wieviel die einzelnen Länder zu sagen haben, aber ehe sie nicht von einigen der Grundprinzipien ihres Marxismus abrücken, dem Ziel, das noch jeder Kommunist sich gesetzt hat, und das ist die Weltrevolution, daß die ganze Welt ein sowjetischer Staat oder ein kommunistischer Staat werden muß ...

SCHEER: Glauben Sie, daß das unter Umständen auch für die Chinesen gilt?

REAGAN: Na ja, sie haben nichts verlauten lassen, das dem widerspricht, nicht wahr, und deshalb meine ich, wie gesagt, behutsam und ohne Eile vorzugehen wäre das richtige.

SCHEER: Glauben Sie, daß unser Verteidigungsminister Brown, der nach Peking fuhr, dort zu voreilig war, indem er ihnen unsere Satellitentechnologie anbot und ...

REAGAN: Er sprach dort – wenn ich mich recht erinnere, dann sprach er über Geräte zur Nachrichtenübertragung, über rein defensive Dinge wie Radar und was dazu an Sekundärausrüstung gehört, über Lastwagen und so weiter, er sprach nicht über hochentwickelte Waffensysteme.

SCHEER: Sie standen der früheren, ich meine der Politik der zwei Chinas und so weiter sehr kritisch gegenüber; haben Sie heute das Gefühl, daß wir ...

REAGAN: Ich stehe dazu immer noch kritisch – ich glaube, daß wir einen langjährigen Freund und Verbündeten unnötigerweise haben fallenlassen, und ich glaube, daß wir dadurch alle unsere anderen Freunde und Verbündeten auf der Welt in Unruhe versetzt haben. Wir haben damit sogar der Sowjetunion wertvolles Propagandamaterial geliefert für ihren Versuch, einige unserer Verbündeten zu umwerben, wie zum Beispiel, uns einige der NATO-Bündnispartner abspenstig zu machen, indem sie unsere Zuverlässigkeit in Frage stellten. Daher meine ich, eines der – ich hätte ein besseres Gefühl, wenn wir in Washington eine andere als die Carter-Regierung hätten, weil ich meine, ihre Außenpolitik enthält für mich nichts, was mir die Beruhigung gäbe oder auch nur zeigen würde, daß da eine in sich konsequente Außenpolitik gemacht wird. Ich meine, wir tun, wie gesagt – wir gehen voran in der Hoffnung, daß wir das Vertrauen unserer Bündnispartner und unserer Freunde zurückgewinnen können, bewahren uns aber gleichzeitig eine Position, die so ist, daß die Sowjetunion es nicht wagen kann, gegen uns vorzugehen.

SCHEER: Wenn Sie einer der Führer der Sowjetunion wären und sich mit dem plötzlichen Verlust – oder richtiger: dem binnen eines Jahrzehnts eingetretenen Verlust – Chinas auseinandersetzen müßten, eines Landes, das eine sehr lange Grenze mit dem Ihren gemeinsam hat, und die offizielle chinesische Position wäre die, daß ein Krieg mit der Sowjetunion unvermeidlich sei, so daß Sie diese Leute jetzt als Gegner an Ihrer Grenze haben, würde Sie das nicht unsicher machen und wären Sie nicht der Meinung, daß Afghanistan mit seiner verhältnismäßig kleinen Bevölkerung kaum ein nennenswerter Ersatz für den Verlust Chinas ist?

REAGAN: Nein, ich meine, daß man Afghanistan viel ernster nehmen sollte, als Sie es hier andeuten, denn dies ist das erste Mal, daß die Sowjetunion außerhalb ihres unmittelbaren Gürtels von Satellitenstaaten ihre eigenen Truppen eingesetzt hat, statt andere für sich kämpfen zu lassen, und das bezeugt eine Arroganz und ein aus ihrer militärischen Stärke geborenes Selbstvertrauen, daß sie dies gewagt haben – und wir haben die falschen Signale ausgesendet. Wir haben jene Art von Signalen ausgesendet, die das erst möglich gemacht haben, und was jetzt not täte, wäre, ihnen einige Signale zu übermitteln, aus denen sie ersehen könnten, daß es einen Punkt gibt, den sie geopolitisch nicht überschreiten können, ohne eine direkte Konfrontation mit uns zu riskieren. Ich sage das hier, weil ich nicht glaube, daß die Sowjetunion zur Zeit an einer direkten Konfrontation mit uns interessiert ist. Sie haben noch nicht – sie wollen das nicht eher, als bis sie einen solchen Vorsprung vor uns haben, daß es ihnen möglich wäre, ihren Traum zu verwirklichen, nämlich uns unter Umständen durch einen Telefonanruf zu erobern. Daß wir keine andere Wahl mehr hätten, als entweder zu kapitulieren oder zugrunde zu gehen.

SCHEER: Glauben Sie, daß wir im Zusammenhang mit einer möglichen Konfrontation mit den Russen über eine nukleare Option nachdenken müßten?

REAGAN: Über eine nukleare Option? Nein, ich glaube, wir haben an etwas gedacht – wir richten uns immer noch nach der Doktrin der gegenseitig gesicherten Vernichtung, die McNamara entwickelt hat. Das war ein lächerlicher Plan, der auf der Vorstellung basierte, daß die beiden Supermächte ihre Bevölkerungen gegenseitig in Geiselhaft halten, daß wir unsere Leute gegen einen nuklearen Angriff nicht schützen und nicht verteidigen würden und daß die Russen dasselbe täten. Man meinte, beide Seiten wüßten, daß sie sich gegenseitig ausradieren könnten, und deshalb würde keine von beiden auf den Knopf drücken. Die Schwierigkeit bestand nur darin, daß die Sowjetunion vor einiger Zeit entschied, daß ein nuklearer Krieg möglich und gewinnbar sei, und daß sie mit einem sorgfältig ausgearbeiteten und extensiven Zivilschutzprogramm begonnen hat. Wir haben so etwas nicht, weil wir mit der Politik fortfuhren, von der man annahm, daß sie richtig sein würde.

SCHEER: Sollten wir ein Programm dieser Art bei uns initiieren?

REAGAN: Ich meine, daß wir darüber immerhin nachdenken und die Frage nochmals untersuchen müssen, um festzustellen, ob dies zu den Voraussetzungen für die Wiedererlangung unserer militärischen Stärke gehören würde. Ich bräuchte dazu mehr Informationen, als ich gegenwärtig besitze. Aber das Wissen, daß die Sowjetunion sich dieser Politik verschrieben hat, dem Glauben, daß ein solcher Krieg – daß es einen solchen Krieg geben und daß er gewonnen werden könne, das zwingt uns dazu, unsere Abschreckungskapazität so weit auszubauen, daß das Ziel, einen solchen Krieg zu gewinnen, für sie

immer in unerreichbarer Ferne bleibt. Mit anderen Worten, daß der Schaden für sie selbst, den sie dabei riskieren würden, unannehmbar groß wäre; und ich glaube, es ist schon allerhöchste Zeit, daß wir mit der entsprechenden militärischen Aufrüstung bei uns beginnen.
SCHEER: Sie sehen derzeit keinerlei Aussichten für eine Begrenzung der strategischen Rüstung – in der Art des SALT-Abkommens?
REAGAN: Ach, das Dumme an SALT ist doch, daß es eben kein Abkommen mit begrenzender Wirkung ist. Wie können wir etwas als Abkommen zur Begrenzung der strategischen Waffen bezeichnen, das zunächst einmal der Sowjetunion erlaubt, ihr Arsenal nochmals um 3000 Nuklearsprengköpfe zu erweitern, und das dann auch uns erlaubt, die Sowjets, sofern wir können, wieder einzuholen – aber sie werden uns um etwa zehn Jahre voraus sein, und das wird ein gefährlicher Vorsprung sein. Nein, ich würde ...
SCHEER: Aber ist es nicht auch eine Tatsache, daß wir die Marschflugkörper haben und daß die NATO diese Waffen unmittelbar an der russischen Grenze stationiert hat, und zwar in Übereinstimmung mit dem SALT-Abkommen?
REAGAN: Wir haben das Entwicklungsprogramm für die Marschflugkörper im ersten Jahr der Amtszeit Carters so weit zurückgeschraubt – zu diesem Zeitpunkt besaßen wir in dieser Technologie tatsächlich einen Vorsprung. Wir haben es so weit abgebremst – wenn Sie sich nur die jüngsten Tests ansehen, wir verstreuen sie über unser ganzes Territorium in dem Versuch, einen zu finden, der funktioniert. Und dann sehen Sie sich einmal dieses sogenannte Begrenzungsabkommen an – unsere Unterschallgeschwindigkeits-Raketen, Geschosse mit geringer Sprengkraft, werden als strategische Waffen klassifiziert. Die sowjetischen Raketen mit nuklearen Mehrfachsprengköpfen, die auf die westeuropäischen Hauptstädte, London und Paris und wie sie alle heißen, gerichtet sind, gehören dagegen nicht zu den im SALT-Abkommen erfaßten strategischen Waffen. Sie fragten gerade ...
SCHEER: Gilt das auch von den NATO-Marschflugkörpern, die auf sowjetisches Herzland zielen?
REAGAN: Nein, die fallen unter das SALT-Abkommen – sie sind nach Reichweite, nach Anzahl, nach Aufstellungsort begrenzt. Dagegen gibt es keine Beschränkung für die nuklearen Raketen, die die Sowjetunion derzeit aufstellt, die SS 20, die sind nicht enthalten oder in Betracht gezogen, ebensowenig wie der Backfire-Bomber als strategische Waffe betrachtet wird. Da Sie mich soeben fragten, was ich davon hielte oder wie ich mich zu Verträgen dieser Art stelle – ich habe das SALT-Abkommen kritisiert. Ich wäre bereit, mich jederzeit mit den Sowjets zusammenzusetzen und zu sagen: Hört mal zu, wir werden uns mit euch an diesen Tisch setzen, so lange wie wir brauchen, um ein Abkommen auszuarbeiten, das die Nuklearwaffen auf beiden Seiten in einer gerechten Weise reduziert, so weitgehend, daß keiner von uns den anderen bedrohen kann. Das wäre eine Rüstungsbegrenzung, und nicht diese Quasi-Schachpartie, die hier gespielt wird, wo die uns weismachen, daß ein 25 Jahre alter Unterschallge-

schwindigkeits-Bomber eine strategische Waffe ist, daß aber ihre eigenen überschallschnellen B-1 – nun ja, annähernd den B-1 gleichwertigen – ihre Backfire-Bomber nicht strategisch sind.

SCHEER: Ich möchte nur diese eine Frage klären – ich war bis jetzt der Ansicht, daß, als die NATO, als sie jetzt gerade im vergangenen Herbst diesen Beschluß zur Aufstellung Hunderter von Raketen faßte, daß das nicht unter das SALT-Abkommen fallen sollte.

REAGAN: Die Marschflugkörper sind mit erfaßt, das weiß ich. Was ihre Aufstellung betrifft – und natürlich hat die Sowjetunion es mit Propagandakampagnen versucht, uns von der Aufstellung einer wirksamen Abschreckungswaffe, die wir entwickelt hatten und die sie nicht hatten, und die eine wirtschaftlich rationelle Waffe war, uns davon abzubringen, und das war die Neutronenwaffe. Sie haben mehr als 20000 Panzer der NATO gegenüber massiert. Die Neutronenwaffe hätte diese Panzer neutralisieren können, aber auch diese Entwicklung haben wir gestoppt, haben sie hinausgeschoben oder gleich zu den Akten gelegt.

SCHEER: Glauben Sie, daß es zu einer Situation kommen könnte, in der wir zu Erstschlagswaffen oder zu einer begrenzten nuklearen Kriegführung greifen müßten, um ihre Vorteile im konventionellen Waffenbereich wettzumachen?

REAGAN: Ich weiß es ehrlich gesagt nicht, aber ich würde folgendes sagen: Ich glaube, zu viele Leute haben erklärt, vor allem in dieser Regierung, und es gab auch früher Regierungen – die Johnson-Administration hat in Vietnam das gleiche getan –, wir kündigen zu oft an, was wir alles nicht tun werden. Ich glaube, wir sollten darüber besser den Mund halten. Daß ich keinen Nuklearkrieg möchte, ist klar. Mir gefällt der Gedanke durchaus nicht, daß wir jemals unsere nuklearen Waffen gegen einen Gegner abfeuern. Aber wir sollten nicht herumposaunen, daß wir dies niemals tun werden. Wenn wir dem Gegner immer wieder sagen, hör mal zu, was du auch tust, wir werden nicht als erste schießen – das ist so gut wie eine Aufforderung an ihn, selbst als erster zu schießen. Johnson im Vietnamkrieg, als er zu wiederholten Malen ausdrücklich erklärte, nein, nein, wir würden sie nie einsetzen, verstehen Sie mich richtig, ich bin nicht der Meinung, daß wir im Vietnamkrieg Nuklearwaffen hätten einsetzen sollen, aber ich glaube nicht, daß es falsch gewesen wäre, Hanoi wissen zu lassen, nachdem unsere Jugend dort drüben den Kopf hinhielt – Hanoi jeden Abend mit dem Gedanken zu Bett gehen zu lassen, daß wir es tun könnten. Lassen Sie mich hier an einen Punkt erinnern, wo ein Präsident dieses Landes namens Eisenhower dies getan hat. Alle Friedensbemühungen in dem Krieg, den wir für die Vereinten Nationen in Korea austrugen, wurden von den Nordkoreanern zurückgewiesen, bis ein neuer Präsident ins Amt kam, Dwight Eisenhower – und er ließ in der Öffentlichkeit die Bemerkung fallen, daß er untersuchen und überprüfen wolle, welche Waffen wir in diesem Krieg einsetzten. Was er damit sagen wollte, war nur allzu deutlich, er ließ es sehr deutlich durchblicken, daß er, der Ex-General, sich anschickte,

zu überprüfen, ob nicht Nuklearwaffen in Betracht gezogen werden sollten. Und kaum hatte er das gesagt, da erklärten die Nordkoreaner: Wir wollen uns mit euch zusammensetzen und Waffenstillstandsgespräche führen; und das war der Anfang einer Regelung.
SCHEER: Dann meinen Sie also – so verstehe ich dies jedenfalls –, daß man den nuklearen Erstschlag nicht ausschließen sollte, daß wir...
REAGAN: ... wir selbst – wir können zu uns selbst sagen, wir werden dies nie tun, wir sind ein zivilisiertes Volk, aber ich meine eben, man sollte es dem Gegner nicht unter die Nase reiben.
SCHEER: Glauben Sie nicht, daß es erstrebenswert wäre, ein Klima in der Welt zu schaffen, derart, daß es für alle Nationen einfach undenkbar wäre, nukleare Waffen für einen Erstschlag einzusetzen, ein Klima, in dem von der Weltmeinung ein Druck ausginge, niemals einen nuklearen Erstschlag zu führen?
REAGAN: Hat es je eine Zeit gegeben, in der die Vereinigten Staaten bei einer solchen Initiative nicht vorangegangen wären? Erinnern Sie sich, wir waren es doch, die zu einer Zeit, als wir noch die einzigen waren, die über die Bombe verfügten – wir waren es, die das Angebot machten, sie unter die Kontrolle der Vereinten Nationen zu stellen.
SCHEER: Waren nicht auch wir es, die – die Bombe abwarfen?
REAGAN: Ja, und auf diese Weise einen großen Krieg beendeten und damit wahrscheinlich, das ist so geschätzt worden, den Tod von zwei Millionen Soldaten verhindert haben, die bei der Invasion Japans letztlich gefallen wären. Ganz zu schweigen von den Verlusten, die die Japaner selbst erlitten hätten. Doch im Anschluß daran boten wir an, dieses große Machtmittel zu internationalisieren und es im Interesse des Friedens unter die Kontrolle der Welt zu stellen. Ich glaube, daß die Vereinigten Staaten – es ist so scheinheilig, das ist das einzige Wort, das darauf paßt, wenn man Gromyko lospoltern hört, wie er es neulich bei seinen Gesprächen in Indien getan hat, ihn das Wort »imperialistisch« im Zusammenhang mit uns nennen zu hören, und wenn man daran denkt, daß auch die Chinesen uns lange Zeit als lechzende imperialistische Hunde bezeichnet haben. Aber was wir auf dem Konto stehen haben, bei allen Fehlern, die wir gemacht haben, ist so viel besser und weist so sehr in die friedliche Richtung, daß wir – die Leute sollen sich doch bloß einmal vorstellen, was passiert wäre, wenn es nach dem Ende des Zweiten Weltkrieges die Sowjetunion gewesen wäre, deren Industrie noch intakt, deren Städte nicht zerbombt und zerstört worden wären, wenn sie über die große unversehrte Militärmaschinerie verfügt hätten, die wir besaßen, wenn sie als einzige die Bombe gehabt hätten, wäre die Welt dann heute frei? Ich glaube es nicht.

South Carolina – Florida

SCHEER: In der Diskussion am Samstagabend haben Sie erneut den »gottlosen Kommunismus« verurteilt; mich interessiert dabei die Bedeutung des Wortes »gottlos« – warum ist das in diesem Zusammenhang von Bedeutung?

REAGAN: Nun ja, weil es einer der grundlegenden Lehrsätze des Kommunismus ist, daß wir ein Zufallsprodukt der Natur sind.
SCHEER: Aber ist es die Gottlosigkeit, die sie gewalttätiger, aggressiver, expansionistischer sein läßt?
REAGAN: Sie bewirkt, daß sie weniger Wert auf Menschlichkeit, auf den einzelnen Menschen legen.
SCHEER: Andererseits gibt es da den Ayatollah im Iran, der ganz gewiß nicht gottlos ist, und er ist, wie es scheint, ein ...
REAGAN: Ein Fanatiker und Eiferer.
SCHEER: Aber er ist nicht gottlos.
REAGAN: Nein, nicht seinem Selbstverständnis nach – und so etwas finden wir die ganze Menschheitsgeschichte hindurch. Wir können zu den Inquisitionen in Spanien zurückgehen. Schon da finden wir Menschen, die mit ihrem Fanatismus die Religion mißbrauchen...
SCHEER: ...Sie sagen, die Inquisition, der Ayatollah, es gebe also viele Beispiele dafür, daß eine tiefe Religiosität dazu führt, daß das menschliche Leben gering geachtet wird, und ebenso – Jugoslawien ist ein kommunistisches Land; würden Sie Jugoslawien in die gleiche Kategorie einreihen? China ist inzwischen – unseren Maßstäben nach – vernünftiger geworden, doch in ihrer Weltanschauung sind sie unverändert atheistisch. Glauben Sie wirklich, daß dies ein zentraler Begriff sein sollte, ein Moment, das besondere Betonung verdient, ob sie gottlos sind oder gottesfürchtig?
REAGAN: Ja, ich denke, daß es wichtig ist, dieses Moment hervorzuheben, weil ich glaube, daß die Kommunisten in der Welt von heute eine Bedrohung für die Zivilisation darstellen. Und ich glaube, je mehr wir von ihnen wissen und verstehen, desto besser sind wir dran.
SCHEER: Sind Sie mit den Chinesen einverstanden?
REAGAN: Ich glaube nicht, daß irgend etwas daran auszusetzen ist, wenn man das Augenmerk auf die Tatsache lenkt, daß die Kommunistische Partei Karl Marx an die Stelle Gottes gesetzt hat. Und genau das haben sie getan.
SCHEER: Können sie ihre Fellflecken nicht wechseln? Werden sie das menschliche Leben immer geringschätzen, solange sie Kommunisten sind, und, falls dies so ist, ist ein Krieg gegen sie unvermeidlich – oder gibt es einen Weg, eine permanente Konfrontation mit ihnen zu vermeiden?
REAGAN: Es ist unvermeidlich, es sei denn, daß wir, die Führer der freien Welt, uns jene Stärke bewahren, die garantiert, daß sie niemals die Schritte zu tun wagen, auf die sie sich vorbereiten würden, wenn sie das Gefühl hätten, daß wir nicht stark genug sind.
SCHEER: Aber Sie glauben nicht daran, daß man durch diplomatische Mittel und dadurch, daß sich in ihrem Denken etwas verändert, eine Situation herbeiführen könnte, in der wir, ohne daß sie ihrem gottlosen Kommunismus abschwören, in einer vernünftigen, friedlichen Welt mit ihnen zusammenleben könnten – genau wie wir heute mit den Ländern Westeuropas und so weiter zusammenleben – und daß wir abrüsten könnten? Halten Sie das für naiv?

REAGAN: Es ist naiv, wenn wir uns nicht die Stärke bewahren, deren es bedarf, damit sie einsehen, daß sie niemals ein genügendes Maß an Überlegenheit über uns erreichen können, um ihre Ziele durchzusetzen.

Augusta – Manchester

SCHEER: Was das Thema Angst betrifft – Sie kennen meine Angst vor einem Präsidenten Ronald Reagan – meine Angst ist: Werden Sie auf den Knopf drücken, werden Sie uns hochgehen lassen, werden Sie uns in einen Nuklearkrieg stürzen?

REAGAN: Ich habe in meinem Leben vier Kriege erlebt. Es waren vier, wenn ich bis in meine frühe Jugend, meine Kindheit zurückrechne, vier Kriege – zugegeben, ich war nur in einem von ihnen, niemand hat je auf mich geschossen oder so etwas, wofür ich nichts konnte, ich war eben dort, wo man mich hinbefohlen hatte. Aber, nein, das will ich nicht, aber was ich in allen diesen Kriegen erkannt habe, ist, daß wir in sie hineingezogen worden sind, hineingerutscht sind durch Schwäche. Ich habe nie erlebt, daß wir durch unsere eigene Stärke in einen Krieg hineingeraten wären. Woodrow Wilson kandidierte für seine zweite Amtszeit mit dem Versprechen, der feierlichen Zusage, uns aus kriegerischen Auseinandersetzungen herauszuhalten. Seine Politik wurde die »Wilson-Doktrin« genannt, sie bestand in einem wachsamen Abwarten. In diesem Sinne schluckte er eine Beleidigung nach der anderen von seiten der Deutschen, die Versenkung eines Schiffes und so weiter, und sagte, nein, bewahre, nur nichts überstürzen, bis die Deutschen schließlich ganz offen den Seekrieg gegen den gesamten Schiffsverkehr auf dem Atlantik ausriefen, ohne Rücksicht darauf, ob es sich um Schiffe eines neutralen Landes handelte oder nicht. Und die »Lusitania« wurde versenkt, und zu guter Letzt befanden wir uns im Ersten Weltkrieg.

SCHEER: Woodrow Wilson war, rückblickend betrachtet, kein übler Taktiker. Säbelrasseln, Demagogie, Sie haben diese Worte in bezug auf andere Politiker gebraucht, aber auch mit friedfertigeren Tönen kann man einen Krieg herbeireden, der vielleicht nicht unbedingt nötig wäre. Sie wissen, Sie geben es selbst zu, daß wir den chinesischen Kommunisten zu einer Zeit einmal schwer zusetzten, daß wir sie einmal gehaßt haben; jetzt sieht es so aus, als könnten sie sogar unsere Bündnispartner werden. Die Verhältnisse ändern sich. Wir wollen aber als Präsidenten jemanden, der Veränderungen erkennen kann – ich glaube jedenfalls, daß wir dies wollen.

REAGAN: Jetzt aber mal langsam. Was Woodrow Wilson betrifft, so denken Sie einmal an seine früheren Parolen, und denken Sie daran, daß es da einen Mann gab, der hieß der Kaiser, und die Geschichte zeigt uns doch nun, daß der Kaiser auf die Idee kam, angesichts der Politik des wachsamen Abwartens, daß die Vereinigten Staaten entschlossen seien, nicht in den Krieg einzutreten. So ließ er bei seinem Angriff auf die Westfront der Alliierten diese Möglichkeit außer acht. Was nun den Zweiten Weltkrieg angeht, so kandidierte Franklin

D. Roosevelt für seine dritte Amtszeit, und er tat dies im Zeichen seines höchstpersönlichen Versprechens: »Ich werde keine jungen Amerikaner, keinen eurer Söhne in den Kampf schicken.«

SCHEER: Das können Sie aber nicht nur auf Roosevelt schieben. General Motors hatte Verträge mit den Deutschen, Henry Ford erklärte, Hitler sei ein großer Mann. Bleiben wir einmal auf dem Teppich, wir können ja die Geschichte nicht umschreiben. Eine Menge Leute in unserem Land haben damals gemeint, Deutschland sei doch ein großartiges Bollwerk gegen den Bolschewismus. Henry Ford war ein enger Freund von . . .

REAGAN: Henry Ford wollte mit dem Schiff hinüberfahren und etwas tun, was auch andere Leute getan haben – auch mit den Sowjets zu tun versucht haben –, er wollte versuchen, mit den Deutschen zu reden und sie zur Vernunft bringen.

SCHEER: Ich meine nur, Sie können nicht Roosevelt allein dafür verantwortlich machen. General Motors hatte vertragliche Bindungen, lieferte ihnen Geräte, die sie nicht einmal unseren eigenen Streitkräften geben wollten. Sie lieferten ihnen die Messerschmitt, sie lieferten ihnen andere Flugzeuge, die sie nicht einmal unserer Luftwaffe geben wollten.

REAGAN: Moment mal. Es gab Kartellvereinbarungen, gewiß, ja. Wir alle wissen das. Aber in einer Regierung, wenn ein Präsident, der für seine dritte Amtszeit kandidiert, so etwas feierlich verspricht, wenn man einen Botschafter hat, der Herrn von Ribbentrop zusichert, daß die Vereinigten Staaten nicht in den Krieg eintreten werden – auch Hitler sagte zu dieser Zeit, wir könnten uns darauf verlassen, die Deutschen würden nicht gegen uns in den Krieg ziehen. Und dann kam der japanische Angriff auf Pearl Harbor.

SCHEER: Moment mal, Hitler zog ja schließlich gegen Rußland in den Krieg.

REAGAN: Ich spreche von seiner Zusicherung.

SCHEER: Aber er begann einen Krieg gegen Rußland, und Rußland war auf sich allein gestellt im Kampf gegen die Deutschen. Es ist mir sehr zuwider, dies zur Sprache zu bringen.

REAGAN: Nein, Großbritannien und Frankreich waren an diesem Krieg beteiligt.

SCHEER: Aber die Strategie von Churchill und Chamberlain war doch zunächst, Deutschland und Rußland sollten ruhig aufeinander losgehen – ich weiß, daß dies im Rahmen unseres Gesprächs hier zu weit führt.

REAGAN: Aber Deutschland hatte ein Abkommen geschlossen.

SCHEER: Und das wurde dann gebrochen, und sie kämpften rücksichtslos, und wir hielten uns noch immer raus.

REAGAN: Richtig, völlig richtig – aber warum ging Hitler in Rußland aufs Ganze? Weil er glaubte, die Alliierten würden ihn nicht stören, wenn er das tat – aber da täuschte er sich; sie hielten sich an ihre Verabredungen und kamen der Sowjetunion als Verbündete zu Hilfe. Aber was Sie wiederum außer acht lassen, ist die andere Seite des

Eindrucks, den ein Mann wie Hitler bekam: daß man nicht unter allen Umständen bereit war, zu kämpfen. Was die Japaner und die Bombardierung von Pearl Harbor betrifft – als der Krieg vorbei war, stellten unsere führenden militärischen Befehlshaber, die Männer, die nun die Gelegenheit hatten, mit ihren japanischen Kollegen zu sprechen, diesen die Frage: »Warum Pearl Harbor?« Die Japaner sagten: »Warum nicht Pearl Harbor?« Sie sagten weiter: »Ihr habt in Louisiana die größten Heeresmanöver eurer Geschichte abgehalten, die Louisiana-Manöver; eure Soldaten hatten Spielzeuggewehre aus Holz, und ihr habt Pappdeckelpanzer benutzt, um den Panzerkrieg, gepanzerte Truppen zu simulieren.« Sie sagten: »Wir glaubten nicht daran, daß ihr kämpfen würdet.« Also, bin ich nun ein Kriegshetzer oder bin ich für den Frieden, wenn ich sage, daß jetzt, nach zwei Kriegen – und dann kam noch Korea, wo ein Außenminister unseres Landes einen Kreis auf die Landkarte machte und erklärte: »Hier ist die Grenze unseres Interessengebietes – lassen wir Korea fallen, es liegt außerhalb dieser Grenze.« Und wir hatten zu diesem Zeitpunkt 40 000 Mann Besatzungstruppen in Korea stehen, die, als die Nordkoreaner ohne Vorwarnung angriffen, als sie die Grenzlinie überschritten und zum Angriff übergingen, beinahe ins Meer geworfen worden wären. Das sind also drei Kriege. Ist ein Mensch wirklich ein Kriegshetzer, wenn er sagt: »Seht her, die Antwort liegt darin, daß man niemals einen Feind in dem Glauben lassen darf, man habe nicht die Entschlossenheit zur Selbstverteidigung. Es muß einen Punkt geben, an dem man nicht mehr bereit ist, den Frieden zu erkaufen, an dem man ihn nicht mehr um jeden Preis zu erkaufen bereit ist, und dieser Punkt ist da, wo die Alternative Versklavung oder Demütigung wäre.« Ich bin kein Kriegshetzer, ich sage nur, daß wir in einen Krieg marschieren werden, wenn wir zulassen, daß ein Mann wie Carter weiterhin die falschen Signale aussendet und weiterhin vor der Sowjetunion zurückweicht. Wir werden uns eines Tages in die Enge getrieben sehen, auf einen Punkt, an dem wir keine Wahl mehr haben werden.

SCHEER: Aber machen wir denn niemals Fehler? Ich meine zum Beispiel, wer hätte vor 50 Jahren gedacht, daß die Rotchinesen, die chinesischen Kommunisten sich gegen die Russen wenden würden? Irren wir uns nicht auch, machen wir nicht auch Fehler?

REAGAN: Nun ja, ich glaube, wir haben einen Fehler gemacht, als wir uns damals mit den Kommunisten einließen, als wir Tschiang Kaischek fallenließen und zusahen, wie er vom chinesischen Festland nach Taiwan fliehen mußte.

SCHEER: Aber genau dieselben Kommunisten sind heute die schärfsten Kritiker der Sowjetunion, die es auf der Welt gibt.

REAGAN: Ja, und wir versuchen, dies zu fördern, und hoffen, daß es so bleibt.

SCHEER: Sie sind wahrscheinlich leidenschaftlichere Gegner der Russen, als Tschiang Kai-schek es jemals gewesen wäre . . . Glauben Sie nicht, daß uns andersherum irgendwelche schweren Irrtümer unterlaufen sind – ich meine nicht das Fallenlassen Taiwans. Ich meine, glauben Sie, daß aus einer übertriebenen Position der Stärke heraus auch irgendwelche Fehler gemacht worden sind?

REAGAN: Nein, ich meine vielmehr, daß einige der Irrtümer, die auf unserer Seite begangen wurden – es gibt ein Buch mit dem Titel *Command Decision*, das meiner Meinung nach jeder von uns lesen sollte, weil es zeigt, wie oft wir die Deutschen überschätzt haben und deswegen Aktionen und Schritte unterließen, die wir hätten tun können. Wie viele Menschen wissen, daß wir einen solchen Heidenrespekt vor der Wehrmacht hatten, vor der großen deutschen Militärmacht, daß wir sie für unbezwingbar hielten? Wie viele Menschen wissen, daß die Deutschen tatsächlich Soldaten in Sommeruniform an die russische Front schicken mußten, daß sie in Berlin eine Aktion starteten, in der die Frauen aufgefordert wurden, ihre Pelzmäntel zu spenden, damit man sie den Truppen an der russischen Front schicken konnte? Wie viele Menschen wissen, wie häufig die Deutschen bei anderer Gelegenheit noch eine sehr ... Zum Beispiel, erinnern Sie sich an den Kalten Krieg? Nicht den Kalten Krieg mit den Russen, über den wir hier sprechen – als dieser Begriff zum erstenmal verwendet wurde, der Scheinkrieg, als die Deutschen ihre große Offensive starteten und dann stehenblieben und etwa ein Jahr lang an der Westfront nichts passierte. Wissen Sie, daß die Franzosen und die Briten, wenn sie zu diesem Zeitpunkt die Offensive ergriffen hätten, daß sie geradewegs nach Berlin hätten durchmarschieren können, weil die Deutschen, nachdem sie erreicht hatten, was sie erreichen wollten, dann eine milizartige Truppe an dieser Front aufgestellt hatten, daß ihre Fronttruppen sehr dünn und nicht imstande waren – und wir versäumten es dann, die Entscheidung zu treffen, die notwendig gewesen wäre. Wie dem auch sei, was ich damit sagen will, ist lediglich, daß ich kein Land kenne und von keinem weiß, das in einen Krieg hineingeraten wäre, weil es zu stark war, es sei denn, es war eine aggressive Nation, die sich auf Eroberungsziele verlegt hatte. Aber eine Nation, die sich selbst verteidigen wollte ...

SCHEER: ... Warum wollen Sie Präsident werden?

REAGAN: Es ist gar nicht leicht, diese Frage zu beantworten ... Präsident zu sein, hat einen Aspekt, den ich überhaupt nicht schätze. Es heißt nämlich, für den Rest seines Lebens jeden Anspruch auf ein Privatleben für sich selbst und seine Familie aufzugeben – man muß zwangsläufig seine ganze Familie mit opfern. Ich strebe dieses Amt sicherlich nicht deswegen an, weil ich unbedingt im Weißen Haus leben möchte und irgendwelchen Vorstellungen von Ruhm oder Bekanntheit oder Berühmtheit oder irgend etwas dieser Art nachhänge; vielleicht weil ich einen Beruf ausgeübt habe, wo Dinge dieser Art teilweise schon mit dazugehörten. Aber ich glaube einfach, daß bestimmte Umstände, Umstände, die ich unmöglich voraussehen konnte, weil ich mich eigentlich mit Händen und Füßen dagegen wehrte, als man mich dazu überredete, als Gouverneur zu kandidieren. Eigentlich wollte ich nie ein Regierungsamt oder ein politisches Amt bekleiden.

SCHEER: Aber wie sehen Sie Ihre Mission?

REAGAN: Vielleicht haben diese Umstände, die Erfahrungen, die ich gesammelt habe, mich zu der Überzeugung gebracht, daß ich imstande bin, zu tun, was getan werden muß.

SCHEER: Würden Sie die Uhr in die fünfziger Jahre zurückdrehen?

REAGAN: Es geht nicht darum, die Uhr zurückzudrehen. Nun ja, vielleicht in einem gewissen Sinn, aber wenn schon, dann muß man noch hinter die fünfziger Jahre zurückgehen.

SCHEER: Wie weit würden Sie die Uhr gerne zurückdrehen – bis in die dreißiger, die zwanziger Jahre?

REAGAN: Ein Punkt ist, daß ich davon überzeugt bin, daß das amerikanische Volk mehr als jedes andere Volk der Erde die Fähigkeit hat, Großes zu tun. Papst Pius XII. – und ich bin Protestant –, Papst Pius XII. sagte, als der Zweite Weltkrieg zu Ende war, als die Sowjetunion, als es so aussah, als werde die Welt womöglich in ein Jahrtausend der Dunkelheit eintreten, da sagte Papst Pius XII.: »Das amerikanische Volk verfügt über eine große Begabung und Fähigkeit, große und edelmütige Dinge zu vollbringen. Eine leidende Menschheit ist von Gott in die Hände der amerikanischen Nation gelegt worden.« Ich möchte erleben – ich möchte mithelfen, daß wir zu jenen von einem unbändigen Unabhängigkeitsstreben beseelten Amerikanern zurückfinden, zu jenen Menschen, die diese großen Taten vollbringen können, und ich habe miterlebt, wie ihnen dieser Unabhängigkeitssinn genommen wurde, ich habe miterlebt, wie sie in immer größere Abhängigkeit vom Staat gerieten, infolge dieser vielen sozialen Reformen. Und ich glaube an ihre Größe und glaube, daß dieses Land eine Bestimmung hat.

Personenregister